pró
reivindicando o direito ao aborto

© Autonomia Literária para a presente edição.
© Katha Pollitt, 2014.
Portuguese translation rights arranged with Melanie Jackson Agency, LLC.

A publicação deste livro contou com o apoio da Fundação Perseu Abramo, instituída pelo Diretório Nacional do Partido dos Trabalhadores em maio de 1996

Coordenação editorial:
Cauê Ameni; Hugo Albuquerque; Manuela Beloni
Tradução: *Mariana Rezende*
Revisão ortográfica: *Marcia Ohlson*
Revisao de traducão: *Mauricio Ayer*
Capa: *Gabriela Leite*
Diagramação: *Manuela Beloni*

Dados Internacionais de Catalogação na Publicação (CIP)
(eDOC BRASIL, Belo Horizonte/MG)

P774p Pollitt, Katha.
       Pró: reivindicando o direito ao aborto / Katha Pollitt; tradutora Mariana Rezende. – São Paulo (SP): Autonomia Literária, 2018.
       14 x 21 cm

       Título original: Pro: Reclaiming Abortion Rights
       ISBN 978-85-69536-40-6

       1. Aborto – Aspectos morais e éticos. 2. Direitos humanos.
       I.Pollitt, Katha. II. Título.
                                                           CDD 363.96

Elaborado por Maurício Amormino Júnior – CRB6/2422

Editora Autonomia Literária
Rua Conselheiro Ramalho, 945
01325-001 São Paulo-SP
www.autonomialiteraria.com.br

Fundação Perseu Abramo
Rua Francisco Cruz, 234
04117-091 São Paulo-SP
www.fpabramo.org.br

Katha Pollitt

Pró
reivindicando o direito ao aborto

Tradução de Mariana Rezende

2019
Autonomia Literária

SUMÁRIO

PREFÁCIO À EDIÇÃO BRASILEIRA 6

INTRODUÇÃO 18

NOTA SOBRE A LINGUAGEM 32

CAPÍTULO 1
Reivindicando o aborto 34

CAPÍTULO 2
O que os norte-americanos
pensam sobre o aborto? 72

CAPÍTULO 3
O que é uma pessoa? 98

CAPÍTULO 4
As mulheres são pessoas? 144

CAPÍTULO 5
Seis mitos sobre o aborto 178

CAPÍTULO 6
A que realmente se opõem os opositores ao aborto? (Dica: não é só ao aborto) 198

CAPÍTULO 7
É possível existir um meio-termo
sobre o aborto?.. 232

CAPÍTULO 8
Reconceituando a maternidade........................ 258

AGRADECIMENTOS.. 290

POSFÁCIO À EDIÇÃO DE 2015............................ 292

PREFÁCIO À EDIÇÃO BRASILEIRA

*Por D. de Soreque**

---

*Por questão de segurança a autora desse prefácio optou por ocultar seu nome.

Imaginem vocês que, enquanto terminava de ler o livro de Katha Pollitt, uma amiga que chamaremos aqui de Dalila[1], me procurava para falar sobre uma "coisa" um tanto urgente. Uma "coisa" faz parte de uma criptografia ancestral, um dialeto que só sobreviveu porque precisa ser atualizado constantemente – uma língua de autodefesa que fomos obrigadas a elaborar depois de séculos de segredos, restrições e perseguições. Uma "coisa" que já se sabe muito bem antes de ser plenamente comunicada porque "estamos ligadas por laços de sangue", lembrou uma outra amiga nessa ocasião.

Nessa mesma semana, a filósofa e escritora Donna Haraway, em uma conversa com feministas brasileiras, como em uma mensagem engarrafada dizia: "só sobrevivemos por conta do nosso modo feroz de contar nossas histórias". Dalila aproveitou então para contar, com seu modo feroz, que passou as últimas duas semanas com uma dor estranha do lado esquerdo do abdômen, um incômodo insistente que a levou, enfim, a um médico. Dalila suspeitava de uma inflamação no intestino, talvez cálculo renal, mas depois de uma ultrassonografia "abdominal total" ouvia do médico, enquanto ele apontava para uma mancha mais clara e desforme na tela pequena, "parabéns, você está grávida". O mundo todo desabou naquele pequeno consultório, mas Dalila respirou fundo, disse obrigada e fechou a porta.

---

[1] Personagem fictício.

Nos dias do intervalo entre a consulta e os exames, Dalila, que assim como eu não é jovem demais e nem irresponsável demais, seguia fazendo suas atividades, culpada pelos compromissos adiados, se desorganizando com boletos. Dalila, assim como eu, precisa pagar o aluguel todos os meses, pensar nos gastos semanais com alimentação, parecer eficiente o suficiente para não naufragar profissionalmente, trocar a roupa de cama, lavar o próprio banheiro – e ainda assim, podemos dizer, Dalila é uma mulher que poderia ter uma vida digna com um filho, poderia ser religiosa, ter um marido – como a maior parte das mulheres que resolve interromper uma gravidez.

Dalila sabe bem sobre como funciona o aparelho reprodutivo e tem um conhecimento acima da média sobre métodos contraceptivos. Mas a vida de Dalila, a minha e a sua são feitas também de consequências muitas vezes imprevistas. Dalila não se sentia grávida, não parecia grávida e não possuía nenhum desejo de ter um filho naquele momento – "uma coisa", vocês sabem, que se ocorresse em Cuba se chamaria de um problema com a regulação da menstruação, ou se Dalila tivesse a sorte de ter nascido no Canadá, Reino Unido ou Holanda, o médico poderia apenas dizer: "olha, parece ter um embrião de dois centímetros em sua parede uterina. Você pode decidir agora se vai decidir fazer disso um feto ou se prefere regularizar seu ciclo menstrual. Você quem sabe, querida".

Essa é uma das grandes contribuições do livro de Pollitt que começa, justamente, com um relato pessoal e intransferível sobre o aborto de sua própria mãe: o aborto não acontece com mulheres abstratas, ele não é um acontecimento crítico, traumático que assume a imagem de uma mulher jovem e inconsequente como personagem central, mas ele atravessa gerações, problemas singulares, situações específicas e se impõe, muitas vezes, como uma prática de autodefesa das mulheres. Autodefesa contra um mundo, podemos dizer, que se ergueu às custas do nosso empobrecimento e trabalho doméstico gratuito.

Nos EUA, cerca de 6 a cada 10 mulheres que fazem abortos já são mães, é "parte do tecido que constitui a vida norte-americana", afirma Pollitt. Mais de um milhão de abortos acontecem por ano – abortos que geralmente convocam toda uma rede de relações a participar do processo: mães, amigas, filhos, namorados, outros parentes. No Brasil, 1 em cada 5 mulheres aos 40 anos já abortou. O aborto precisa voltar para onde nunca deixou de estar: não se trata de um discurso, de uma bandeira ideológica, mas de uma ecologia de práticas cotidianas que afetam outras pessoas e que "está enredado na forma como vivemos", lembra Pollitt. Não estamos confusas ou desesperadas, estamos apenas tentando cuidar da nossa vida e de quem nos cerca, porque nós, mais do que ninguém, sabemos bem o que significa viver cuidando de outros. Escolher ser mãe não é como escolher um sabor de sorvete – e se aqueles que são contra as mulheres que interrompem uma gravidez levassem mesmo a sério a maternidade e tudo (e todos) que ela envolve, não fariam dela um castigo a ser cumprido. Na verdade, estamos mais conscientes e decididas do que nunca. Nossos saberes, cuidados e laços de confiança em torno da nossa própria vida reprodutiva é o segredo bem mais guardado da história – um conjunto de práticas que tivemos que experimentar para conseguir, enfim, fazer da nossa vida uma vida vivível.

Mas o que há, de fato, por trás da grande saga dos caçadores continuada hoje por senhores engravatados tentando nos convencer à qualquer custo que não sabemos o que é melhor para a nossa vida? Por que eles seguem tentando convencer as mulheres de que aquela nossa tia generosa e bem humorada responsável pela farofa na ceia natalina e que precisou interromper uma gestação de acontecer é, na verdade, uma assassina insensível que merece apodrecer na cadeia?

Katha Pollitt nos oferece pistas valiosas e faz isso a partir de um contexto legal diferente do nosso. A Suprema Corte dos EUA reconheceu o direito à interrupção voluntária da gravidez ainda em 1973, mas esse marco legal não foi suficiente para que as mulheres deixassem de ser perseguidas e humilhadas, para que as restrições financeiras para a realização de um aborto no país não fossem ainda decisivas para fazer um aborto ou para que os senhores republicanos parassem de investir em restrições e recuos em troca de votos. "Reconhecer", veja bem, porque a interrupção de uma gravidez indesejada já é uma prática consolidada nos EUA, na Nigéria, no Cazaquistão ou na Suíça – os Estados apenas decidem se vão apoiar as mulheres ou jogá-las em fogueiras.

O livro de Pollitt nos faz olhar para o emaranhado dos jogos anti-aborto – legais, parlamentares, religiosos, científicos – e perceber fios que se conectam por trás de desejos facilmente decifráveis e que ao mesmo tempo revelam os pilares de nossas democracias. Já sabemos que a saga punitivista e racista é o substrato do que alguns chamam de "Estado democrático" e quando estes mesmos alguns se movem ávidos para restringir o direito básico de decidirmos sobre nossas próprias vidas sabemos bem o que isso quer dizer: continuar nos punindo por nossas condutas sexuais, nos obrigar a encenar o papel que nos deram de mães resilientes, castas e adoráveis, operária padrão e barata da fábrica mais importante e duradoura do capitalismo: o casamento heterossexual.

Como bem sabemos, aqueles que encampam batalhas contra as mulheres não se importam exatamente com a "vida". O Brasil tem 5,5 milhões de pessoas sem registro paterno. Pollitt lembra que a sociedade certamente não espera uma vida de sacrifícios dos rapazes quando eles acidentalmente engravidam uma mulher – abandonar o emprego, aceitar ganhar menos, deixar a faculdade para depois. Nunca ninguém propôs que um homem vá para a prisão caso não ofereça reconhecimento e dedicação a um filho. Os que dizem defender a família não se importam com o fato da maioria dos estupros acontecer com mulheres dentro dos espaços domésticos, dentro dos muros protegidos do sagrado casamento. A autora lembra que em 31 estados dos EUA, "um estuprador que engravida sua vítima pode processá--la para obter a guarda da criança ou direito a visitas". Muitos dos que se engajam na guerra contra as mulheres que defendem suas vidas reprodutivas são aqueles que também defendem o direito ao acesso irrestrito às armas, afinal, uma sociedade armada se parece bem com o ideal de proteção a vida que eles fingem encarnar. Como lembra bem Pollitt: "ao contrário do aborto, armas matam mais de 32 mil pessoas que JÁ EXISTEM todos os anos". Sabemos bem que, como lembrou a líder da *Lista Susan B. Anthony* Marjorie Dannenfelser, citada por Katha ao longo do livro, "A questão de fundo é que perder a conexão entre sexo e ter filhos causa problemas".

A invenção do embrião como uma pessoa é uma das invenções mais bem sucedidas da modernidade – quase tão boa quanto aquela que diz que basta esforço e intuição empreendedora para que um indivíduo tenha sucesso financeiro na economia capitalista. As duas invenções têm muito em comum, aliás. Defendem juntas que todo sujeito é seu próprio ponto de partida e que o "indivíduo" pode ser pensado apartado das relações que o constitui. Como bem lembrou Judith Butler (1998) em um outro contexto, trata-se de uma versão do sujeito fundada em uma fantasia de autogênese constituído por uma rejeição de sua dependência maternal. O indivíduo-embrião seria então a expressão dessa fantasia ontológica masculina e moderna de que podemos existir livre das relações que nos constituem.

No caso daqueles que perseguem as mulheres mas se dizem "pró-vida", o corpo da mulher aparece apenas como um "pano de fundo", um aparelho hospedeiro de um embrião-super-indivíduo agraciado por uma cidadania de alta intensidade (apesar de não ter nem um sistema nervoso) de fazer inveja à qualquer sub-cidadão do sul global, à qualquer "árabe terrorista" ou jovem negro favelado. Trata-se de um investimento epistêmico decisivo, próprio da ideia de uma soberania nacional, que precisa afirmar uma certa ideia de "vida digna de ser vivida" e aquelas outras que habitarão a expansiva zona de morte da qual depende a atual fase do capitalismo.

Os massacres se tornaram vitais, escreveu Foucault (1999). Enquanto um embrião acabou concentrando toda a expectativa de reprodução de uma população nacional apta a oferecer suas vidas em nome da proteção da pátria, da família e das boas condutas, as mulheres tornaram-se as potenciais inimigas do projeto de nação. A autonomia reprodutiva converte-se em uma zona irrigada de poder e perigo – nossas alianças e saberes nunca compreenderam a existência de fronteiras. Afinal, pergunta Pollitt, quanto direito à vida tem uma mulher? A substituição da bruxa e da curandeira popular pelo "doutor", defende Federici, "levanta a questão sobre o papel que o surgimento da ciência moderna e da visão científica do mundo tiveram na ascensão e queda da caça às bruxas" (Federici, 2017:364).

As duas invenções, meritocracia e embriões-super-indivíduos, dependem uma da outra. O neoliberalismo encontra-se hoje em uma fase crítica porque, de um lado, as forças financeiras se autonomizam do processo produtivo e acabam por fazer os Estados nacionais reféns de suas exigências crescentes por cortes de direitos e desregulamentação completa do trabalho.

Por outro, o desemprego em massa, os baixos salários e a precarização constante criam uma situação de tensão permanente – a qual a antiga disciplina do trabalho assalariado não é mais capaz de conter. A promessa da meritocracia não se realiza, a pobreza se aprofunda e as frustrações e ressentimentos atingem em cheio o modo de subjetivação de uma certa masculinidade que foi propositalmente forjada pela expectativa do poder pátrio e provedor, mas no bojo de uma sociedade salarial de outrora que conseguiu manter os mandatos de masculinidade funcionando bem nos espaços domésticos graças à hierarquização entre trabalho assalariado masculino e o trabalho não pago, ou mal pago, feminino.

A bala de prata dos "cidadãos de bem" é aprofundar e disseminar a perseguição ao corpo das mulheres na expectativa de que, a despeito de todo o "fim de mundo" instaurado do lado de fora, ainda estejamos convictas, cuidando para que tudo não desabe, oferecendo nossos trabalhos reprodutivos e de cuidado quando não há mais serviços públicos para fazê-los – eles chamam de "amor", mas nós chamamos, ainda que muitas vezes silenciosamente, de inferno. O debate sobre aborto, lembra Pollitt, tem o poder de reencenar tribunais sobre a integridade moral das mulheres – mesmo nos países em que a prática é legalizada. E quem não gostaria de culpar as mulheres pelo abismo em que nos encontramos hoje?

O controle da fertilidade durante a vida reprodutiva de uma mulher exige um trabalho mensal, trabalho que fazemos silenciosamente, como todos os outros: aprendemos a usar pílulas hormonais, implantamos DIU, tomamos injeções, verificamos a temperatura corporal basal, analisamos as modificações do muco cervical, construímos calendários para acompanhar o período fértil e usamos camisinha também – muitas vezes sob protestos dos homens. Toda a tarefa importante da reprodução biológica e suas tecnologias foram deixadas sob nossa responsabilidade e por que não confiar então nas mulheres quando elas decidem, quando nós decidimos, não prosseguir com uma gravidez? Por que no momento dessa decisão específica nossos corpos e vida reprodutiva tornam-se públicos e despertam um súbito interesse geral? Talvez porque, como intui Katha, o direito ao aborto é um dos poucos que diz respeito apenas às mulheres. Será que a vida das mulheres (inclusive das mulheres trans) cabem nesse projeto de democracia? Fomos obrigadas a criar soluções para nossos problemas e fizemos isso a partir de uma política relacional que assume nossa interdependência e nossa diferença – quem sabe esse não seja o sentido forte de um projeto democrático que os conservadores querem bloquear a qualquer custo?

    E se nós contássemos, como faz Pollitt, que a bíblia não faz nenhuma menção em relação ao "pecado" de se escolher sobre uma gravidez? E que a taxa de mortalidade decorrente do uso do viagra é bem maior do que aquela decorrente de procedimentos de interrupção da gravidez? Ou que a continuação da gravidez é 12 a 14 vezes potencialmente mais fatal do que sua interrupção? E se nós falássemos por aí, que no Brasil, uma mulher é assassinada vítima de feminicídio a cada duas horas[2] – o que nos leva a chegar a conclusão que são os homens mais próximos que representam uma ameaça às nossas vidas, não o aborto.

    Dalila nos encontrou depois de mais uma jornada de trabalho naquele dia – vocês sabem, fomos capazes de produzir um

---

2 https://www.ipea.gov.br/portal/images/stories/PDFs/130925_sum_estudo_feminicidio_leilagarcia.pdf

medicamento que desliga a progesterona, o hormônio que fabrica uma gravidez. Depois de interrompermos sua produção, é possível tomar uma outra pílula que ajuda o útero a produzir contrações e se renovar, regulando outra vez a menstruação se assim o desejarmos. Fizemos tudo isso enquanto víamos um filme que, por falta de tempo, nunca conseguíamos assistir. Tínhamos óleos essenciais de plantas que ajudam a curar, boas histórias e uma confiança compartilhada de que a vida há de melhorar, porque não desistimos umas das outras. Porque soubemos convocar um saber do corpo que nenhum tirano foi capaz de expropriar e porque, enfim, temos redes feministas que podem se articular internacionalmente para nos oferecer medicamentos e informações seguras sobre como utilizá-los. Nunca desistimos de produzir e fazer circular nossa ciência – um modo de conhecer o mundo que não abre mão das relações que compõem esse mesmo mundo. Dalila foi aquela que facilmente percebeu a fragilidade da força de Sansão, seu "segredo", e pôde, enfim, nos libertar da existência de heróis protetores.

A luta pela legalização do aborto na Argentina foi uma das lutas mais potentes dos nossos tempos e isso porque não havia ali "apenas" uma luta por reconhecimento legal de uma prática que sempre foi nossa, mas mais do que isso, havia uma proposição política de refundação democrática. E se a política fosse algo que fazemos na vida, com a vida e não contra ela? E se experimentássemos uma política vital que assumisse nossas vulnerabilidades, que restitua a possibilidade de vivermos juntos, com nossas próprias infraestruturas, reativando nossos saberes do corpo, reivindicando a reapropriação dos nossos meios de reprodução? E se nossa crítica ao mundo que fomos obrigadas a habitar partisse da experiência daqueles e daquelas que sentem na pele, que são atravessadas pelas práticas insistentes de expropriação epistemológica? Audre Lorde (1977) lembra que um dos princípios fundamentais da Kwanza, a festa Afro-americana da colheita, é o Ujima: o trabalho coletivo e a responsabilidade, a decisão de construir e conservar juntas nossas comunidades, de reconhecer e resolver juntas nossos problemas.

A proposição de Pollitt nos convoca a assumir o aborto de Dalila, de sua mãe, da minha irmã – arriscarmos a dizer que o perigo está do lado dos tribunais, da perseguição e criminalização, do médico que se nega socorrer uma mulher com complicações, ainda mais se essa mulher for negra. Todo aborto é uma insistência na vida, nas nossas vidas e nas vidas daqueles que amamos. Ainda que estejamos em contextos diferentes, é importante repetirmos umas para as outras: não vamos desistir de lutar por um aborto seguro e gratuito para todas. Mas enquanto isso não acontece, Dalila, você não estará sozinha. E que entre as personagens de "esposa" e "puta" que os homens inventaram para manter a fábrica funcionando, existe uma outra, uma que sempre se recusou a fazer os papéis como manda o roteiro original, aquela que lutou e ainda luta pelos saberes do corpo aterrorizando os tribunais: a bruxa.

Gostaria de encerrar esse prefácio reverberando um chamado à aliança que faz a autora. Lá, como aqui, setores progressistas ainda sustentam que o debate sobre o direito ao aborto desvia a atenção para problemas "mais importantes". É como se a vida das mulheres tivesse a ver sempre com "pautas morais", com as novas distrações das "guerras culturais" e nunca com as pautas econômicas verdadeiramente estruturais. Pollitt mostra, entretanto, como as restrições ao aborto caminham lado a lado com cortes em programas sociais. O controle da vida reprodutiva das mulheres e o investimento na ideia da manutenção a qualquer custo da família heterossexual parece ser a política mais eficiente para que a expropriação dos mais pobres siga seu curso crescente, especialmente por aqui, no sul do mundo.

Como defende Federici (2017) no já clássico *Calibã e a bruxa*, não há nada de mais vertebral no capitalismo colonial do que a manutenção da guerra racista e etnocida, por um lado, e a guerra contra às mulheres por outro. Porque nós aprendemos a resistir com inteligência, atuando muitas vezes em frequências invisíveis. Porque nós sabemos desvendar segredos e descobrimos há muito tempo que o segredo mais bem guardado do capitalismo é a manutenção de um regime de violência e domesticação de corpos e produção de zona de mortes e de disciplina. Porque a caça às bruxas foi, sobretudo, uma perseguição aos nossos saberes, curas e modos de existência. Não vamos recuar na produção permanente de vidas vivíveis, de insistir perigosamente em uma política de pensar e imaginar juntos, graças aos outros e com nossas tecnologias. Ou como disse da ultima vez a Bruxa-Ciborgue Donna Haraway:

> Que nós somos uns (com) os outros, que realmente podemos, e devemos apelar uns aos outros para termos força, o que inclui força e luto, cuidando das feridas de cada um (...) Insistir na criação de vitalidades, apesar dos novos tipos de opressão. Que não fomos derrotados, que não iremos embora. E contar histórias é uma das nossas capacidades mais preciosas.[3]

Primavera de 2018

---

[3] Disponivel em http://www.revistadr.com.br/grito/isso-parte-meu-coracao.

INTRODUÇÃO

Nunca fiz um aborto, mas minha mãe, sim. Ela nunca me contou, mas, pelas peças que juntei depois que ela morreu, por uma menção em seu arquivo no FBI – que meu pai, um velho radical, solicitou juntamente com o seu próprio – em 1960, o que significa que foi um aborto ilegal, como quase todos naquela época. O agente responsável pelo arquivo registrou que ela estava sob os cuidados de um médico por problemas ginecológicos naquela primavera. Gosto de pensar que essa tenha sido a maneira delicada que ele usou para protegê-la de futuras investigações, mas pode ser que ele também não soubesse muita coisa e tenha simplesmente anotado a informação que tinha.

Por um tempo, tive raiva dela, da maneira como sentimos raiva dos mortos por guardarem seus segredos até ser tarde demais para que façamos perguntas, e da maneira como uma pessoa sente raiva da própria mãe por ela ter uma vida além daquela que seus filhos conheciam. Senti que ela me devia esse pedacinho de realidade e honestidade, de mulher para mulher, em vez de, ou pelo menos além das histórias sobre os nove pedidos de casamento que ela recebeu antes de conhecer meu pai e se apaixonar por ele à primeira vista, e em seguida fugir com ele três meses depois, quando ela tinha acabado de completar vinte e um anos. Saber sobre o seu aborto teria me ajudado. Talvez tivesse dado uma noção mais real da vida para uma jovem e romântica mulher que não tinha a menor ideia de como eram as coisas.

Quando me questiono por que andei tanto tempo preocupada com os direitos relativos ao aborto, fico pensando se ter sabido sobre o aborto da minha mãe – sua ilegalidade, o fato de ela não ter contado ao meu pai, a impossibilidade de conhecer os seus motivos ou sentimentos e a experiência em si – é parte da resposta. E me pego fazendo perguntas como: a pessoa que realizou o procedimento era um médico de verdade? Ele foi cuidadoso com ela? Ele a respeitou? Fez o possível para não lhe causar dor? Alguém a acompanhou? Lembro dela falando com sua amiga Judy sobre como outra mulher que elas conheciam havia "feito uma D&C"[4]– na época um eufemismo frequente para aborto –, então talvez o seu círculo de mulheres tenha levado a minha mãe a um local confiável para a prática. Talvez sua amiga Judy tenha se sentado na sala de espera, se é que havia uma sala de espera, e depois a tenha levado para casa de táxi e lhe feito uma xícara de chá. Espero que sim. Teria sido muito ruim se a minha mãe, tão sensível e frágil, tivesse passado por tudo aquilo sozinha.

Mas o que significou o fato de minha mãe ter que infringir a lei para dar fim a uma gravidez? A resposta é que, basicamente, os Estados Unidos lhe passavam a seguinte mensagem:

> Estamos no século XX, então vamos deixar você votar e frequentar a faculdade, e ter uma família e um trabalho – não um ótimo trabalho, aquele que você queria, porque infelizmente este trabalho é para homens. Você também pode ter a sua própria conta corrente no Bonwit e no Altman e sua própria assinatura da Heritage Book Club. Mas, por trás de toda essa vida normal, progressista, de classe média em meados do século XX em Nova York, existe a vida secreta das mulheres, e esta você precisa gerir

---

4 N. do T.: Dilatação e curetagem, procedimento utilizado para remover tecidos do revestimento interno do útero. O procedimento pode ser utilizado para Diagnosticar e tratar doenças, Remover o tecido depois de um aborto espontâneo, realizar um aborto induzido ou terapêutico.

fora da lei. Se você se ferir ou morrer ou for pega pela polícia, a única culpada será você mesma, porque o verdadeiro motivo de você estar na Terra é produzir filhos, e você fugiu deste dever por sua própria conta e risco.

A vida das mulheres é diferente agora – tão diferente que corremos o risco de esquecer como costumava ser. A legalização do aborto não apenas salvou as mulheres da morte, de lesões e do medo de serem presas, não apenas possibilitou que elas se comprometessem com a educação e o trabalho e as libertou de casamentos forçados e de ter filhos além da conta. Ela mudou a forma como as mulheres viam a si mesmas: como mães por escolha e não por destino. A partir do momento que o aborto é uma opção, mesmo uma mulher que pensa que abortar é equivalente a cometer um assassinato está fazendo uma escolha ao manter uma gravidez. Ela pode até sentir que precisa ter aquele filho – Jesus, seus pais ou seu namorado estão dizendo que ela precisa tê-lo. Mas, na verdade, ela não precisa. Ela está escolhendo ter aquele filho. A *Roe vs. Wade*[5] deu às mulheres uma espécie de liberdade existencial que nem sempre foi bem-vinda – e que às vezes pode ser muito dolorosa –, mas que se tornou parte do que as mulheres são. No entanto, uma das coisas que a *Roe vs. Wade* não fez foi tornar o aborto algo privado.

Às vezes interrompo a leitura das notícias sobre as mais recentes investidas contra os direitos relativos ao aborto – enquanto escrevia esta Introdução, o estado da Louisiana aprovou leis como as que existem no Texas que estão forçando o fechamento de inúmeras clínicas; no Missouri foi aprovado um período de espera de setenta e duas horas para o requerimento;

---

5 N. do T.: *Roe vs. Wade* foi o caso judicial por meio do qual do qual a Suprema Corte dos Estados Unidos reconheceu o direito ao aborto ou interrupção voluntária da gravidez. A decisão foi proferida em 22 de janeiro de 1973.

e em Montana, um centro de saúde que realizava abortos como parte de uma prática familiar foi completamente destruído, supostamente pelo filho de um famoso opositor ao aborto da região. Então penso: que estranho. A decisão do juiz da Suprema Corte Harry Blackmun na lei *Roe vs. Wade* era completamente sobre privacidade, mas a parte mais íntima do corpo de uma mulher e as decisões mais particulares que ela pode tomar na sua vida nunca foram tão públicas. Todo mundo se sente no direito de opinar. Talvez o erro de Blackmun tenha sido pensar que uma mulher poderia reivindicar a privacidade como direito em primeiro lugar. A casa de um homem é seu castelo, mas o corpo de uma mulher nunca foi totalmente dela. Historicamente, ele pertencia à sua nação, à sua comunidade, ao seu pai, à sua família, ao seu marido – em 1973, quando houve a decisão do caso *Roe vs. Wade*, o estupro marital era legal em todos os estados. Sendo assim, por que o corpo de uma mulher não deveria então pertencer também a um óvulo fecundado? E, já que este óvulo fecundado tem o direito de viver e crescer dentro do seu corpo, por que a mulher não poderia ser legalmente responsabilizada por seu destino e ser forçada a realizar uma cesárea caso o médico ache que é o melhor a se fazer ou ser indiciada criminalmente caso ela use drogas ilegais e dê à luz um bebê doente ou natimorto? Incidentes como este têm acontecido em todo o país há algum tempo. Negar às mulheres o direito de interromper uma gravidez esconde o desejo de puni-las por suas condutas durante a gestação, e, mesmo quando não há punição, de monitorá-las.

Na primavera de 2014, um projeto de lei apresentado ao legislativo do estado do Kansas pretendia obrigar os médicos a reportar cada aborto espontâneo, mesmo nos primeiros estágios da gravidez. Dá quase para pensar que aqueles que sempre se opuseram à independência e à total participação da mulher na sociedade ainda estavam presentes. Eles podem não conseguir fazer a mulher retroceder totalmente ao passado, mas ainda podem usar seu corpo para mantê-las sob vigilância e controle. Este pensamento dá origem a um desejo. Sem dúvida – me pego sonhando acordada – deve existir algo, alguma substância de uso corriqueiro, que as mulheres possam tomar depois de fazer sexo ou no final do mês e que as mantenha livres de gravidez como se nada tivesse acontecido. Algo que pudesse ser comprado no supermercado, ou talvez várias coisas que pudessem ser misturadas, itens tão seguros e comuns que jamais poderiam ser proibidos, que fosse possível preparar em casa, que limpasse o seu útero e o deixasse rosinha e brilhante sem que você sequer precisasse saber se esteve grávida ou prestes a ficar. Algo como uma mistura de chás Earl Grey e Lapsang Souchong com cardamomo moído, por exemplo. Ou Coca-Cola com uma colher de chá de Nescafé e uma pitada de pimenta caiena. Coisas que talvez você já tenha em sua prateleira agora, só esperando que alguma pessoa inteligente faça a combinação certa, alguma dona de casa com diploma de Química perambulando pela cozinha tarde da noite.

Algo como as misturas de ervas que a escritora Jamaica Kincaid lembra da sua infância:

> Quando eu era criança, crescendo em uma ilha no Caribe onde os habitantes eram descendentes de pessoas trazidas da África à força, eu reparava que minha mãe e suas amigas – todas mulheres – reuniam-se de vez em quando num canto do nosso quintal e falavam e bebericavam e tomavam uma bebida quente bem escura que elas faziam com várias folhas e cascas de árvores que elas tinham reunido. Sem que elas tivessem me contado diretamente,

fui percebendo que as poções que elas bebiam eram feitas para limpar seus úteros de qualquer coisa que pudesse resultar na impossibilidade de elas gerenciarem o dia a dia de suas vidas; ou seja, esta limpeza dos seus úteros era uma outra forma de cuidado com suas casas.[6]

Pense nisto: nenhum doutor se negaria a lhe conceder uma receita para controle de natalidade ou pílula do dia seguinte, nenhum fanático religioso perseguiria as mulheres até o estacionamento da clínica de aborto berrando "Assassina de bebês!" e anotando a placa do seu carro, na expectativa de fazer a sua pressão sanguínea subir tanto a ponto de se tornar impossível realizar o procedimento naquele dia, não haveria nenhuma necessidade de avisar seus pais ou pedir-lhes permissão para qualquer coisa. Todo esse elaborado panóptico que controla o aborto nos dias de hoje: abolido.

O RU-486, a "pílula abortiva francesa", também conhecida como Mifepristona, deveria proporcionar isso: qualquer médico poderia receitá-la em seu consultório e sem que ninguém precisasse saber. Uma matéria de capa da *New York Times Sunday Magazine*, de 1999, chamou a pílula de "pequena bomba branca", "capaz de reconfigurar as políticas e a percepção sobre o aborto", fazendo-o acontecer mais cedo e trazendo-o de volta aos procedimentos médicos comuns. Uma espécie de esperança milenar de que um único avanço tecnológico ou científico resolverá de uma vez por todas um problema social, uma fantasia que significa esquecer que essa novidade será inserida em um sistema já existente e envolverá as pessoas que existem. Por

---

6 Jamaica Kincaid, "Commentary: President Obama Supports Women's Rights to Choose", BET, 26 de setembro de 2012, bet.com/news/features/vote-2012/news/politics/2012/09/26/comment ar y-president- obama-supports--women-s-rights-to-choose.html.

uma série de motivos – desde dificuldades para obter o medicamento, leis que tornaram os medicamentos abortivos tão controlados quanto os cirúrgicos e até medo dos opositores ao aborto –, poucos médicos que não estavam envolvidos com práticas abortivas aceitaram o desafio de prescrever a droga. Pouco importa o fato de que as mulheres querem abortar mais cedo, de que elas preferem um medicamento a uma cirurgia, de que principalmente em áreas rurais seria muito mais simples, barato e menos estressante obter uma receita do seu ginecologista ou obstetra local do que viajar longas distâncias até uma clínica, ou mesmo de que isso poderia livrar as mulheres de ter que fugir de manifestantes contrários ao aborto. Os cuidados que uma mulher quer em seu aborto simplesmente não importam.

Trust Women[7] é um lema popular no movimento pró-escolha[8]. Soa um pouco sentimental, não? Parte de um antigo feminismo que ressalta o poder da sororidade, esse lema tem sido motivo de ironia nos dias de hoje. Mas "confiar nas mulheres" não significa que toda mulher é sábia, boa ou tem poderes intuitivos mágicos. Significa que ninguém mais pode tomar uma decisão melhor, porque ninguém mais está vivendo sua vida e, uma vez que quem vai viver com essa decisão é ela – e não você e nem o legislativo estadual ou a Suprema Corte –, há grande chance de que ela esteja fazendo o melhor que pode em uma situação bastante complicada.

O doutor George Tiller, que fornecia assistência ao aborto em Wichita, Kansas, e era um dos poucos médicos a realizar abortos após vinte e quatro semanas, usava um broche escrito *Trust Women*. Ao contrário da grande maioria dos norte-a-

---

7 N. do T.: Confie nas mulheres.
8 *Pro-choice moviment*: movimento de cunho sócio-político constituído por diversas instituições e pessoas independentes que lutam pelo direito legal ao aborto nos Estados Unidos.

mericanos, ele não presumia que as mulheres que procuravam abortos tardios eram preguiçosas, burras ou estavam muito ocupadas fazendo sexo para resolver a questão logo no início. Ele não presumia que o corpo deixava de ser dela porque ela estava grávida. Veja bem onde confiar nas mulheres o levou: em 2009, ele foi baleado e morto dentro de uma igreja por Scott Roeder, um ativista cristão de extrema-direita, que era contra o governo e contra o aborto, e que acreditava ter o direito de cometer um assassinato porque, como disse a um repórter, "as vidas de muitos nascituros estavam em risco iminente"[9].

Quando o caso *Roe vs. Wade* seguia os trâmites dos tribunais e vários estados estavam reformulando suas leis para permitir o aborto para casos de estupro, incesto, deformidade fetal e afins, a ativista feminista radical Lucinda Cisler, líder da organização *New Yorkers for Repeal of Abortion Laws* (Nova- Iorquinos pela Revogação das Leis do Aborto), advertiu contra as meias medidas que permitiam que as mulheres fossem controladas pelo Estado e pela comunidade médica. Seu receio era de que "seria extremamente difícil" que as qualificações do direito essencial "fossem descartadas por juízes e legisladores no futuro"[10]. Em uma das reuniões, ela ergueu um cartaz representando a lei ideal do aborto: o cartaz estava em branco.

Cisler enxergava a *Roe v. Wade* como uma derrota, e talvez de algum modo ela estivesse certa, porque o que naquele tempo pareciam ser pequenos detalhes veio a se mostrar como defeitos cruciais. A enorme deferência prestada aos médicos e seus julgamentos manteve a ideia de que o desejo de uma mulher de

---

9 CNN, "Anti-Abortion Activist Can't Use 'Necessity Defense' in Slaying", 22 de dezembro de 2009, cnn.com/2009/CRIME/12/22/kansas.doctor.killed/.
10 Lucinda Cisler, "Abortion Law Repeal (Sort Of): A Warning to Women", em *Notes from the Second Year*, eds. Shulamith Firestone and Anne Koedt (eds.), (Novaew York: Radical Feminism, 1970), disponível em fair-use.org/lucinda-cisler/abortion-law-repeal-(sort-of).

interromper uma gravidez não era por si só suficiente, precisava ser validado por uma respeitável figura de autoridade, que, naquela época, era quase sempre um homem. (A decisão *Roe* não obrigou a classe médica a efetivamente prestar assistência ao aborto e, de fato, poucos médicos e hospitais queriam ter qualquer relação com isso.) Além disso, a aceitação de uma proibição quase total do aborto tardio continha o germe da ideia de que o feto tinha direitos que se sobrepunham aos da mulher.

Não é difícil ver como estas pequenas sementes germinaram nessa grande baboseira infantilizada que temos hoje, que se resume a um desrespeito à capacidade das mulheres de fazer um julgamento independente sobre suas gestações: notificação e consentimento dos pais, permissão judicial, período de espera, centros de crise gestacional[11], folhetos governamentais repletos de propaganda contra o aborto que médicos devem ler às pacientes, e assim por diante. Mas Cisler também estava errada de certa forma: se a Suprema Corte tivesse acordado, em 1973, que uma lei do aborto apropriada era a inexistência de leis, provavelmente estaríamos perto de onde estamos hoje por causa do poder e determinação do movimento antiaborto e as hesitações e falta de envolvimento de muitas pessoas que são declaradamente pelo direito de escolher. Desta forma, é difícil ver as mulheres serem donas de si mesmas.

Mesmo assim, as mulheres continuam tentando. Elas adiam o pagamento do aluguel ou de outras contas para juntar os quinhentos dólares para um aborto no primeiro trimestre. Elas atravessam estados inteiros para chegar a uma clínica e dor-

---

11 N. do T.: CPC′s – Crisis Pregnancy Center: organização sem fins lucrativos que tem como objetivo aconselhar as mulheres grávidas contra a decisão de fazer um aborto. http://www.prochoiceamerica.org/what-is-choice/abortion/abortion-crisis-pregnancy-centers.html?referrer=https://www.google.com.br/

mem em seus carros porque não têm dinheiro para pagar um motel de beira de estrada. Elas não fazem isso por serem vadias descuidadas, por odiarem bebês ou porque elas não conseguiram ver com clareza quais são as suas opções. Elas sabem exatamente quais são suas opções. Segundo a escritora e ativista feminista Ellen Willis, vivemos em uma sociedade "ativamente hostil em relação à ambição das mulheres de ter uma vida melhor. Sob essas condições, a mulher que engravida acidentalmente encara uma perda de controle aterrorizante do seu próprio destino". O aborto, escreve Willis, é um ato de autodefesa.[12]

Talvez não vejamos o aborto dessa maneira porque não pensamos que a mulher tem direito à autonomia. Elas devem viver para os outros. As qualidades que são vistas como normais e desejáveis nos homens – ambição, confiança, franqueza – são vistas como egoístas e agressivas nas mulheres, principalmente quando elas têm filhos. Talvez seja por isso que a privacidade das mulheres tenha tão pouco destaque nos debates sobre o aborto: somente uma pessoa autônoma pode ter privacidade.

E somente uma pessoa autônoma pode ter igualdade. Muitas juristas feministas, incluindo a juíza Ruth Bader Ginsburg, argumentaram que a Suprema Corte deveria ter legalizado o aborto a partir do fundamento da igualdade e não da privacidade[13]. Afinal, a gravidez e o parto não são apenas experiências físicas e médicas. Também são experiências sociais que, nos Estados Unidos de hoje, assim como quando o aborto foi criminalizado na década de 1870, servem para restringir a capacida-

---

12 Ellen Willis, "Abortion: Is a Woman a Person?", em *The Essential Ellen Willis*, ed. Nona Willis Aronowitz, Minneapolis,: University of Minnesota Press, 2014, p. 91.
13 Reva B. Siegel, "Abortion as a Sex Equality Right: Its Basis in Feminist Theory", em *Mothers in Law: Feminist Theory and the Legal Regulation of Motherhood*, Martha Albertson Fineman e Isabel Karpin (eds.), Nova York, Columbia University Press, 1995, p. 44-72.

de das mulheres de participar da sociedade em pé de igualdade com os homens. Será que estaríamos vivendo num mundo diferente hoje se Blackmun tivesse baseado os direitos relativos ao aborto na necessidade de desconstruir a subordinação das mulheres? Ou as mesmas pessoas que não aceitam os direitos de privacidade das mulheres diriam: "Ah, se as mulheres não podem ter igualdade sem o aborto, então elas que fiquem quietinhas nos seus lugares"?

Enquanto escrevo, repórteres descrevem o retorno do aborto ilegal nos estados onde clínicas foram fechadas. No Texas, mulheres do Vale do Rio Grande, agora a quilômetros de distância de uma clínica – o que não é problema, como disse a juíza Edith Jones do Quinto Circuito, basta dirigir mais rápido –, estão atravessando a fronteira com o México para comprar Misoprostol, medicamento para úlceras que provoca aborto e é vendido sem receita. Entretanto, mesmo onde o aborto está disponível, algumas mulheres não vão ou não podem ir a uma clínica: são imigrantes ilegais e têm medo de serem presas, ou não têm dinheiro, ou, em razão de toda a recriminação que o aborto suscita, não querem arriscar serem vistas por alguém que as conheça. Mas agora, com o desaparecimento das clínicas, cada vez mais mulheres não terão escolha a não ser buscar os medicamentos, como fazem as mulheres em muitos países onde a interrupção da gravidez ainda é ilegal. Algumas acabarão em pronto-socorros. Outras sofrerão lesões. Algumas morrerão. E é isso que as leis que deveriam defender mulheres de clínicas "perigosas" terão produzido. É isso que o movimento chamado pró-vida terá feito pela "vida".

Como eu disse anteriormente, uma única descoberta ou invenção raramente sobrevive à sua promessa de mudança social profunda. Mesmo a pílula anticoncepcional, um enorme avanço em relação aos métodos pouco confiáveis que a antecederam, não resolveu totalmente: metade de todas as gravidezes nos Estados Unidos é acidental.

No fim, ainda imagino minha mãe sentada na mesa da cozinha, trajando seu lindo robe com flores azuis e amarelas, num dia qualquer de 1960, recortando artigos do *New York Times*, como ela gostava tanto de fazer. Ela acende um Benson & Hedges e dá um gole em sua bebida escura e quente enquanto o sol entra pela janela que dá para a rua.

Escrevi este livro porque queria trazer mulheres reais, mulheres como a minha mãe, de volta ao centro do debate sobre o aborto. Pessoas contrárias ao aborto foram muito eficazes quando mudaram o foco de sua preocupação moral para os conteúdos dos úteros das mulheres – agora até um óvulo fecundado não implantado pode ser considerado um bebê. A não ser que sejam muito corajosas, as mulheres que procuram abortos têm sido empurradas de volta às sombras. Uma coisa é quando uma vítima de estupro fala, ou uma mulher com uma gravidez desejada que se transformou em uma catástrofe médica. Mas por que uma mulher não pode simplesmente dizer "não era a hora certa pra mim?" ou "duas crianças (ou uma, ou nenhuma) é o bastante"? Por que a mulher deve pedir desculpas por não ter um filho só porque ela acabou engravidando? É como se pensássemos que a maternidade é o padrão para a vida de uma mulher desde a primeira menstruação até a menopausa, e ela precisa de um aviso de Deus para não dizer sim a todo zigoto que bate em sua porta – mesmo se, como a maioria das mulheres que já fizeram abortos, incluindo minha mãe, ela já tiver filhos.

Há nisso tudo um profundo desprezo pelas mulheres – além de uma desconsideração da seriedade que envolve a maternidade. Por muitos anos, comentaristas repudiaram a ideia de que o aborto poderia vir a ser consideravelmente restringido, e fizeram piadas com os "pró-escolha" que alertavam que tanto os direitos quanto o acesso estavam em risco, além dos métodos contraceptivos. O senso comum acreditava que o Partido Republicano[14] não arriscaria acordar o gigante adormecido que são os eleitores em cima do muro e mais ou menos pró-escolha em relação à questão do aborto. Agora, olhando em retrospecto, os pró-escolha estavam certos. Onde está o tal gigante? Em alguns estados, ele com certeza está se espreguiçando e se levantando – como é o caso de Virginia, que é agora um estado azul[15], porque os republicanos no poder foram longe demais, fechando clínicas, tentando impor ultrassons transvaginais e coisas do gênero. Em outros, entretanto, o gigante ainda dorme, imobilizado pelas ideias conflituosas e pouco refletidas sobre mulheres, sexo, família, raça e governo e um sentimento generalizado de que os Estados Unidos da América está indo ralo abaixo.

Já passou da hora do gigante se levantar.

---

14 O Partido Republicano (Republican Party) é um dos dois grandes partidos norte-americanos e disputa o comando dos Estados Unidos com seu rival, o Partido Democrata, desde sua fundação em 1854 por abolicionistas, liberais e modernistas. No entanto, ao longo do tempo o Partido Republicano se converteu em um partido cada vez mais conservador. Um exemplo dessa verdadeira transmutação é que o primeiro republicano a ser eleito presidente foi Abraham Lincoln (1860), um dos maiores responsáveis pelo fim da escravidão nos Estados Unidos, enquanto hoje, o atual presidente, eleito em 2016, é o também republicano Donald Trump, o qual possui posições praticamente opostas a Lincoln. Nos últimos cento e sessenta anos, o GOP (Grand Old Party – Grande Velho Partido), como é conhecido, venceu 24 das 51 eleições presidenciais que disputou e, por conseguinte, 19 dos últimos 31 presidentes dos Estados Unidos são ou foram republicanos, embora haja um maior equilíbrio entre ele e seu grande rival, o Partido Democrata desde os anos 1930. Até meados de 2018, os republicanos detêm não só a presidência como, também, a maioria do Congresso Nacional dos Estados Unidos, Governos estaduais e suas Assembleias Legislativas embora tenham menos filiados que os democratas.
15 N. do T.: Cor que representa o Partido Democrata.

NOTA SOBRE A LINGUAGEM

Tentei evitar o termo "pró-vida". De modo geral, faz sentido chamar as pessoas por aquilo que elas querem ser chamadas e por aquilo que elas são comumente reconhecidas, mas "pró-vida" traz embutida propaganda demais para mim: que um óvulo fecundado é uma vida no mesmo sentido que uma mulher o é, que ele tem o mesmo direito à vida que ela tem, que tornar o aborto ilegal salva vidas, que o aborto é a principal ameaça à "vida" nos dias de hoje, e que o movimento para banir o aborto é motivado somente por essas questões e não também pelo desejo de restringir a liberdade sexual, impor visões religiosas sectárias em uma sociedade plural e levar as mulheres de volta aos lugares tradicionais. O termo também sugere que aqueles que apoiam o aborto legal são pró-morte, o que é um absurdo. Exceto quando estou claramente me referindo ao movimento político que se autointitula pró-vida, usarei termos neutros como "opositores ao aborto", "contrários ao aborto" e "antiaborto".

Também tentei evitar usar o termo "feto" para me referir a cada estágio do desenvolvimento humano dentro do útero. Infelizmente, não há um termo politicamente neutro e geral que abranja com precisão os nove meses de gravidez, e "feto" sugere de maneira imprecisa que abortos tardios são a norma. Na verdade, dois terços dos abortos acontecem com oito semanas ou menos, quando o feto ainda é um embrião. Se todos os opositores ao aborto tivessem falado sobre "direitos do embrião" e o "direito do embrião à vida", me questiono se eles teriam chegado tão longe.

Irei me referir aos apoiadores dos direitos relativos ao aborto como "pró-escolha", porque é um termo preciso para aqueles que apoiam o direito das mulheres de decidir por conta própria se elas querem interromper uma gravidez ou levá-la adiante.

33

CAPÍTULO 1
Reivindicando o aborto

Aborto. Precisamos falar sobre isso. Às vezes, parece que é só o que fazemos, então talvez precisemos falar sobre isso de outra maneira. Não como algo que todos concordamos que seja negativo e sobre o qual lamentamos e depois discutimos seus graus precisos de ruindade, nos envaidecendo com a nossa sensatez e sobriedade moral enquanto debatemos sobre essa ou aquela restrição para esse ou aquele tipo de mulher. Precisamos falar sobre a interrupção de uma gravidez como um acontecimento comum, ou mesmo normal, na vida reprodutiva das mulheres – e não só da mulher norte-americana moderna, mas de mulheres por toda a história e ao redor de todo o mundo, desde o Egito antigo à Europa medieval católica, das cidades atuais que se alastram até as vilas rurais onde mal chegaram as ideias modernas sobre os papéis e os direitos das mulheres. O aborto acontece no Canadá, na Grécia e na França, países onde ele é legalizado, realizado por profissionais da medicina e coberto pelo seguro de saúde nacional, e também no Quênia, na Nicarágua e nas Filipinas, onde o aborto é um crime e a mulher que interrompe uma gravidez corre risco de vida.

De acordo com antropólogos, o aborto é encontrado em praticamente todas as sociedades há pelo menos quatro mil anos. As mulheres norte-americanas fizeram uma grande quantidade de abortos ao longo da história, quando ele era legalizado e quando não era. Considere o seguinte: no início do século XIX, o controle de natalidade efetivo mal existia e, na década de 1870, foi criminalizado – mesmo o simples fato de se enviar pelo correio um panfleto informativo sobre dispositivos contraceptivos era contra a lei e assim continuaram até 1936.[16] Ainda assim, o número de nascimentos por mulher caiu de 7 em 1800 para 3,5 em 1900 indo para pouco mais de 2 em 1930.[17] Como isso pode ter acontecido?

Precisamos ver o aborto como uma decisão prática e urgente que é tão moralmente discutível quanto o debate sobre ter um filho, aliás, algumas vezes até mais moralmente discutível. Pessoas pró-escolha costumam dizer que ninguém é a favor do aborto, mas o que há de tão virtuoso em se somar mais uma criança àquelas com as quais você já está sobrecarregada? Por que fazemos jovens mulheres se sentirem culpadas por quererem estar prontas para a maternidade antes de terem um filho? Não seria bom que as mulheres pensassem com cuidado sobre o que significa trazer uma criança a este mundo? Por exemplo, o que isso pode significar para os filhos que ela já tem? Temos a tendência a pensar no aborto como algo contra as crianças e a maternidade. Na iconografia da mídia, vemos o feto versus o cabide ou a agulha de crochê enquanto ferramentas-símbolo da ilegalidade: ou seja, o aborto mata um "nascituro", mas proibi-lo faz com que as mulheres se machuquem. Na verdade, o aborto diz respeito a ser mãe e cuidar de crianças, porque parte do cuidado com as crianças é saber quando pode não ser uma boa ideia trazê-las ao mundo.

Precisamos colocar o aborto de volta em seu contexto, que é o das vidas e corpos de mulheres, mas também da vida de homens, famílias e filhos que essas mulheres já têm ou terão. Le-

---

16 Claudia Goldin e Lawrence F. Katz, "The Power of the Pill: Oral Contraceptives and Women's Career and Marriage Decisions", *Journal of Political Economy*, 110, 2002, p. 730-70.
17 Centers for Disease Control and Prevention, "Achievements in Public Health, 1900-1999: Family Planning", 3 de dezembro de 1999, cdc.gov/mmwr/preview/mmwrhtml/mm4847a1.htm.

vando em consideração que 1 em cada 5 mulheres norte-americanas chegam ao fim de seus anos de fertilidade sem terem tido um filho (em comparação a 1 em cada 10 nos anos 1970), precisamos reconhecer que a maternidade não é para todas; existem outras maneiras de se viver uma vida proveitosa e feliz.[18]

Precisamos falar sobre o aborto em sua configuração humana plena: sexo e sexualidade, amor, violência, privilégio, classe, raça, escola e trabalho, homens, a escassez de cuidados de saúde reprodutiva de excelência e respeito, e informações realistas e acuradas sobre sexo e reprodução. Precisamos falar sobre o motivo de existirem tantas gestações não planejadas e não desejadas – o que significa que precisamos falar sobre controle de natalidade, mas também muito mais do que isso: sobre pobreza, violência e problemas familiares, timidez sexual, vergonha, ignorância e a falta de poder que tantas mulheres sentem na cama e em seus relacionamentos com os homens. Por que é tão complicado pedir a um homem para usar um preservativo? Qual é a dificuldade de um homem em fazer isso por conta própria? Por que tantas mulheres não percebem que estão grávidas até estarem com 15, 20 ou até 25 semanas, e o que isso diz sobre o extraordinário grau de vigilância que exigimos que as mulheres tenham sobre seus sistemas reprodutivos? Ainda a respeito dessa vigilância, o que podemos dizer sobre o fato de que, de acordo com um estudo da Universidade de Brown, mais ou menos 16% das mulheres vivenciaram algum tipo de coerção reprodutiva em pelo menos um de seus relacionamentos – um parceiro que usou ameaças ou violência para controlar as escolhas contraceptivas da mulher – com um alarmante índice

---

18 Gretchen Livingston e D'Vera Cohn, "Childlessness Up Among Al! Women; Down Among Women with Advanced Degrees", Pew Research Center, 25 de junho de 2010, pewsocialtrends.org/2010/06/25/childlessness-up-among-all-women-down-among-women-with-advanced-degrees/.

de 9% que enfrentaram alguma espécie de "sabotagem contraceptiva", como um parceiro que jogou suas pílulas fora, furou o preservativo ou a impediu de obter contraceptivos. Um terço das mulheres que denunciou coerção reprodutiva também denunciou abuso do parceiro no mesmo relacionamento.[19] Por trás da alta taxa de gestações indesejadas – quase metade de todas as gestações – e altas taxas de abortos nos Estados Unidos, encontra-se um mundo de sofrimento.

Precisamos falar sobre a falta de recursos para mães solteiras e mesmo para famílias com os dois genitores, e as enormes e contraditórias exigências feitas a jovens meninas para serem ao mesmo tempo sedutoras e contidas: virgens sensuais. Precisamos falar sobre sangue, sujeira, menstruação, gravidez, parto e o que as mulheres passam para trazer uma vida ao mundo e se, do fundo dos nossos corações, acreditamos que ter esses corpos significa que elas vieram ao mundo para servir, sacrificar-se e sofrer de uma maneira que os homens não precisam. Porque quando falamos sobre aborto como algo negativo e nos preocupamos com a sua alta incidência, muitas vezes queremos dizer que há muitas gestações indesejadas e que as mulheres e os homens precisam de mais e melhor educação sexual e controle de natalidade, e às vezes queremos dizer que há muita pobreza, principalmente para crianças e suas mães; mas em grande parte das vezes queremos dizer que a mulher deveria chorar um pouco e então fazer a coisa certa e ter o bebê. Ela também pode entregá-lo para adoção, não é mesmo, como Juno[20] no filme? E isso é quase dizer que uma mulher não pode ter necessidades, desejos, objetivos ou aptidões que sejam tão sérios e importan-

---

19 Lindsay E. Clark et al., "Reproductive Coercion and Co-Occurring Intimate Partner Violence in Obstetrics and Gynecology Patients", *American Journal of Obstetrics and Gynecology*, 210, n. 1, 2014, 42.e1-e8.
20 *Juno*, 2007, dirigido por Jason Reitman.

tes que não possam ser deixados de lado de uma hora para a outra por causa de um espermatozóide errante.

O aborto é legalizado nos Estados Unidos há mais de quatro décadas. Mais de um milhão de abortos são realizados anualmente – cerca de 55 milhões desde 1973, quando *Roe vs. Wade* se converteu em lei no país. Alguns dados: até a menopausa, 3 em cada 10 mulheres norte-americanas terão interrompido pelo menos uma gravidez; cerca de metade das mulheres nos EUA que fizeram um aborto já haviam feito outro aborto anteriormente; excluindo os abortos espontâneos, 21% das gestações terminam em abortos.

Ao contrário do estereótipo popular de que as mulheres que procuram os abortos são adolescentes promíscuas ou profissionais que detestam crianças, cerca de 6 a cada 10 mulheres que fazem abortos já são mães. Sete a cada 10 são pobres ou de baixa renda.[21] O aborto, em outras palavras, é parte do tecido que constitui a vida norte-americana e, ainda assim, é mais estigmatizado do que era quando houve a decisão do caso *Roe*. Dos sete juízes da Suprema Corte que formavam a maioria no *Roe*, cinco foram nomeados por presidentes republicanos. Difícil dizer que esses homens não foram radicais: Potter Stewart, nomeado pelo presidente Eisenhower, votou contra na histórica decisão judicial do caso *Griswold vs. Connecticut*,[22] em 1965, que der-

---

21 Instituto Guttmacher, "Induced Abortion in the United States", fevereiro de 2014, guttmacher.org/pubs/fb_induced_abortion.html.
22 N. do E.: O caso *Griswold vs. Connecticut* de 1965, quando a Suprema Corte dos Estados Unidos declarou inconstitucional uma lei estadual do Connecticut, derivada das chamadas leis de Comstock de 1873, que proibia, dentre outras coisas o uso de medicamentos contraceptivos mesmo por pessoas legalmente casadas. Na ocasião, por sete votos a dois, a Suprema Corte entendeu que a lei em questão não era válida em virtude do particular direito constitucional à privacidade que pessoas casadas teriam no âmbito da relação marital. Curiosamente, o direito de controle de natalidade para todas pessoas só foi reconhecido em 1972, no caso Eisenstadt vs. Baird. O que causa perplexidade na Autora é que a proibição ao controle de natalidade ainda perdurava,

rubou a proibição da venda ou uso de contraceptivos, inclusive por parceiros casados, no estado de Connecticut; em duas resoluções distintas, ele defendeu a oração e a leitura da Bíblia em escolas públicas. Warren Burger, escolhido por Richard Nixon para presidente da Suprema Corte, apoiou a regulamentação de leis que criminalizavam a "sodomia" no caso *Bowers vs. Hardwick*[23] (1986) alegando que, historicamente, a homossexualidade era vista como algo hediondo e errado. O que poderia ter feito esses sóbrios e grisalhos senhores permitirem o aborto nos primeiros seis meses de gravidez?

Para compreender isso, precisamos ver as coisas pelo prisma desses homens. Perante a lei, o que eles estavam testemunhando era uma evolução rápida rumo a uma maior liberdade pessoal e, mais especificamente, uma maior liberdade para as mulheres: esses foram os anos em que o feminismo era um verdadeiro movimento de base que rapidamente alcançou um sucesso considerável, derrubando centenas de leis e regulações, desafiando séculos de tradições e costumes, e expandindo direitos e oportunidades das mulheres em praticamente todas as áreas da vida. Dez milhões de mulheres estavam tomando pílulas anticoncepcionais, e dois terços de todas as mulheres católicas estavam usando alguma forma de contracepção. As mulheres estavam ocupando as universidades e o mercado de trabalho.[24] No ano anterior à decisão *Roe*, o Senado havia apro-

---

ironicamente, em um progressista estado do norte dos Estados Unidos.
23 N. do E.: Famoso caso que chegou à Suprema Corte norte-americana, o qual tratava de ação movida por Michael Hardwick (1954-1991) contra o Estado da Geórgia por ter sido preso em casa, em pleno ano de 1982, por ter feito sexo consensual com outro homem, o que ainda era criminalizado pela Lei "Anti-Sodomia". O caso tem esse nome por conta do Advogado-Geral da Georgia à época, Michael Blowers. No fim, a Suprema Corte decidiu por 5 votos a 4 a declarar a constitucionalidade das leis anti-sodomia pelo país. Esse precedente só foi derrubado em 2003 no caso *Lawrence vs. Texas*.
24 American Experience, "Timeline: The Pill", PBS, 1999-2002, pbs.org/wgbh/amex/pill/timeline/timeline2.html.

vado a Emenda da Igualdade de Direitos e enviado aos estados para ratificação.

Paralelamente a essas enormes mudanças sociais, as visões da elite em relação ao aborto estavam mudando. Os médicos ajudaram a criminalizar o aborto depois da Guerra Civil como parte do seu esforço para profissionalizar a medicina e marginalizar o trabalho de parteiras e curandeiros leigos. Por outro lado, um número significativo de médicos via a proibição ao aborto como um obstáculo ao seu direito de cuidar de seus pacientes: exceto a negligência, não havia outra circunstância em que um médico tinha que defender suas decisões profissionais em termos jurídicos.

Sempre houve alguma margem de manobra nas leis de aborto estaduais, porque os médicos ainda tinham permissão para realizá-lo por motivos "terapêuticos" – para salvar a vida de uma mulher, por exemplo.[25] Mas o que isso significava, exatamente? Uma petição *amicus curiae*[26] apresentada na *Roe* pelo Colégio Norte-Americano de Ginecologistas e Obstetras e diversos outros grupos médicos observava era que "uma mulher que sofre de problemas do coração, diabetes ou câncer, e cuja gravidez agrava a patologia subjacente, pode não ter o direito ao aborto terapêutico por indicação médica ao abrigo do estatuto porque sua morte não é certa".[27] Por outro lado, a definição de "terapêutico" expandia-se somente para mulheres com dinheiro, conexões e sorte.

---

25 Rachel Benson Gold, "Lessons from Before Roe: Will Past Be Prologue?", *The Guttmacher Report on Public Policy* 6, n. 1, 2003, p. 8-11.
26 N.de T,.: do latim, amigo da corte; intervenção assistencial em processos de controvérsia constitucional, normalmente realizado por advogado ou representante judicial de organização ou órgão que tenha conhecimento de causa sobre a matéria em questão.
27 Linda Greenhouse e Reva B. Siegel, *Before Roe vs V. Wade: Voices That Shaped the Abortion Debate Before the Supreme Court's Ruling* . (Kaplan Publishing, 2010), p. 267.

Alguns psiquiatras estavam dispostos a distorcerem as regras ao atestar pacientes que estavam em busca de abortos como doentes mentais ou suicidas (evidentemente era preciso pagar por este serviço, além de saber como encontrar tais psiquiatras). A partir do final de 1940, hospitais em muitos estados estabeleceram comitês de aborto aos quais uma mulher em busca da interrupção de uma gravidez poderia apelar.[28] Era um processo humilhante que poderia envolver diversos exames físicos e interrogatórios feitos por médicos hostis. Para algumas mulheres, o preço de um aborto era a esterilização. Mas isso significava que uma pequena fração da classe média branca feminina conseguia fazer abortos legalizados, principalmente se lhe acontecesse de ter algum parentesco com um dos médicos do comitê.

Do ponto de vista do debate público, o aborto saía das sombras. Em 1962, foi concedido a Sherri Chessen Finkbine o direito de fazer um aborto legalizado porque ela havia ingerido Talidomida, um remédio para dormir trazido pelo marido de uma viagem à Europa, cujo uso, como ela veio a descobrir posteriormente, resultava no nascimento de bebês com deformidades terríveis. O aborto foi cancelado depois que um artigo de jornal sobre sua situação criou alvoroço, o que fez Finkbine ir à Suécia publicamente para interromper sua gravidez lá. Sua história figurou na capa da revista *Life* e ajudou a quebrar o silêncio em relação ao aborto.[29] Mas fez mais do que isso. Apresentou aquela que buscava pelo aborto como uma mulher simpática, racional e capaz. Finkbine não era nem uma estudante universitária nem uma mãe solteira de baixa renda a ser tratada como vítima ou desprezada como vadia. Era uma mulher branca, de

---

28 Gold, "Lessons from Before", p. 10.
29 Linda Greenhouse, "A Never-Ending Story", *The New York Times*, 5 de setembro de 2012, opinionator.blogs.nytimes.com/2012/09/05/a-never-ending-story/.

classe média, casada e mãe de quatro filhos, conhecida como Sra. Sherri na versão local de *Romper Room*, um programa infantil famoso na época. No início dos anos 1960, uma epidemia de rubéola (que está diretamente ligada a malformações congênitas), teve o mesmo efeito: os norte-americanos foram obrigados a ouvir as mulheres brancas respeitáveis que sem qualquer remorso exigiam o direito de interromper suas gravidezes. Ao mesmo tempo, os norte-americanos também tiveram que enfrentar o fato de que o aborto ilegal já era algo comum.

Quanto mais exceções surgiam em relação à criminalização do aborto, mais evidentemente o sistema como um todo era visto como injusto e hipócrita. No momento em que o caso *Roe* chegou aos tribunais, mulheres bem informadas e em boas condições financeiras iam aos bandos para Nova York ou diversos outros estados onde as leis eram mais flexíveis para fazerem abortos seguros e legalizados; mulheres pobres, presas em estados onde o aborto era proibido, suportavam todo o peso dos danos causados por procedimentos ilegais. Havia também um componente racial: não apenas as mulheres negras faziam – e ainda fazem – muito mais abortos do que as mulheres brancas proporcionalmente aos seus números, elas são muito mais propensas a sofrerem lesões ou morrerem em procedimentos ilegais mal executados.

De acordo com os Centros de Controle e Prevenção de Doenças, de 1972 a 1974, a taxa de mortalidade causada por aborto de mulheres não brancas era 12 vezes maior do que a de mulheres brancas.[30] Era óbvia a injustiça de um sistema feito de partes desiguais, em que um simples procedimento médico poderia matar ou ferir uma mulher com base simplesmente no local onde era executado.

---

30 Gold, "Lessons from Before", p. 10.

As mulheres também começavam a falar mais abertamente sobre os seus próprios abortos. Em 1969, feministas invadiram e interromperam uma "audiência de peritos" sobre o aborto do Legislativo estadual de Nova York (os peritos consistiam em 14 homens e uma freira). Mulheres passaram a falar em eventos públicos sobre a interrupção de suas gestações. Em 1972, a primeira edição da revista *Ms.* trazia como manchete de capa a frase "Nós fizemos abortos" assinada por mais de 50 mulheres de destaque, incluindo Gloria Steinem, Nora Ephron, Billie Jean King, Lee Grant e Lillian Hellman. Em Chicago, o Coletivo Jane[31] passou a conectar as mulheres a um realizador de abortos ilegal e acabou por realizar também os abortos por sua própria conta.

E se você supõe que as igrejas se uniram contra o aborto, reflita melhor: a partir de 1967, o Serviço de Consulta ao Clero fundado pelo reverendo Howard R. Moody, da igreja Batista, juntamente com Lawrence Lader, Arlene Carmen, e outros, ajudou milhares de mulheres em todo o país a encontrar o caminho para abortos ilegais seguros. Nos anos que antecederam *Roe*, a legalização do aborto, pelo menos em algumas circuns-

---

31 Oficialmente conhecido como Serviço de Aconselhamento ao Aborto e de Libertação Feminina [Abortion Counseling Service of Women's Liberation], o Jane era um serviço clandestino em Chicago, Illinois filiado à União de Libertação das Mulheres de Chicago, que funcionou de 1969 a 1973, época em que o aborto era ilegal nos Estados Unidos. O grupo teve início a partir do esforço de ativistas do movimento de libertação das mulheres, para abordar o número crescente de abortos inseguros. Como os abortos ilegais não eram apenas perigosos, mas muito caros, os membros fundadores do coletivo acreditavam que poderiam proporcionar às mulheres um acesso mais seguro e mais acessível aos abortos, tendo assim começado também a praticar o procedimento. Em um folheto informativo distribuído por Jane em 1969, eles caracterizaram o aborto como um problema social que espelhava a opressão das mulheres nas arenas sociais e políticas. Estima-se que durante os anos em que o Jane operou, o coletivo realizou aproximadamente 11.000 abortos ilegais. O coletivo se separou quando após a decisão judicial Roe v Wade, que tornou o aborto legal em em 1973.

tâncias, foi aprovada pela União para o Judaísmo Reformista, pela Convenção Batista do Sul, pela Associação Nacional dos Evangélicos, pela Igreja Metodista Unida, pela Igreja Presbiteriana dos EUA, pela Igreja Episcopal e por outras denominações populares.

Como grande parte dessa história foi esquecida – como assim os Batistas do Sul apoiavam a legalização? –, temos a tendência de ver a *Roe* como algo que aconteceu do nada. Mas para a Suprema Corte – e para o público que em sua maioria apoiava a legalização – o parecer ratificou e expandiu mudanças sociais que já estavam em curso.[32] Na época, o que os apoiadores viram como o principal efeito era a transformação de uma operação rotineira, criminosa e, em certos casos, extremamente perigosa em uma operação rotineira, legalizada e notadamente segura – e tornando-a cada vez mais segura. "As mortes decorrentes de abortos ilegais diminuíram em cinco vezes entre 1973 e 1985 (de 3,3 mortes para 0,4 mortes por 10 mil procedimentos)", relatou o Conselho para Assuntos Científicos da Associação Norte-Americana de Medicina, o que refletia um aumento na formação e nas habilidades médicas, melhoria na tecnologia médica e, notavelmente, a interrupção da gravidez mais precoce. A taxa de mortalidade em partos de 1979 a 1985 foi mais de dez vezes maior do que a de abortos no mesmo período.[33]

Hoje, os danos reais que a *Roe* pretendia sanar foram apagados das memórias. Poucos médicos se lembram dos corredores de hospitais cheios de mulheres feridas e infectadas. A imagem símbolo do cabide – ou da agulha de tricô – parece hoje tão

---

32 Humphrey Taylor, "Attitudes to Abortion and Roe vs. Wade Are Now Almost Identical to Attitudes in 2005 and 2006", *Harris Interactive*, 2009, harrisinteractive.com/vault/Harris-Interactive-Poll-Research-Abortion-2009-08.pdf.
33 Carole E. Joffe, *Doctors of Conscience: The Struggle to Provide Abortion Before and After Roe v. Wade* Boston, Beacon Press, 1995, 212.AAS.

exótica quanto a dos instrumentos de tortura usados no período medieval, uma relíquia brandida por grisalhas "feministas radicais" embora os opositores ao aborto usem os raros exemplos de ferimentos e mortes para pintar todos os abortos como perigosos. Eles se aproveitaram do terrível caso do Dr. Kermit Gosnell, que dirigia uma "clínica" imunda em Filadélfia onde uma adolescente administrava anestesias, uma paciente morreu e outras ficaram feridas. Ali, fetos foram abortados bem depois do terceiro trimestre e aqueles que sobreviveram tiveram suas colunas vertebrais "recortadas". Pelos seus relatos, não era possível saber que o que Gosnell fazia era completamente ilegal; ele foi declarado culpado por três atos de assassinato em primeiro grau no dia 13 de maio de 2013.[34] Usando filmagens de vídeo secretas editadas de forma enganosa, opositores ao aborto tacharam todas as clínicas de aborto como fábricas desumanas operadas por pessoas insensíveis e gananciosas, transferindo o centenário estigma do "abortista" criminoso para profissionais credenciados.

Paradoxalmente, os opositores ao aborto negam que, quando o aborto era ilegal, ele era generalizado e, às vezes (apesar de nem sempre) perigoso. "Veja bem", eles diziam em 1960, "a própria Mary Steichen Calderone, médica da *Planned Parenthood*[35], disse que houve 'apenas 260 mortes' em 1957". (Eles não mencionam que ela também disse que era provável que houvesse pelo menos um milhão de abortos por ano – quase o mesmo que hoje, em uma população muito menor – e observe que isso aconteceu na supostamente séria e virtuosa década de 1950, antes da revolução sexual ou do feminismo).

---

34 Brady Dennis, "Abortion Doctor Kermit Gosnell Convicted of Murder in Deaths of Three Infants", *The Washington Post*, 13 de maio de 2013.
35 N. do T.: Sistema público norte-americano para controle de natalidade.

Há alguns anos debati com um líder do *Massachusetts for Life* (Massachussets pela Vida) que ridicularizou os riscos para a saúde no caso da criminalização do aborto: graças às máquinas de sucção e antibióticos (para os quais todos os serviços ilegais teriam acesso), procedimentos ilegais seriam razoavelmente não fatais. É isso. Aborto legal: muito perigoso. Aborto ilegal: super seguro!

Por muitos anos após a depois da *Roe* entrar em vigor, oponentes ao aborto falaram muito sobre a necessidade de se reverter a decisão e trabalharam duro para eleger representantes que colocariam juízes antiescolha no Supremo Tribunal. Até o momento, eles não conseguiram realizar esse sonho. Mas eles tiveram o chocante êxito de dificultar o aborto em grande parte do país. Entre 2011 e 2013, estados aprovaram 205 novas restrições – mais do que nos dez anos anteriores: períodos de espera, advertências duvidosas que os médicos deveriam ler para as pacientes (aborto causa câncer de mama, doenças mentais, suicídio), proibições em pagamentos estatais do *Medicaid*[36], restrições em coberturas de seguros, e leis de notificação e consentimento parentais e leis de consentimento.[37] Em Ohio, legisladores tiraram dinheiro do programa de assistência social que oferece apoio a famílias pobres, o *Temporary Assistance for Needy Families* (TANF – Assistência temporária para famílias necessitadas), e transferiram-no para os chamados centros de crise gestacional cuja missão é desencorajar mulheres grávidas de fazerem abortos. (É isso mesmo: fetos merecem apoio

---

36 N. do T.: Programa social, de abrangência federal, para famílias e indivíduos de baixa renda ou recursos, instituído pelas Emendas de Seguridade Social, aprovadas pelo Congresso dos Estados Unidos em 1965, sob a presidência de Lyndon B. Johnson.
37 Elizabeth Nash et al., "Laws Affecting Reproductive Health and Rights: 2013 State Policy Review", Instituto Guttmacher, 2 de janeiro de 2014, guttmacher.org/statecenter/updates/2013/statetrends42013.html.

governamental, não as reais crianças que eles eventualmente se tornarão).[38]

Vinte e sete estados aprovaram leis forçando clínicas a fazerem reformas caras e desnecessárias, sobrecarregando-as com regulamentações médicas criadas para impossibilitar a contratação de equipes. Como resultado, entre 2011 e 2013, pelo menos 73 clínicas fecharam as portas ou pararam de fazer abortos.[39] Quando essas leis foram confrontadas em tribunal, juízes puseram de lado algumas delas, mas nem todas. O resultado: em 2000, de acordo com o Instituto Guttmacher, cerca de um terço das mulheres norte-americanas em idade reprodutiva vivia em estados hostis ao direito ao aborto, um terço vivia em estados que apoiavam este direito e um terço vivia em estados cuja posição é intermediária. Os dados de 2011 mostram que, mais de metade das mulheres passaram a viver em estados hostis.[40] Estados intermediários, tais como Carolina do Norte, Ohio e Wisconsin, caminharam para uma direção antiescolha. Somente 23 estados poderiam ser considerados como fortemente comprometidos com o direito ao aborto. Em 2013, apenas um estado, o da Califórnia, facilitou a obtenção desse direito.

Isso mostra que, apesar de o aborto ser legalizado há quatro décadas inteiras, para muitas mulheres nos Estados Unidos ele pode não ser legal. O aborto é inacessível – disponível em locais muito distantes, muito caro para pagar do próprio bolso e atravancado por restrições, regulações e humilhações, muitas

---

38 Shela Bapat, "Ohio Diverts TANF Dollars to CPCs, Revealing Connection Between Reproductive, Economic Justice", *RH Reality Check*, 22 de julho de 2013, rhrealitycheck.org/article/2013/07/22/ohio-diverts-tanf-dollars-to-cpcs-revealing-connection-between-reproductive-economic-justice/.
39 Esmé E. Deprez, "The Vanishing Abortion Clinic", *Businessweek*, 27 de novembro de 2013.
40 Rachel Benson Gold and Elizabeth Nash, "Troubling Trend: More States Hostile to Abortion Rights as Middle Ground Shrinks", *Guttmacher Policy Review 15*, n. 1, 2012, p.14-19.

das quais podem não ser um dos "encargos indevidos" que o Supremo Tribunal regulamentou como recuos inadmissíveis na possibilidade de uma mulher de interromper uma gravidez, mas que, em conjunto, efetivamente colocam o aborto fora do seu alcance. Seria bom acreditar que nenhuma mulher foi impedida de realizar um ato tão crucial para o seu futuro por ter que esperar meras 24 horas entre o aconselhamento obrigatório do Estado e o procedimento em si. Mas, se o período de espera forem duas longas viagens de ida e volta de sua residência rural até uma cidade distante enquanto tenta conciliar o trabalho e o cuidado com os filhos, ou ainda, ter que esperar porque as clínicas precisam trazer um médico de outro estado este período de 24 horas, na verdade, se transforma em uma semana, e isso pode colocar a mulher no segundo trimestre, impedindo-a então de fazer o procedimento.

E se as adolescentes que precisam contar aos seus pais não conseguem ter a coragem para fazê-lo até o momento justo? (Trinta e oito estados atualmente exigem o envolvimento dos pais de uma menor de idade na decisão de fazer um aborto). E as mulheres de baixa renda que vivem em um dos 33 estados sem a cobertura para abortos do *Medicaid*? E se, enquanto ela está juntando os quinhentos dólares para um aborto de primeiro trimestre, essa mulher de baixa renda passa para o segundo trimestre e agora o aborto custa mil dólares? É como se uma mulher tivesse o direito de votar, mas o local de votação fosse do outro lado do estado e votar custasse duas semanas do seu salário. Ou como se ela tivesse o direito de ser judia, muçulmana ou budista, mas seu lugar de culto ficasse a quatro horas de distância de ônibus, e antes de poder ir aos cultos ela precisasse ouvir a sermões de fundamentalistas cristãos alertando-a de que ela irá para o inferno se ela não aceitar Jesus como seu salvador. Nunca aceitaríamos estes tipos de restrições aos nossos demais direitos constitucionais como permitimos os embaraços ao direito de interromper uma gravidez. Como isso aconteceu?

Uma das respostas é que o Partido Republicano, base do movimento organizado anti-direitos-ao-aborto, ganhou muitas eleições. As eleições intermediárias em 2010 foram cruciais: o Partido Republicano ganhou a Câmara dos Deputados e, mais importante, em 20 estados eles tinham "trifetas" – controle tanto do Legislativo quanto do Executivo do estado. Em 2013, eles tinham 24. Os democratas, por outro lado, tinham apenas 14. (É importante observar que nem todos os democratas são a favor do aborto, principalmente nos estados conservadores).

Mas há uma resposta mais profunda e preocupante. O autointitulado movimento pró-vida pode não representar uma maioria numérica – somente de 7 a 20% por cento dos norte-americanos dizem aos pesquisadores que desejam que o aborto seja proibido – mas, o que eles tem em falta de números sobra em intensidade, dedicação, coesão e sagacidade. É o que temos de mais próximo a um movimento social de massa no momento. Ele trabalha em diversas frentes simultâneas – por meio de suas próprias organizações, campanhas eleitorais, educação sexual nas escolas públicas centrada exclusivamente na abstinência, das igrejas Católica e fundamentalistas/evangélicas, de políticas eleitorais, educação sexual voltada para a abstinência nas escolas públicas, protestos públicos como a Marcha Pela Vida em Washington, D.C., que acontece anualmente, e o "aconselhamento de calçada"[41] na frente das clínicas. Esse movimento engloba uma onda terrorista que via de regra ele nega,

---

41 N. do T.: *Sidewalk counseling*: movimento conhecido por interpelar mulheres na frente das clínicas de aborto.

mas que efetivamente desencorajou médicos a realizar abortos, além de influenciar debates em programas de rádio e TV como Bill O'Reilly e Rush Limbaugh, e até jornais respeitáveis como o *National Review* e o *Weekly Standard*. De fato, é difícil pensar no conservadorismo norte-americano hoje em dia sem pensar em sua oposição ao aborto. Nunca saberíamos que Ayn Rand e Barry Goldwater eram pró-escolha, e que em 1967 o então governador da Califórnia, Ronald Reagan, assinou o que era na época a lei mais liberal para o aborto no país. Parte dessa hostilidade em relação ao aborto acontece claramente por motivos políticos: cristãos de direita votam. Mas o fato do aborto ser de praxe, mesmo para republicanos moderados como Mitt Romney[42], mostra o poder do movimento.

O movimento antiaborto tornou o aborto mais difícil em muitos estados, mas, mais importante, ele reestruturou a questão. Ele deslocou para o centro moral da discussão o embrião/zigoto/feto, relegando as mulheres e seus direitos para as margens. Com o passar do tempo, isso alterou a forma como falamos sobre aborto e como muitas pessoas pensam sobre o assunto, mesmo as que se mantêm pró-escolha. Essa mudança fez com que o aborto parecesse arriscado, quando na verdade ele é excepcionalmente seguro – 12 a 14 vezes mais seguro do que sua alternativa, que é o prosseguimento da gravidez e o parto.[43]

---

42 Wilard Mitt Romney (1947 -), político republicano nascido no Michigan, construiu sua carreira política no Massachusetts, onde chegou a ser governador. É visto como um moderado, pois como a maior parte dos republicanos de estados do Norte, adota políticas mais centristas do que seus correligionários de outras regiões, sobretudo em matéria social. Ficou em segundo lugar nas prévias republicanas de 2008, perdendo para John McCain, mas conseguiu a indicação de seu partido em 2012 para enfrentar Barack Obama – sendo ao final derrotado por Obama por 51% a 47%, o que não deixa de ser um resultado bastante expressivo.
43 Elizabeth G. Raymond and David A. Grimes, "The Comparative Safety

Ele fez as pessoas pensaram que o aborto de fetos viáveis acontece o tempo todo quando, na verdade, ele é ilegal na maioria dos estados exceto com exceção de questões médicas graves, o que acontece raramente: de acordo com o Instituto Guttmacher, somente 1,5% por cento dos abortos acontecem depois das 20 semanas de gestação.[44] (A Suprema Corte considera que 24 semanas é o limite da viabilidade). O movimento antiaborto fez com que práticas praticamente desconhecidas nos Estados Unidos, como os abortos seletivos por gênero, parecessem rotineiras, e clínicas como as do Dr. Gosnell, comuns.

Acima de tudo, os opositores ao aborto tornaram a interrupção da gravidez um ato vergonhoso, mesmo para mulheres que não acreditam que um óvulo fecundado ou um embrião do tamanho de uma lentilha sejam uma criança. É difícil acreditar, ou mesmo lembrar, que por um breve momento nos anos 1970 (sem falar em quando o aborto era uma prática ilegal, mas comum), era possível não considerar o aborto uma tragédia ou falha pessoal. Você não era automaticamente considerada como uma pessoa insensível e superficial se não sentisse nada além de alívio por não estar mais grávida, e você não era um monstro se o dissesse em voz alta.

Hoje em dia, consideramos que fazer um aborto é uma experiência dolorosa, perturbadora e traumática que envolve muita dúvida e conflito emocional, mesmo com tantos estudos que consistentemente nos dizem que normalmente não é nada disso.[45] Até mesmo as pessoas pró-escolha usam uma linguagem negativa: Hillary Clinton[46] disse que o aborto é "uma escolha

---

of Legal Induced Abortion and Childbirth in the United States", *Obstetrics & Gynecology 119*, n. 2, fevereiro, 2012, p. 215-19.
44 Guttmacher Institute, "Induced Abortion".
45 American Psychological Association, "Mental Health and Abortion", apa. org/pi/women/programs/abortion/.
46 Hillary Diane Rodham Clinton (1947 -): advogada e política norte-ame-

triste e trágica para muitas, muitas mulheres".[47] O que não deixa de ser verdade até certo ponto, mas pode-se perceber que ela não acrescentou "e, para muitas outras, uma benção e uma salvação". Por décadas, o mantra do Partido Democrata[48] foi "seguro, legal e raro", com ênfase no raro. Entre os opositores mais comprometidos, a linguagem se supera: aborto é um Holocausto, os profissionais que o fazem são nazistas, o útero é o lugar mais perigoso do mundo para uma criança e o Partido Democrata é o partido da morte.

Desde que o aborto foi legalizado, ativistas pró-escolha reclamam que oponentes ao aborto tomaram a linguagem do moralismo e usaram-na para distorcer a opinião pública. Quem pode ser contra a "vida", afinal? Ou contra a responsabilidade, a

---

ricana, foi primeira dama entre 1993 e 2001. Depois se lançou na política diretamente pelo Partido Democrata, se elegendo senadora por Nova Iorque (2001-2009), tendo sido derrotada nas prévias democratas por Barack Obama em 2008. Contudo, foi nomeada pelo mesmo Obama como secretária de Estado (2009 - 2013) e foi candidata presidencial pelos democratas em 2016, sendo derrotada por Donald Trump. É conhecida por suas posições centristas bastante ambíguas, embora se coloque no campo progressista da política norte-americana.
47 Patrick D. Healy, "Clinton Seeking Shared Ground over Abortions", *New York Times*, 25 de janeiro de 2005.
48 O Partido Democrata (Democratic Party) é o maior e mais antigo dos dois grandes partidos norte-americanos, tendo sido fundado em 1828, como um racha do antigo Partido Democrata-Republicano de Thomas Jefferson (1791). Ele rivaliza com o Partido Republicano há mais de um século e meio, tendo perdido a maior parte das eleições para seu rival, apesar do maior equilíbrio entre os dois dos anos 1930 até hoje. Ironicamente, os democratas sofreram o mesmo fenômeno que os seus rivais republicanos: trocaram de lado no espectro político norte-americano, deixando de ser o partido das elites dos Estados Unidos, inclusive das oligarquias escravagistas do Sul, para se tornar a agremiação identificada com ideias mais progressistas e populares – sobretudo a partir dos anos 1930 com o New Deal de Franklin Roosevelt, quando o partido foi chave para tirar os Estados Unidos da Grande Depressão. Apesar de ter mais filiados que o Partido Republicano, o Partido Democrata está atrás dele em quase todas as esferas de representação dos Estados Unidos neste momento, em meados de 2018, enquanto assiste a um verdadeiro embate interno com a ascensão de alas socialistas que disputam contra os tradicionais liberais do partido.

família, os bebês, a maternidade? Mas não são somente os oponentes que pintam o aborto como algo horrível e tormentoso. Os pró-escolha também o fazem.

Podemos revirar os olhos quando oponentes ao aborto contrastam o sofrimento do de ter aborto com as alegrias que os bebês indesejados trazem, e o egoísmo das mulheres que interrompem suas gestações com a nobreza das mulheres que as mantêm independentemente das dificuldades que com o tempo desaparecerão. A comunidade pró-escolha tornou-se tão defensiva desde os anos 1970, quando os ativistas orgulhosamente defendiam o "aborto sob demanda e sem desculpas", que em 2013 a organização *Planned Parenthood* anunciou que estava se afastando do termo "pró-escolha", por considerá-lo um tanto eufemístico: escolher o quê? Era comum ouvir nos meios de comunicação em massa mensagens "defendendo a *Roe*", sendo que apenas 62% dos norte-americanos (e somente 44% com menos de 30 anos) sabem o que é *Roe*.[49]

Quando os opositores ao aborto da Fundação Susan G. Komen[50] cancelaram seus subsídios em 2012, a resposta da *Planned Parenthood* enfatizou que "mais de 90% da assistência médica da *Planned Parenthood* é preventiva, incluindo exames de câncer que salvam vidas, controle de natalidade, prevenção e tratamento de DSTs, serviços de saúde mamária, exames papanicolau, educação e informação sexual".[51] É certo que essa

---

49 Pew Research, "Roe v. Wade at 40: Most Oppose Overturning Abortion Decision", Pew Research Center, 16 de janeiro de 2013, pewforum.org/2013/01/16/roe-v-wade-at-40/.
50 N. do T.: Organização norte-americana sem fins lucrativos voltada ao combate do câncer de mama.
51 Planned Parenthood, "'Alarmed and Saddened' by Komen Foundation Succumbing to Political Pressure, Planned Parenthood Launches Fund for Breast Cancer Services", 31 de janeiro de 2012, plannedparenthood.org/about-us-newsroom/press-releases/alarmed-saddened-komen-foundation-succumbing-political-pressure-planned-parenthood-launches-fun-38629.htm.

abordagem cautelosa falou mais alto – a Fundação Komen foi forçada a restituir os subsídios, e a facção antiescolha deixou a organização. Mas não havia espaço para a *Planned Parenthood* acrescentar: "Sim, realizamos abortos e temos orgulho em oferecer este serviço às mulheres que optam por não ter um filho, porque aborto é uma parte normal da assistência médica"?

Não são apenas nossos líderes e porta-vozes nas grandes organizações que involuntariamente participam no que vem sendo chamado de "horrorização" do aborto. Para onde quer que olhemos, é possível encontrar pessoas pró-escolha que usam palavras como "espinhoso", "controverso", "complexo" e "difícil". Com qual frequência se vê o aborto sendo descrito como "a decisão mais difícil" ou a "escolha mais dolorosa" que uma mulher faz na vida? É como se toda mulher que engravidasse por acidente considerasse seriamente ter um filho, sendo que apenas algumas semanas antes esta ideia estava fora de cogitação por motivos óbvios. Ou, mais precisamente, como se cada mulher acidentalmente grávida *devesse* considerar seriamente ter aquele filho – e se ela pelo menos não disser que pensou muito sobre o assunto e com muito pesar percebeu que era impossível, ela é uma péssima mulher que pensa somente em seu próprio prazer e conveniência.

Até muito pouco tempo atrás, argumentos contra o aborto eram abertamente focados em moralidade sexual. O aborto era errado pelos mesmos motivos que a contracepção também o era: ele permitia que mulheres solteiras escapassem da detenção e da punição por fazerem sexo fora do casamento, que esposas tivessem famílias pequenas em vez das grandes que Deus teria designado para elas, encorajava as pessoas a verem o sexo como um fim em si mesmo, e deu às mulheres muito poder nas questões reprodutivas e muita liberdade em relação ao seu designado papel doméstico. De meados para o final do século XIX nos Estados Unidos, a proibição do aborto pelos estados estava relacionada ao medo da crescente independência e poder social das mulheres brancas de classe média e, em especial, ao medo de que os protestantes nativos fossem substituídos por imigrantes. Não por acaso, foi nestes mesmos anos em que Anthony Comstock[52] andou muito ocupado em banir o controle de natalidade e até a disseminação de informações sobre o assunto. Os velhos argumentos sociais e econômicos ainda são feitos hoje, mas eles têm um impacto muito menor. É difícil convencer adultos contemporâneos que o sexo por prazer e a intimidade são coisas ruins mesmo dentro do casamento, e que ter muitos filhos é um dever patriótico das mulheres brancas. É por isso que o foco do discurso hoje é na "vida": o argumento de que "desde a concepção", muito antes de uma mulher suspeitar que está grávida – com efeito, antes mesmo de ela *estar* de fato grávida de acordo com a definição médica padrão – ela está carregando um ser humano que tem, como qualquer outro ser humano, o direito de não ser morto.

Os oponentes ao aborto realmente acreditam que um óvulo fecundado ou um embrião do tamanho de uma ervilha é uma criança? Os que são realmente crentes, com certeza. No fim das contas, a vida norte-americana é repleta de coisas que grande parte da população consideram vulgares, insensíveis e erradas, mas ninguém sai atirando em estúdios de filmes pornográficos, incendeia cassinos ou ataca fisicamente homens que estão entrando em "casas de massagens". Os investidores que causaram o colapso financeiro mundial podem ser odiados por milhares

---

52 Anthony Comstock (1844-1915) Inspetor e político americano que criou uma série de leis repressivas inspiradas na moral vitoriana, as quais foram sendo pouco a pouco abolidas ao longo do século 20 até que a Suprema Corte lhes sepultou no caso *Griswold vs. Connecticut* de 1965 (ver nota 20)

de pessoas, mas não precisam ir para o trabalho vestindo coletes à prova de balas.

O movimento antiaborto, no entanto, não diz respeito apenas aos "nascituros". É também um protesto contra a crescente liberdade e poder das mulheres, inclusive no âmbito sexual. É por isso que ele é baseado nas igrejas que designam papéis explicitamente limitados e *status* inferiores para mulheres – não só a famosa Igreja Católica patriarcal, mas a Batista do Sul e outras denominações protestantes fundamentalistas e evangélicas em que a liderança é vedada às mulheres e a submissão das esposas aos maridos é a doutrina.

O movimento antiaborto é um pedaço crucial da base do Partido Republicano, que, nos últimos anos, se opôs a praticamente todas as propostas legislativas que poderiam beneficiar as mulheres: a Lei da Violência Contra as Mulheres, a Lei Lilly Ledbetter (que basicamente restaurava as proteções de longa data à igualdade salarial anuladas pela Suprema Corte), a Lei do Salário Justo e a Convenção sobre a Eliminação de todas as Formas de Discriminação Contra as Mulheres (CEDAW), que quase todos os países no mundo assinaram. Apesar de seu extremismo, o movimento antiaborto conseguiu capitalizar com a ambivalência generalizada em relação ao feminismo e às mudanças sociais.

O aborto legal apresenta o problema da emancipação das mulheres de uma maneira particularmente categórica. Ele retira o corpo da mulher do domínio público e coloca essa mulher, e não os homens nem as crianças, no centro de sua própria vida. Portanto, isso deixa de ser um problema da saúde física das mulheres para ser um desafio profundo às visões tradicionais em relação às mulheres. O aborto nem sempre teve esse significado: enquanto as mulheres estiveram firmemente abrigadas no interior das famílias como esposas e mães com parcos direitos e pouquíssimo poder social, o aborto era legal ou tolerado como forma de salvar filhas solteiras da desonra, limitar o tamanho das famílias e proteger mães exaustas da dureza de ainda mais gestações e partos. Ele fazia parte dos assuntos particulares das mulheres, como menstruação, abortos espontâneos e partos, coisas que os homens eram bem aconselhados para não se meterem. Mas, uma vez que as mulheres brancas de classe média começaram a se emancipar e a se envolver na vida pública e política –, mesmo que fosse apenas para se associar a um clube feminino ou integrar projetos de caridade –, o aborto passou a ter seu significado moderno relacionado com autodeterminação, independência e tomada de decisões ativa. Estes são valores norte-americanos imutáveis para homens, mas não para mulheres, das quais se espera o autossacrifício, a dedicação ao outro, as atitudes maternais e a dependência. Mesmo que a maior parte das mulheres que fazem abortos chegue a ter filhos (se já não são mães, e vimos que a maioria é), o aborto legal desafia o significado social de feminilidade e isso deixa muita gente desconfortável, mesmo depois de passados 40 anos de vigência da *Roe*.

Essa angústia explica por que as opiniões sobre o aborto tenham mudado tão pouco desde a *Roe*, embora os norte-americanos tenham se tornado mais liberais e mais tolerantes em muitos outros assuntos. O aborto exemplifica uma mudança social muito mais profunda e radical. O casamento entre pessoas do mesmo sexo e homossexuais no serviço militar são causas que buscam trazer mais pessoas *para dentro* das amadas e sólidas instituições conservadoras, e não as abolir ou mesmo mudá-las.

Todas as formas altamente tecnológicas de gerar um bebê ainda são basicamente direcionadas a permitir que pessoas inférteis constituam famílias como o resto de nós. É por isso que os oponentes ao aborto nunca conseguiram exasperar as pessoas com o descarte de pré-embriões – crianças! – criados *in vitro* para procedimentos de fertilização: é tudo por uma boa causa. Mas garantir às mulheres o controle total sobre seus úteros? Já não é suficiente que elas tenham direito a ficarem solteiras, se divorciar, ganhar um salário decente, possuir bens, manter seus nomes, fazer todo o sexo louco que toparem pela frente ou, por Deus, acusar seus próprios maridos de estupro? "Elas podem ter o bebê, elas podem matar o bebê, elas podem fazer o que quiser", diz minha amiga, a escritora Deirdre English. "As mulheres não deveriam ter tanto poder."

Pouco importa que na vida real, a lista de mulheres que fazem abortos inclui algumas das mulheres menos poderosas dos Estados Unidos – mães solo de baixa renda, estudantes da classe trabalhadora tentando entrar na faculdade ou se manter nela, adolescentes, mulheres tentando se libertar de relações abusivas. Vamos esquecer também que, na maior parte das vezes, as mulheres envolvem seus parceiros e as meninas, seus pais, na decisão de interromper uma gravidez. No imaginário coletivo, as mulheres que fazem abortos são privilegiadas, desregradas, ou ambos, e o pronto acesso ao aborto significa que as mulheres estão desgovernadas, assumindo o controle e, assim, abrem-se as portas do inferno.

Neste livro teço muitas argumentações, mas permita-me destacar três. Primeiro, que o conceito de pessoa, como é aplicado ao zigoto, ao blastocisto, ao embrião e, até o fim da gravidez, ao feto, não faz sentido: é uma ideia incoerente e veladamente religiosa que cai por terra quando analisada de perto. Poucas pessoas realmente acreditam nela, como é demonstrado pelas exceções que estão dispostas a fazer. Em segundo lugar, o argumento absolutista de que o aborto é assassinato é uma máscara atrás da qual as pessoas que se opõem à revolução sexual e ao avanço das mulheres escondem seus reais motivos e propósitos: voltar o relógio a um só tempo idealizado e hipersimplificado, quando o sexo estava confinado dentro do casamento, os homens eram os provedores e chefes de família, o Cristianismo era a religião quase oficial dos Estados Unidos e a sociedade estava solidamente ordenada. Em terceiro lugar, uma vez que criticar o que veio antes não necessariamente nos ajuda a avançar, quero ajudar a reestruturar a forma como pensamos sobre o aborto.

Certamente existem vantagens a curto prazo em enfatizar a angústia que algumas mulheres sentem quando se deparam com a necessidade de interromper uma gravidez, mas, a longo prazo, apresentar esta como sendo a verdade universal irá prejudicar a causa pró-escolha: seria como exigir que as mulheres aceitem o luto, a vergonha e o estigma como o preço de se interromper uma gravidez. Quero que comecemos a pensar sobre o aborto como um bem social positivo e que isso seja dito em voz alta. O movimento antiaborto já foi muito bem sucedido em pintar o aborto como sendo mal para as mulheres. Quero argumentar que, ao contrário disso, ele é uma opção essencial para as mulheres – não somente aquelas em situações dramáticas, terríveis, devastadoras do corpo e da alma, mas para todas as mulheres – e, portanto, beneficia a sociedade como um todo.

Há 20 anos, os opositores ao aborto retratavam as mulheres que o buscavam como fúteis e insensíveis: a garota que queria caber no vestido da formatura, a mulher que não queria perder as férias na Europa que já estavam planejadas. (Havia um viés de classe nessas supostas histórias: era sempre uma viagem para a Europa, nunca um acampamento em Ozarks). Estas caracterizações não funcionaram muito bem: elas faziam os oponentes ao aborto soarem como misóginos e maldosos. Atualmente, eles culpam todo mundo *menos* as mulheres – os pais, o namorado, o marido, a "indústria do aborto", os democratas, a "cultura do descartável" da vida moderna – e se apresentam como amigos da mulher, defendendo-a de danos físicos e psicológicos. De alguma maneira, o "Holocausto do Aborto" acontece sem a sua participação: ela é aquele alemão bom que não sabia o que se passava.

A nova mensagem é difundida como sendo uma preocupação para as próprias mulheres: mesmo se seu aborto não lhe matar agora, no caminho você pode se deparar com o câncer de mama, a infertilidade, a depressão, o vício nas drogas, os relacionamentos fracassados e o suicídio. A mulher é "a outra vítima do aborto". Conforme uma Feminista para a Vida me disse, como é que matar seu bebê não fere uma mulher? Toda a crescente rede de centros de crise gestacional apoia-se em uma visão paternalista das mulheres que buscam o aborto como sendo infantis, ignorantes e confusas. E tem funcionado bem: há agora cerca de 2.500 centros desse tipo nos Estados Unidos.[53] Desde 2013, treze estados os financiam diretamente. Em 2011, o estado do Texas aumentou o financiamento para os centros de crise gestacional e ao mesmo tempo cortou a verba de planejamento familiar em dois terços. O dinheiro veio diretamente do orçamento para a saúde da mulher. No estado da Virgínia, uma investigação feita pela associação NARAL *Pro-Choice America*[54] descobriu que o Departamento de Saúde do estado encaminha mulheres de baixa renda para uma lista de centros de crise gestacional onde elas podem receber um ultrassom gratuito antes

---

53 Pam Belluck, "Pregnancy Centers Gain Influence in Anti-Abortion Arena", *The New York Times*, 4 de janeiro de 2013.
54 N. do T.: National Abortion and Reproductive Rights Action League ou Liga Nacional de Ação pelo Aborto e os Direitos Reprodutivos.

de fazer um aborto.⁵⁵ Parece não importar o fato de que estes centros foram repetidamente expostos como clínicas de aborto para atrair desavisados, que praticam o proselitismo religioso cristão, ou que contam mentiras às mulheres: que o aborto será prejudicial em todos os aspectos, que as pílulas anticoncepcionais são abortivas e que preservativos não previnem doenças sexualmente transmissíveis.

Não espero convencer muitos opositores ao aborto a entenderem meu ponto de vista. Mas quero falar aos que estão em cima do muro, aqueles milhões de norte-americanos – mais da metade – que não querem exatamente banir o aborto, mas que também não querem que ele esteja amplamente disponível.⁵⁶ Esta é a visão que vem sendo reverberada e reforçada incessantemente pelos meios de comunicação de massa.

Muitos comentaristas e especialistas tomam a posição de "permitir mas desencorajar", ou talvez se possa descrever melhor como "permitir mas deplorar". Eles querem que o aborto seja legalizado, pelo menos nas primeiras semanas de gestação, mas querem deixar claro que é uma coisa má – não porque nossas altas taxas de aborto indicam que as mulheres não estão obtendo corretamente as informações sexuais necessárias, o controle de natalidade apropriado, lhes falta poder em suas relações com os homens, ou então porque a pobreza e falta de apoio estão fazendo com que as mulheres interrompam suas gestações desejadas, mas porque o aborto, como um fim em si mesmo, é moralmente preocupante. É uma posição sedutora para pessoas que ganham a vida demarcando posições intelec-

---

55 NARAL, "Virginia Department of Health Referring Women to Crisis Pregnancy Centers That Shame, Mislead", Comunicado de imprensa, 1º de julho de 2013, naralva.org/media/press/20130701.shtml.
56 Pew Research Center, "Public Opinion on Abortion: Current Breakdown of Views, 2012 –2013", julho de 2013, features.pewforum.org/abortion-slideshow/slide2.php.

tuais que resistem, ou aparentam resistir, às compaixões desgastadas. Desafiar ambos os campos permite que uma pessoa se sinta sensível, cuidadosa e madura, atenta às complexidades morais, acima do bordão de guerra vulgar — uma praga recairá sobre as casas de ambos! "Aqui está um insulto despudorado que agitadores profissionais pela 'vida' e pela 'escolha' podem ouvir de graça", escreveu a colunista do *Washington Post* Dana Milbank em 2012: "se estes grupos se importassem tanto com suas causas como eles afirmam, e não tivessem incentivos financeiros tão robustos para evitar consensos e concessões, eles encerrariam seus carnavais e trabalhariam pela única coisa em que todos concordam que vale a pena: a redução das gestações indesejadas".[57] Certo, *Planned Parenthood*, parem de privar as pessoas dos anticoncepcionais.

Em seu famoso ensaio de 1995, Naomi Wolf elevou o aborto a uma forma de libertinagem preguiçosa ("Não sei o que aconteceu comigo, o chardonnay estava tão bom") e conclamou as mulheres que interromperam suas gestações a sentir culpa e viver o luto de seus fetos; ela chegou até a afirmar que a contracepção de emergência é uma forma de aborto (não é).[58] Andrew Sullivan, outro semi-pró-escolha relutante, acredita que o "aborto sempre foi e sempre será uma tragédia moral".[59] Sempre foi? Sempre será? A posição mais segura para um membro da classe de comentaristas parece ser: pode fazer seu aborto contanto que você se sinta muito, muito mal com isso.

Não vou optar por esse caminho aqui neste livro.

---

[57] Dana Milbank, "Roe v. Wade's Greedy Offspring", *Washington Post*, 17 de janeiro de 2012.
[58] Naomi Wolff, "Our Bodies, Our Souls,", *The New Republic*, 16 de outubro de 1995.
[59] Andrew Sullivan, "Life Lesson,", *The New Republic*, 7 de fevereiro de 2005.

Interromper uma gravidez é sempre um direito da mulher e frequentemente uma decisão moral profunda. Não é um mal, nem mesmo um mal necessário. Você pode tomar uma decisão diferente de determinada mulher que optou por não dar continuidade a uma gravidez. Você pode até achar que a sua decisão é moralmente superior. Mas, além do fato de não ser possível saber o que você faria sob as mesmas circunstâncias exatamente, o seu julgamento sobre a decisão de outra mulher não é relevante para o estatuto legal do aborto como um todo, assim como alguém que faça um discurso que lhe pareça ridículo não se reflete na Primeira Emenda à Constituição dos EUA (que assegura a liberdade de expressão), ou alguém que vota em um candidato corrupto não levanta dúvidas sobre a legitimidade do sufrágio. O direito inclui a liberdade de usá--lo de maneiras que outras pessoas consideram desagradáveis ou mesmo erradas. Seu julgamento sobre aquela mulher não é sequer um fato interessante sobre você mesmo. Há muitas coisas que outras pessoas fazem que você pensa que nunca faria (principalmente se não houver, de fato, qualquer possibilidade de que você seja obrigado a decidir, como é o caso dos homens em relação ao aborto). Isso apenas mostra que você tem uma **determinada** ideia sobre si mesmo, nada mais.

O aborto é frequentemente visto como uma coisa ruim para a sociedade, um sinal de hedonismo, materialismo e hiperindividualismo. Eu argumento que, ao contrário, o acesso ao aborto legal é algo bom para a sociedade e ajudar uma mulher a fazê-lo é uma boa ação. Ao invés de envergonhá-la por interromper uma gravidez, deveríamos reconhecer seu realismo e autoconhecimento. Deveríamos aceitar que é bom para todos nós se as mulheres tiverem somente filhos que elas querem e podem criar bem. A sociedade se beneficia quando mulheres podem se comprometer com sua educação, trabalho e sonhos sem precisar ficar com a constante preocupação de que talvez seja tudo provisório, pois a qualquer momento uma gravidez acidental pode desencaminhar suas vidas para sempre. É bom para a criança ser desejada e vir ao mundo quando seus pais estiverem prontos para ela. É bom para as pessoas poder ter experiências sexuais e saber que falhas em anticoncepcionais não precisam ser a última palavra.

Não teríamos um país melhor se mais meninas e mulheres fossem empurradas, intimidadas, persuadidas, constrangidas e atemorizadas a suportarem filhos que não estão preparadas para criar, mesmo se mais homens fossem também coagidos a se casar e a sustentá-las. Significaria simplesmente mais desesperança, mais casamentos ruins e miséria familiar, mais pobreza e luta para mulheres, seus parceiros e seus filhos. Já não temos isso tudo em excesso?

Honestamente, dado o quão raramente falamos sobre aborto em um contexto social, seria possível pensar que todas as mulheres que o fazem estão vivendo em sua ilha deserta particular. Mas, claro, a verdade é o oposto. Além do fato de que 1 em cada 3 mulheres fará pelo menos um aborto durante seus anos férteis, há mais ou menos a mesma quantidade de homens e mulheres, e provavelmente muito mais do que isso, que as ajudou com dinheiro, transporte, informação, apoio emocional, cuidado com os filhos: maridos e namorados, pais e outros parentes, amigos e colegas de trabalho, terapeutas... até mesmo religiosos.

Já levei duas amigas a clínicas. Ambas mantiveram seus abortos em segredo em relação a suas famílias extremamente religiosas, que até hoje não fazem a menor ideia do ocorrido, mas eu não fui a única pessoa que as ajudou. Seus namorados fizeram parte da decisão e ajudaram a pagar; em um caso, outros amigos apareceram depois do trabalho para oferecer apoio, compartilhar um chá e pedir comida. (Opositores ao aborto dizem às mulheres que seus relacionamentos irão ruir se elas interromperem a gravidez, mas essas duas mulheres se casaram com os homens com quem estavam e tiveram filhos – uma teve um filho, a outra teve quatro filhas.) Multiplique essa situação por mais de um milhão de abortos por ano, e talvez metade das pessoas no país não só esteja ciente de que alguém que elas conhecem planejou um aborto, mas também teve um papel ativo no processo. O envolvimento de outras pessoas é particularmente frequente com abortos tardios; com efeito, quanto mais tardio é o aborto, mais caro ele é, mais deslocamentos são necessários e maior é o tempo de recuperação, os abortos mais desprezados e criticados são provavelmente aqueles que requerem mais ajuda de outras pessoas. Há poucas mulheres, afinal de contas, que podem juntar alguns milhares de dólares por conta própria.

O aborto, em outras palavras, não acontece à margem da sociedade, da comunidade e da família. Ele está enredado na forma como vivemos, ele requer a cooperação de muitas pessoas além da própria mulher. Mas não é dessa forma que falamos sobre ele, como algo que perpassa a vida norte-americana, e sem o qual, certamente, essa vida seria radicalmente diferente – e pior. Falamos sobre isso como se a mulher grávida existisse em isolamento social. O homem que a engravidou é inútil, isso se já não a abandonou; ela não tem amigos; sua família a renegaria se soubesse, ou ela está muito envergonhada para lhes contar. Completamente sozinha, ela está tomando uma decisão existencial radical de interromper uma gravidez. Claro, isso pode ser o caso para algumas mulheres – algumas são bastante reservadas, outras não possuem qualquer tipo de apoio. Mas, como imagem típica da situação, trata-se menos de um reflexo da realidade do que a forma como a maioria dos norte-americanos prefere enxergar: como um ato individual e solitário de uma mulher desesperada que está tomando uma assustadora decisão no escuro.

Os opositores ao aborto usam essa imagem para posar como salvadores dessa mulher enclausurada e confusa: não seria melhor encaminhá-la a um centro de crise gestacional para que pense na gravidade de sua decisão vendo um ultrassom, ouvindo a pulsação fetal e a descrição do seu desenvolvimento ou ouvindo sobre todas as coisas horríveis que podem acontecer durante o procedimento? Ela não deveria estar ciente de que está aumentando o risco de se suicidar ou ter câncer, mesmo que os estudos não apontem isso?

Os pró-escolha estão tão focados em refutar essa imagem da mulher confusa e preservar a autonomia moral da mulher, honrando a coragem daquelas que verdadeiramente não têm ninguém para ajudá-las, lembrando ao mundo de quão extremas são as circunstâncias de algumas mulheres, que eles irrefletidamente tiram o foco do papel que o apoio de outras pessoas pode ter na decisão de se fazer um aborto. Eles também acreditam que a mulher tende a ser uma figura solitária. Isso permite que os opositores ao aborto preencham as lacunas da sua vida social com estereótipos negativos: o namorado que ameaça deixá-la se ela prosseguir com a gravidez; os pais que ameaçaram expulsá-la de casa se ela tivesse o bebê; os amigos insensíveis que só querem saber de festa; o médico ríspido e frio na gananciosa "fábrica de abortos"; o cafetão.

Quarenta anos de retórica apologética, 40 anos de busca por argumentos que forneçam uma base legal para o aborto sem nunca sequer sugerir que é uma decisão fácil ou algo positivo

– para as mulheres, os homens, as crianças, a família, a sociedade – deixaram o movimento pró-escolha a repetir continuamente os mesmos argumentos limitados e defensivos. Ouvimos incessantemente sobre vítimas de estupro, vítimas de incesto, mulheres em risco de morte ou lesões, mulheres carregando fetos com condições fatais raras – e, não nos enganemos, essas meninas e mulheres existem e seus direitos precisam ser defendidos, porque as leis que estão sendo aprovadas agora em muitos estados irão prejudicá-las significativamente. Mas não ouvimos muito sobre a grande maioria das mulheres que escolhem o aborto, que basicamente estão tentando manter a vida nos eixos. Mulheres como Jan F., que responderam a uma solicitação de histórias sobre aborto que fiz para a minha coluna no *The Nation* e postei no Facebook e no Twitter:

Há 43 anos, fiz um aborto. Não me arrependi nem por um nanossegundo. Eu tinha 23 anos, era recém-formada na Universidade de Wisconsin e estava planejando minha carreira com meu diploma em Letras com habilitação dupla em Nova York, lugar onde as oportunidades eram abundantes. Meu namorado branco do centro-oeste veio me visitar em um fim de semana e, antes de terminarmos, fizemos o sexo que culminou na gravidez. A *Roe v. Wade* ainda não era lei, mas o *Village Voice*[60] fornecia um número de contato. Marquei uma viagem à Inglaterra no meu fim de semana livre e conheci outra menina de Chicago que estava na mesma situação. Eu disse ao meu namorado que custaria cerca de novecentos dólares, mas ele nunca mais entrou em contato comigo. Consegui prosseguir com a minha carreira; e gastar todas as minhas economias com aquela única ação preventiva foi o dinheiro mais bem gasto da minha vida.

---

60 *Village Voice* é um jornal independente de Nova York fundado em 1955.

Ou Cindy, que foi abandonada pelo marido com três filhos pequenos, fez dois abortos, tendo que ir até Nova York onde o aborto era legal antes da *Roe*:

> Para mim o problema sempre foi o da qualidade de vida. Sendo mãe solteira com três filhos pequenos, eu sempre soube que não poderia cuidar de mais bebês, então tomei a decisão de abortar duas vezes. Me senti confortável com a decisão na época e nunca me arrependi.

Eu tenho noção de que a minha perspectiva vai soar insuficientemente heterogênea para as pessoas que se consideram criteriosas, equilibradas e superiores. No discurso político norte-americano, o lugar mais seguro para se estar é no meio, lamentando os "extremos de ambos os lados". A mulher, o feto – eles não podem simplesmente conviver? Não existe uma combinação de regras, regulações, controle de natalidade e mulheres que não sejam umas bêbadas vagabundas para acabar com que essa chatice toda? Enquanto esperamos que isso aconteça, vamos abanar nossas mãos demonstrando o quanto somos íntegros e ponderados, sem nos esquecermos de mencionar "novos" desenvolvimentos como o ultrassom que supostamente mudou o rumo de tudo.

Esse comportamento é certamente o tom a ser adotado caso você queira passar a ideia de que é eticamente sério quatro décadas depois do advento da *Roe*. Mas o que essa abordagem traz, realmente, além de fazer com que nos sintamos superiores a todas aquelas mulheres confusas lá embaixo, no vale nebuloso, tentando viver uma vida razoável da melhor maneira possível? Falamos sobre o respeito à vida. Mas e se tentássemos respeitar essas mulheres?

Em todos os outros setores da vida, reverenciamos as reflexões cuidadosas, a intencionalidade e a ponderação das opções. Não decidimos com quem casar, que tipo de trabalho fazer, onde viver simplesmente sendo condescendente com o acaso e chamando-o de destino. Não deixamos essas decisões nas mãos de outras pessoas – certamente não nas mãos de legisladores ou juízes. Outras sociedades podem praticar os casamentos arranjados, mas nos Estados Unidos gostamos de cometer nossos próprios erros. Nunca aceitaríamos que devemos ser forçados a ter determinados empregos porque a sociedade quer mais pessoas para fazer aquele tipo de trabalho – nem o alistamento militar é obrigatório mais.

A maternidade é a última área em que as qualidades que normalmente valorizamos – a racionalidade, o pensamento independente, o respeito aos nossos melhores interesses, o planejamento de um futuro melhor e mais próspero e, me atrevo a dizer, a busca da felicidade e dos sonhos – são condenadas como futilidade e egoísmo. Certamente não esperamos que um homem que acidentalmente engravida uma mulher largue tudo e aceite uma vida de dificuldades e parcas esperanças para criar com ela esse filho. Nada de faculdade para você rapaz, talvez você possa fazer uns cursos mais tarde, quando seu filho já estiver na escola. Se uma mulher quer entregar um filho para a adoção, não importunamos e humilhamos o pai biológico para ficar com o filho e mantê-lo conectado à sua família de origem. Nem sequer exigimos legalmente que um homem que engravida uma mulher a apoie financeiramente durante a gravidez e o parto, apesar de a falta de dinheiro ser um dos motivos que levam as mulheres a optarem pelo aborto, e o estresse durante a gravidez é uma causa significativa de aborto natural e parto prematuro.[61]

---

61 P. C. Arck, et al., "Stress and Immune Mediators in Miscarriage", *Human*

Quanto ao apoio à criança, poucas mães solo podem esperar que o pai de seus filhos pague remotamente por qualquer coisa, como, por exemplo, metade dos custos de criar um filho até a idade adulta, mesmo que ele tenha capacidade financeira para fazê-lo. Não gostamos da ideia de que um homem possa ficar condicionado para o resto da vida por causa de uma única ejaculação. Ele tem lugares para ir e coisas para fazer. Que a vida de uma mulher possa ser atrofiada por uma gravidez indesejada não é tão problemático, afinal de contas é para carregar um filho que uma mulher serve.

O senso comum é de que as linhas principais da disputa em torno do aborto já estão definidas há muito tempo. Existe uma grande tentação de dizer deixa pra lá, principalmente entre os que são vagamente liberais, ou de tirar aquela solução mágica da cartola, o meio-termo que vai fazer com que esse assunto constrangedor e cansativo desapareça de uma vez por todas. Eu mesma me pergunto se chegamos a um impasse insuperável – exceto pelo fato de que não podemos chamar de impasse uma tendência momentânea tão claramente favorável às restrições.

Sem dúvida, o aborto é um daqueles assuntos sobre os quais as pessoas têm não apenas as suas próprias opiniões, mas também os seus próprios fatos. Ainda assim, espero que apresentando a lógica – ou melhor, a falta de lógica – da posição antiescolha e propondo uma forma alternativa de abordar este tema, eu consiga persuadir algumas pessoas que estão em cima do muro e fazê-las perceber que, na realidade, elas já apoiam o aborto legal "sob demanda", sempre o fizeram, apenas não tinham consciência disso.

Reproduction 16, n. 7, 2001, p. 1505-511.

CAPÍTULO 2

O que os norte-americanos pensam sobre o aborto?

Talvez você acredite que suas opiniões sobre o aborto são bastante objetivas. Você sabe quais caixinhas marcar numa pesquisa e, se o pesquisador perguntar o que você acha, você dirá o que pensa. Mas, de verdade, quão claro é o seu entendimento sobre o aborto e a sua argumentação sobre aquilo que você acredita? E se suas opiniões forem contraditórias entre si? E se você não acredita realmente naquilo que você pensa que acredita?

Se você é como a maioria dos norte-americanos, você não quer que o aborto seja proibido. Você não quer que os Estados Unidos sejam como El Salvador, onde o aborto é completamente ilegal e as mulheres suspeitas de terem feito aborto são acorrentadas a camas de hospitais, examinadas invasivamente por policiais ginecologistas e, por vezes, mandadas para a prisão.[62] Ou como a Nicarágua, onde as mulheres morrem porque os obstetras têm medo das consequências legais de interromper uma gravidez desastrosa. Você não quer forçar pré-adolescentes vítimas de incesto a terem os filhos, como é o caso do México, muito menos forçar uma adolescente a dar à luz e amamentar um filho anencéfalo sem chance de sobrevivência, como no Peru.

Você certamente não quer que nenhuma mulher sofra e morra como Savita Halappanavar, na Irlanda. Em novembro de 2012, essa dentista indiana de 32 anos, com uma gravidez mais

---

[62] Center for Reproductive Rights, "Center for Reproductive Rights Files Case Revealing the Horrifying Reality of El Salvador's Ban on Abortion", Comunicado de imprensa, 21 de março de 2012, reproductiverights.org/en/press-room/center-for-reproductive-rights-files-case-revealing-the-horrifying-re ality-of-el-salvador.

do que desejada, foi ao Hospital Universitário de Galway com dores nas costas que demonstraram ser um processo de aborto espontâneo. Por três dias, ela e o marido imploraram aos médicos do hospital para remover o feto moribundo de 17 semanas, mas a resposta era de que enquanto houvesse batimento cardíaco não haveria aborto. "Este é um país católico" o marido de Savita ouviu de um médico.[63] Quando o batimento cardíaco parou, já era tarde demais: Savita morreu de septicemia e falência dos órgãos. Estes incidentes são o tipo de coisa que acontece em países em que o aborto é ilegal.

De fato, se você é como a maioria dos norte-americanos, você não tem muita certeza se quer que o governo tome decisões íntimas pelas mulheres, principalmente em circunstâncias extremas como essas. O medo de que o governo passe dos limites é um dos principais motivos pelos quais mesmo os norte-americanos que se opõem moralmente ao aborto não apoiam proibições estritas.[64] No conservador estado de Dakota do Sul, os eleitores rejeitaram a proibição total do aborto em 2006, porém afirmavam em pesquisas que teriam aprovado a proibição se tivesse sido incluída a exceção para os casos de estupro e incesto. Mas, quando a proibição com essas exceções foi colocada nas cédulas dois anos depois, os eleitores também rejeitaram essa versão. Com tempo para pensar sobre o assunto, dialogar entre si e considerar todos os infortúnios secretos e complicados que acontecem nas famílias e todas as complexidades médicas da gravidez, a maioria dos eleitores escolheu não dar ao governo o poder total sobre algo tão pessoal. Além disso, naquela época

---

63 Douglas Dalby, "Inquiry Sought in Death in Ireland After Abortion Was Denied", The New York Times, 22 de novembro de 2012.
64 Geoff Garin e Molly O'Rourke, "A Deeper Look at Voters' Opinion on 20-Week Abortion Bans", Hart Research Association, 28 de agosto de 2013, plannedparenthood.org/files/PPFA/FINAL_20_week_bans_polling_memo2.pdf.

havia somente uma clínica de aborto em todo o estado e ela realizava abortos apenas num número limitado de dias por semana.[65] Era difícil alegar que havia uma epidemia de assassinatos casuais de bebês no estado onde fica o Monte Rushmore. De forma ainda mais emblemática, em 2013, eleitores da cidade de Albuquerque, no Novo México, rejeitaram veementemente uma medida local que teria proibido o aborto depois de 20 semanas e fechado uma das duas clínicas do estado que oferecia esse tipo de abortos, e uma das três em quatro clínicas em todo o país que realizam abortos no terceiro trimestre.[66] Estes são precisamente os tipos de aborto que somente uma minoria dos norte-americanos dizem acreditar que devem ser legais. Pesquisas são uma coisa, votações são outra.

No entanto, se você é como a maioria dos norte-americanos, você desaprova o "aborto sob demanda" – isto é, mulheres com acesso livre ao aborto. Você talvez não sinta muita empatia por mulheres que engravidaram ao fazer sexo voluntariamente, principalmente se foram descuidadas em relação à proteção (em outras palavras, mulheres que "usam o aborto como contracepção") e simplesmente não querem ter um filho. A média, elaborada pelo Gallup,[67] de múltiplas pesquisas realizadas por diversas organizações a partir de 1996 mostra as seguintes descobertas (a porcentagem daqueles que aprovam a legalização do aborto pelos motivos descritos a seguir):

- Vida da mulher 84%
- Saúde física da mulher 83%

---

65 Drew Griffin e Kira Kay, "Doctor Flies into South Dakota to Perform Abortions", CNN.com, 31 de março de 2006, cnn.com/2006/US/03/31/griffin.abortion/.
66 Fernanda Santos, "Albuquerque Voters Defeat Anti-Abortion Measure", The New York Times, 20 de novembro de 2013.
67 N. do T.: Instituto de pesquisas de opinião dos Estados Unidos.

- Estupro ou incesto 79%
- Saúde mental da mulher 64%
- Bebê com deficiência mental 53%
- Bebê com deficiência física 51%
- Forçaria uma adolescente a abandonar os estudos 42%
- Mulher/família não têm condições financeiras de sustentar o bebê 39%
- Mulher/família não querem mais filhos 39%
- Casal não quer se casar 35%
- Seleção de fertilidade (quando o processo de fertilização gera múltiplos embriões) 29%
- Iria interferir na carreira da mulher 25%[68]

Há uma clara distinção aqui entre os motivos que são médicos e/ou envolvem coerção óbvia e aqueles que têm a ver simplesmente com as próprias necessidades, desejos e circunstâncias da mulher – que o Gallup aponta desdenhosamente como "estilo de vida".

Observe-se, no entanto, que 1 em cada 6 norte-americanos disseram aos pesquisadores que uma mulher deveria morrer em vez de interromper uma gravidez, enquanto aproximadamente a mesma proporção de pessoas disse que ela deveria sofrer algum tipo de lesão física (Esse número poderia incluir o ex-candidato republicano à vice-presidência Paul Ryan[69], que notoriamente descreveu a exceção médica como "uma brecha tão grande que daria para atravessá-la com um caminhão"). Ainda de acordo com as pesquisas, mais de 1 em cada 3 norte-

---

[68] Lydia Saad, "Public Opinion About Abortion – An In-Depth Review", Gallup, 22 de janeiro de 2002, gallup.com/poll/9904/public-opinion-about--abortion-indepth-review.aspx.
[69] Paul Davis Ryan Jr. (1970 -) foi candidato à vice presidente em 2012 na chapa de Mitt Romney, além de ser deputado há várias legislaturas, ocupando atualmente a presidência da Câmara dos Deputados Norte-Americana.

-americanos acredita que a saúde emocional da mulher é irrelevante. Estes entrevistados possivelmente acreditariam que a nova lei do aborto na Irlanda, aprovada após a morte de Savita Halappanavar, é muito permissiva, pois ela admite o aborto apenas para salvar a vida da mãe.[70] O NORC (Centro Nacional de Pesquisa de Opinião)[71] que vem monitorando a opinião pública sobre o aborto desde 1972, mostra uma divisão similar, apesar de seus números serem um pouco diferentes. O Centro estima que somente 7,2% da população se opõem ao aborto por qualquer motivo, chegando a 8,1% se a oposição ao aborto legal for por seis dos sete motivos apresentados na pesquisa. Curiosamente, 31% são totalmente pró-escolha.[72] (Outras pesquisas trouxeram resultados diferentes. Em uma pesquisa da Quinnipiac de 2013, 16% disseram que o aborto deveria ser "ilegal em todos os casos".[73] Em uma pesquisa da CBS, 21% dos entrevistados disseram que o aborto "não deveria ser permitido".)[74]

---

70 N. do E.: Vale notar que em em 26 de maio de 2018, em consulta pública nacional, a Irlanda aprovou por 66% dos votos a legalização do aborto. A medida veio três anos depois do casamento gay ser aprovado por 62% dos votos, o que demonstra os impactos de uma abrupta liberação nos costumes fruto, dentre outras coisas, da laicização da sociedade irlandesa, antes fervorosamente católica, o que se trata de um fenômeno que desperta a atenção de todo o mundo.
71 http://www.norc.org/Pages/default.aspx
72 Tom W. Smith e Jaesok Son, "Trends in Public Attitudes Towards Abortion", The National Opinion Research Center, maio de 2013, norc.org/PDFs/GSS%20Reports/Trends%20in%20Attitudes%20About%20Abortion_Final.pdf.
73 Quinnipiac University, "U.S. Catholics Back Pope on Changing Church Focus, Quinnipiac University National Poll Finds; Catholics Support Gay Marriage, Women Priests 2-1", Pesquisa, 4 de outubro de 2013, quinnipiac.edu/news-and-events/quinnipiac-university-poll/national/release-detail?ReleaseID=1961.
74 CBS News, "Views of Economy Remain Negative, More Optimism About Housing Than Job Market", Pesquisa, 24 de julho de 2013, realclearpolitics.com/docs/2013/CBS_National_0724b.pdf.

O que isso representa na vida real? Em 2011, ano dos números mais recentes, 1,06 milhões de mulheres fizeram aborto.[75] Com base em levantamentos anteriores, cerca de 1% dos abortos aconteceram em decorrência de estupro, menos de 0,5% por incesto, enquanto 7% das mulheres citaram preocupações com sua saúde e do feto.[76] Em teoria, portanto, desaprova-se mais de 9 em cada 10 abortos.

Dizem um "sinto muito" para meninas de 15 anos de idade que ficaram bêbadas em uma festa, mães solteiras que já têm os filhos que podem dar conta e sem nenhum dinheiro, mães preocupadas em tomar conta de seus filhos deficientes, estudantes com apenas mais um ano para conseguir o diploma, mulheres agredidas, mulheres que perderam seus empregos ou que finalmente conseguiram um emprego decente, e mulheres de 45 anos de idade cujos filhos já estão criados e adultos, sem falar nas mulheres que simplesmente não se sentem prontas para serem mães, ou talvez nem o queiram. A mulher esqueceu de tomar a pílula? Que esqueça esse delírio elitista de ter uma carreira, então. Só tem 13 anos? Se ela já tem idade para fazer sexo, ela tem idade o bastante para ter o filho (A maioria dos ginecologistas discordariam dessa afirmação).

Bem, talvez a sua própria posição soe um pouco insensível para você, digamos assim. Talvez, se você pensasse um pouco melhor sobre o assunto – ou se você fosse sua filha, namorada ou esposa –, daria um desconto a essas mulheres ou meninas. Mas não vejo muita consistência nesse seu tipo de pensamento. Se você realmente acredita no que responde nas pesquisas, seu

---
75 Rachel K. Jones e Jenna Jerman, "Abortion Incidence and Service Availability in the United States, 2011", *Perspectives on Sexual and Reproductive Health 46*, n. 1, 2014, p. 3-14.
76 Lawrence B. Finer et al., "Reasons U.S. Women Have Abortions: Quantitative and Qualitative Perspectives", *Perspectives on Sexual and Reproductive Health 37*, n. 3, 2005, p. 110-18.

respeito pela "vida" é totalmente relativo. Ele não depende de qualquer característica do embrião ou feto – você está disposto a descartá-lo se o motivo corresponder aos seus critérios de aprovação –, mas sim do seu julgamento em relação à mulher grávida. Se ela fez sexo voluntariamente, mesmo com o marido, é só isso que importa: não quem ela é ou o que acontecerá com ela. É por isso que feministas acreditam que as pessoas que querem forçar as mulheres a terem filhos veem a gravidez como uma punição pelo sexo. Elas estão certas. A questão não é o embrião ou o feto. É a mulher.

Também fico me perguntando: como você imagina que suas preferências seriam implementadas? Você quer fechar todas as clínicas e trazer de voltas os comitês dos hospitais que decidiam se a mulher poderia ou não fazer um aborto nos anos que antecederam o advento da *Roe*? Como mencionei anteriormente, estes comitês eram sabidamente cruéis, arbitrários e classistas. Além disso, eles não resolveram a questão do aborto. Eles se mostraram apenas como um passo rumo a legalização. Assim também foram os esforços para a revisão das regras, em que vários estados passaram a permitir o aborto por muitos dos motivos que você aprova. Uma vez que se diz sim a algumas mulheres, fica difícil dizer não às outras.

Como se define uma vítima de estupro, por exemplo? Somente aquelas que prontamente denunciaram o estupro à polícia? Somente aquelas nas quais a polícia acreditou? Somente aquelas cujos estupradores foram apanhados e confessaram sua culpa? O que acontece quando o acusado de estupro alega que o sexo foi consensual, como muitos deles fazem? Então, legalmente falando, as meninas que estão abaixo da idade de consentimento determinada pelos seus estados são vítimas de estupro de vulnerável. Aquela adolescente que muitos pensam que tinha idade o bastante para ter um filho porque tinha idade o bastante fazer sexo, na verdade, por lei, provavelmente ainda não tinha idade para o sexo. Então, se você acredita que vítimas de estupro deveriam poder interromper suas gestações, você acredita que todas as adolescentes com menos de 16 anos – e, em alguns estados, todas com menos de 18 – deveriam poder interromper suas gestações? Se elas forem pobres, seus abortos deveriam ser cobertos pelo *Medicaid*? (A Emenda Hyde, que proíbe o governo federal de cobrir o aborto por meio do *Medicaid*, faz exceções para casos de estupro, assim como as proibições ao *Medicaid* para o aborto decretadas em 33 estados.) Aposto que você não acredita nisso, porque ver meninas menores de idade como vítimas de estupro de vulnerável entra em conflito com a narrativa dominante sobre elas, que é a de que são ávidas ninfetinhas pedindo para se meter em confusão. As outras exceções colocam dificuldades similares. Quem decide quando a depressão clínica de uma mulher é grave o bastante para justificar seu pedido por uma interrupção? Quão sério deve ser o risco à sua visão por conta da pressão alta causada pela gravidez? Quais anomalias fetais contam?

Até mesmo a permissão do aborto "para salvar a vida de uma mulher" não é tão simples. Em 1998, Michelle Lee, uma paciente clinicamente fragilizada que estava na lista de espera por um transplante cardíaco no Centro Médico da Universidade Estadual de Louisiana, teve um aborto negado porque as normas do hospital exigiam que o risco de morte pela continuidade da gravidez fosse maior do que 50%.[77] (Defensores do aborto acabaram por pagar uma ambulância para transferir Lee a um hos-

---

[77] Conselho Editorial de *The Washington Post*, "Woman with Weak Heart to Have Abortion Today/Struggle Has Stirred National Debate", SFGate, 20 de outubro de 1998, sfgate.com/health/article/ Woman-With-Weak-Heart-To--Have-Abortion-Today-2984322.php.

pital no Texas que concordou em realizar o aborto.) Em 2013, Tamesha Means foi enviada para casa duas vezes do Hospital Mercy Health Partners em Muskegon, Michigan, depois que sua bolsa rompeu quando ela estava grávida de 18 semanas. De acordo com o processo judicial aberto em seu nome pela ACLU (União Americana pelas Liberdades Civis),[78] apesar de estar com uma dor intensa, com a saúde em grave risco e o feto comprometido, o hospital, seguindo suas orientações católicas, não lhe informou que interromper a gravidez era uma opção. Foi só quando ela voltou pela terceira vez – com uma infecção e começando a abortar quando o hospital se preparava para mandá-la de volta para casa outra vez – é que decidiram tratar de seu aborto espontâneo.[79] Em situação semelhante, Savita Halappanavar morreu. Quanto de risco é arriscado o bastante?

Aqui surge outra questão: você está preparado para as invasões de privacidade e o aumento de policiamento que serão exigidos para aplicar essas diferenciações? Os chamados libertários, por exemplo, abominam intromissões e vigilâncias do governo e querem reduzi-lo ao seu nível mínimo. No entanto, vários deles – Paul Ryan e Rand Paul,[80] por exemplo – querem

---

78 N. do E.: American Civil Liberties Union. Fundada em 1920 a ACLU, é uma ONG norte-americana sediada na cidade de Nova Iorque. Sua missão é "defender e preservar os direitos e liberdades individuais garantidas a cada pessoa neste país pela Constituição e leis dos Estados Unidos". Atuando na defesa de liberdades confiadas pela Constituição dos Estados Unidos aos cidadãos do país, a ONG se engaja em situações nas quais, na sua avaliação, as liberdades são postas em questão. Ela também participa de litígios judiciais, relacionados à defesa da liberdade e dos direitos constitucionais
79 ACLU, "Tamesha Means v. United States Conference of Catholic Bishops", 2 de dezembro de 2013, aclu.org/reproductive-freedom-womens-rights/tamesha-means-v-united-states-conference-of-catholic-bishops.
80 Randal Howard Paul (1963 -) é Senador do Partido Republicano pelo Kentucky desde 2011, tendo sido pré-candidato derrotado nas prévias republicanas de 2016. Paul é identificado com a chamada ala "libertária" (libertarian) dos republicanos, o que nos Estados Unidos equivale a uma posição que defende o ultraindividualismo social e econômico. Embora isso devesse implicar na plena defesa da liberdade comportamental e de costumes, não

ver o aborto criminalizado, uma medida que exigiria que o governo se expandisse colossalmente de maneiras que eles consideram intoleráveis em outras áreas da vida.

Proibir o aborto, ou restringi-lo por determinados motivos, não acabaria com a demanda, afinal um milhão de mulheres por ano ainda buscaria interromper suas gestações. É um número muito grande de crimes a serem evitados, monitorados, investigados, julgados e, não esqueçamos, punidos. Você se sentiria confortável em mandar uma mulher para julgamento por ter interrompido uma gravidez de seis meses tomando uma pílula que ela comprou pela internet ou trouxe do México ou arranjou por meio de um amigo ou amiga? E esse/a amigo/a? E que tal mandar para a cadeia aquele amado obstetra que discretamente ajuda suas pacientes? Ou o namorado, a irmã ou a tia que providenciam o dinheiro ou o transporte? Você quer que os abortos espontâneos sejam investigados como possíveis tentativas de aborto? Se você realmente tem a intenção de tornar ilegais 9 entre 10 abortos, você precisa pensar sobre o que isso implicaria.

Começo a suspeitar que sua posição não foi tão cuidadosamente pensada. Você só está expressando seu desacordo com o aborto e com as mulheres que o fazem, e não está realmente pensando sobre as implicações na vida real. Muito foi feito a partir de pesquisas que mostram os números crescentes de norte-americanos que se declaram pró-vida. Ao mesmo tempo, quase dois terços dos entrevistados dizem que concordam com a "*Roe vs. Wade*, que estabeleceu o direito da mulher ao aborto". Na verdade, a posição pró-escolha aumentou ligeiramente ao

---

é o que ocorre com a posição dele no caso do aborto. Ryan, embora menos radical do que Paul, também pode ser enquadrado em uma coordenada parecida no espectro político norte-americano e, por conseguinte, da (aparente) contradição em termos entre sua posição política mais geral e sua posição em relação ao aborto.

mesmo tempo em que as pessoas se tornaram menos dispostas a se declararem pró-escolha. Há uma mensagem aqui sobre a inadequação dos rótulos e perguntas nas pesquisas para abranger o que as pessoas realmente pensam: 35% das pessoas que se descrevem como pró-vida também apoiam o direito de uma mulher escolher o aborto, e muitas das pessoas que pensam que o aborto é a escolha errada na maioria dos casos, também pensam que deveria ser legalizado na maioria dos casos.

Uma pesquisa de 1996 da Universidade de Virgínia descobriu que 38% dos entrevistados concordam que o aborto é "assassinato, tão grave quanto matar uma pessoa já nascida". Uma vez que 84% dos entrevistados nessa pesquisa aprovam o aborto quando a mulher corre risco de vida ou saúde, uma quantidade muito grande de pessoas que acreditam que o aborto é assassinato aparentemente acredita que não há problema em tirar a vida de uma pessoa inocente para salvar a vida ou a saúde de outra. Sério? Duvido que essas pessoas diriam que não faz mal matar alguém para tirar seu rim, mesmo se eu fosse morrer sem ele. E o que fazer com os 10% que disseram aos mesmos pesquisadores que o aborto é assassinato mas "não tão grave quanto matar uma pessoa já nascida". Que tipo de assassinato é esse?[81]

Respostas como essas sugerem que muitos de vocês estão divididos entre o desejo de fazer uma profunda afirmação moral e a compreensão de que o aborto é complicado sob todos os ângulos possíveis, porque a relação entre uma mulher grávida com o embrião/feto em desenvolvimento não é como qualquer outra relação, seja a de uma mãe com seu filho, ou de um assassino com a vítima. E aqueles que dizem que o aborto está errado mesmo se a vida da mulher estiver em risco, quantos

---

[81] Saad, "Americans' Abortion Views Steady Amid Gosnell Trial", Gallup, 2013, URL TK.

deles literalmente quiseram dizer que se fossem suas filhas ou esposas ou amigas que tivessem um coração muito frágil para sustentar uma gravidez, como Michelle Lee, elas simplesmente deveriam morrer. Quantos pensam "bem, isso é errado – matar é sempre errado – mas às vezes você tem que fazê-lo em legítima defesa?" (Esse pode ser um bom momento para mencionar que o filho de Mitt Romney, Tagg, assinou um contrato com uma barriga de aluguel que deu a ela o direito de abortar por questões de saúde, e deu a ele e à sua esposa o direito de decidir por um aborto caso o feto apresente "malformações fisiológicas, genéticas ou cromossômicas").[82]

Alguns opositores ao aborto simplesmente negam que a gravidez possa ser uma ameaça à vida. O deputado federal de Illinois, Joe Walsh, por exemplo, alegou em um debate em 2012 com sua oponente democrata Tammy Duckworth que, "com a tecnologia e a ciência modernas", o aborto nunca é necessário para proteger a saúde ou a vida de uma mulher. "Não dá para encontrar nenhum exemplo".[83] Na Irlanda, alguns opositores ao aborto se recusaram a aceitar que Savita Halappanavar morreu de septicemia. Como saber se ela não teve uma doença indiana rara no sangue?

Quando as pessoas afirmam que o aborto deve ser ilegal exceto sob limitadas circunstâncias, quão literalmente elas querem dizer "ilegal"? Ilegal como nos casos em que há detenções, julgamentos e condenações à prisão, ou ilegal como jogar lixo na rua ou atravessar fora da faixa de pedestres, o que geralmente não rende mais do que um olhar repreensivo de um poli-

---

[82] TMZ Staff, "Mitt Romney's Son Signed 'Abortion' Clause in Surrogate Birth Contract", TMZ, 21 de setembro de 2012, tmz.com/2012/09/20/mitt--romney-son-tagg-abortion-clause-surrogate-birth-agreement-contract-bill--handel/.
[83] Rick Pearson e Duaa Eldeib, "Walsh, Duckworth Clash on Medicare, Abortion", *Chicago Tribune*, 18 de outubro de 2012.

cial? Já vimos que mesmo as pessoas em um dos estados mais ferrenhos contra o aborto não votaram pela proibição que elas dizem apoiar. Isso significa que elas acreditam que o assassinato deve ser legalizado?

Em um vídeo muito popular, um repórter do AtCenterNetwork.com perguntou aos manifestantes que empunhavam cartazes com fetos ensanguentados em frente a uma clínica qual eles pensavam que deveria ser a pena para mulheres que fizeram abortos ilegais.[84] Nenhum deles sequer tinha pensado sobre isso. Políticos que mencionam penalidades criminais para mulheres rapidamente percebem o seu erro.

Em seu primeiro debate presidencial, em 1988, George H. W. Bush disse, "eu acredito na santidade da vida e, uma vez que essa ilegalidade estiver estabelecida, podemos lidar com o lado da penalidade e, claro, deve haver algumas sanções para garantir a execução da lei, sejam elas quais forem". Depois do debate, o diretor da campanha de Bush, James A. Baker III, voltou atrás: os profissionais envolvidos deveriam ser processados, mas as mulheres eram "também vítimas", não criminosas.[85]

No entanto, independentemente de suas visões sobre a lei, as pesquisas sugerem que você pensa que a maior parte dos abortos é imoral – apesar de não estar muito claro se você quer dizer imoral como o infanticídio, imoral como a infidelidade conjugal ou imoral como uma prática sexual que não interfere na vida de ninguém, mas que de alguma maneira o incomoda. Imoral no sentido de "quero repreendê-la por se meter nessa confusão e depois eu a levo até a clínica"? Ou imoral do tipo "agora que você está nessa confusão você vai ser obrigada a ter esse filho"?

---
84 "Libertyville Abortion Demonstration," julho, 2007, youtube.com/watch?v=Uk6t_tdOkwo.
85 Associated Press, "Bush: Debate 'Went Great'; Abortion Reply Clarified", *Los Angeles Times*, 26 de setembro de 1988.

As pesquisas também sugerem que você pensa que é muito fácil fazer um aborto – principalmente depois do primeiro trimestre, quando o apoio para o aborto legal diminui consideravelmente (primeiro trimestre, 61%; segundo, 27%; terceiro, 14%).[86] Enquanto escrevo, os opositores ao aborto estão focados em reduzir o tempo limite para o aborto legal – de 24 semanas, praticamente o limite da viabilidade, para 20 semanas ou até menos. Nas pesquisas você aprova a proibição a partir de 20 semanas. Ao mesmo tempo, você também apoia medidas destinadas a desencorajar e constranger as mulheres que buscam abortos – períodos de espera, notificação parental, leis de consentimento e "consentimento informado", que fazem com que médicos leiam textos concebidos para dissuadir a paciente de sua escolha.[87] (Há alguns anos, pesquisadores do Instituto Guttmacher descobriram que em 23 estados esses textos contêm linguagem apelativa e flagrantes inverdades.)[88]

De acordo com o centro de pesquisas Pew Research, você inclusive apoia a notificação forçada das esposas aos maridos – não importa que a Suprema Corte tenha derrubado a notificação conjugal em 1992 pois ela dava aos maridos um poder excessivo, principalmente aos abusadores.[89] Você apoia essas restrições porque quer que a mulher sinta o peso da sua escolha ou porque quer desencorajá-la de tomar essa decisão? Por-

---

86 Lydia Saad, "Majority of Americans Still Support Roe v. Wade Decision", Gallup, 22 de janeiro de 2013, gallup.com/poll/160 058/majority-americans--support-roe-wade-decision.aspx.
87 Gallup, "Abortion", Pesquisa, 2014, gallup.com/poll/1576/abortion.aspx#1.
88 Rachel Benson Gold e Elizabeth Nash, "State Abortion Counseling Policies and the Fundamental Principles of Informed Consent", *Guttmacher Policy Review 10*, n. 4, outono de 2007, p. 6-13.
89 Pew Research Center, "Public Opinion Supports Alito on Spousal Notification Even as it Favors Roe v. Wade", *Pew Research Center Pollwatch*, 2 de novembro de 2015, people-press.org/2005/11/02/public-opinion-supports-alito-on-sp ousal-notification-even-as-it-favors-iroe-v-wadei/.

que você não acredita que essas restrições sejam tão pesadas – Afinal, o que tem de tão complicado em esperar 24 horas? Ninguém consegue arranjar quinhetos dólares se realmente for preciso? – ou porque você espera que elas sejam tão pesadas que as mulheres não consigam superá-las? Claramente, os ativistas antiaborto querem que seja a última opção. Um dos líderes recentemente admitiu que o propósito das restrições era simplesmente tornar o aborto tão caro e tão difícil que acabe não acontecendo. "Obrigue as mulheres a ver o ultrassom ou imponha que ela vá duas vezes à clínica", disse Michael J. New, membro adjunto do Instituto Charlotte Lozier, ao *Values Voters Summit*[90] em 2012. "Essas medidas aumentam os custos, o que impede o aborto de acontecer. Você pode aumentar o período de espera. Não faça como aqueles estados que oferecem 24, 48, 72 horas. Obrigue a esperar nove meses e isso impedirá os abortos em seu estado. Eu garanto."[91]

E se as pessoas que apoiam as restrições soubessem que o principal efeito dessa atitude é adiar os abortos para um momento mais tardio da gravidez, não somente aumentando o custo financeiro, físico e psicológico para as mulheres, mas também aumentando o número daqueles abortos que o público considera particularmente perturbadores? Em uma pesquisa, 58% das mulheres relataram que gostariam de ter feito seus abortos mais cedo, o que é um dado importante tendo em conta que quase 9 entre 10 abortos acontecem nas primeiras 12 semanas. A principal razão para o atraso foi a dificuldade em tomar as providências necessárias.[92]

---
90 Charlotte Lozier Institute, "Staff: Michael J. New", lozierinstitute.org/about/staff/.
91 Sofia Resnick, "Anti-Abortion Scholar: Restrictions Should Be Designed to Raise Costs for Women", Mother Jones, 21 de setembro de 2012.
92 Lawrence B. Finer et al., "Timing of Steps and Reasons for Delays in Obtaining Abortions in the United States", *Contraception* 74, 2006, p. 334-44.

É difícil saber por que as pessoas têm determinadas posições, pois as pesquisas de opinião geralmente não medem o real conhecimento que elas têm sobre o assunto. Talvez elas respondessem de forma diferente se tivessem mais informações. Você apoiaria a proibição ao aborto depois das 20 semanas se o pesquisador o lembrasse de que é a partir do ultrassom de 20 semanas que muitos dos problemas fetais graves são diagnosticados? Em uma pesquisa, somente 62% dos entrevistados puderam identificar corretamente qual era a questão da *Roe vs. Wade*. Mesmo aqueles que possuem algum entendimento sobre a lei muitas vezes discordam sobre seu significado, portanto não sabemos exatamente o que as pessoas querem dizer quando dizem que aprovam ou desaprovam a *Roe vs. Wade*. O que eles pensam que a lei diz?

Os opositores ao aborto alegam que a *Roe* garante o procedimento legal praticamente durante os nove meses da gravidez, pois, ainda que os estados o proíbam durante o último trimestre, existem exceções quando há risco à vida e à saúde da mãe – supostamente uma larga possibilidade de exceções, segundo Paul Ryan, tão larga quanto uma estrada interestadual. É isso que os opositores ao aborto querem dizer quando se referem ao fato de que a *Roe* permite o aborto até a véspera do nascimento. Em *The Party of Death* (O partido da morte), o escritor conservador Ramesh Ponnuru alega que a maioria das pessoas sequer sabe da exceção médica: elas pensam que a *Roe* impossibilita o aborto no terceiro trimestre exceto para salvar a vida de uma mulher.[93] Mais pessoas apoiariam a *Roe* se soubessem quão difícil é conseguir fazer um aborto no final do segundo trimestre na maior parte do país, quanto mais no terceiro trimestre? No momento,

---

93 Ramesh Ponnuru, *The Party of Death: The Democrats, the Media, the Courts, and the Disregard for Human Life*, Washington, DC: Regnery Publishing, 2006, p. 17-20.

só se conhecem quatro médicos que realizam abortos nos últimos três meses da gravidez.[94] Mais pessoas apoiariam a *Roe* se soubessem quão baixo é o número de abortos realizados depois das 24 semanas, e quão sérios são os problemas que levam mulheres a buscá-los? Ou mais pessoas rejeitariam a *Roe* se soubessem sobre a exceção médica, porque, como Paul Ryan, elas pensariam que "saúde" é apenas uma desculpa? Não sabemos.

Além disso, as pesquisas raramente descrevem o tipo de situação complicada da vida real que as mulheres com uma gravidez indesejada enfrentam. (Anita está criando seu filho autista sozinha sem nenhum tipo de apoio do pai; Nikki só consegue pagar a faculdade porque ganhou uma bolsa de estudos para atletas, que ela perderá se continuar grávida; Jennifer, uma mulher de 42 anos que já criou dois filhos e pensou que estava na menopausa, agora está grávida de quatro meses, ao mesmo tempo que trabalha em turno integral e ainda cuida de sua mãe; Lily e seu namorado, Sam, só estão juntos há três meses e nenhum deles se sente remotamente pronto para ter filhos.) Uma coisa é dizer de maneira geral que uma mulher devia ter o filho mesmo sem ser capaz de sustentá-lo. Mas e o caso da Linda, que tem um salário baixo, um marido desempregado e outra criança? E a Danielle, que dorme com seu filho de dois anos no sofá-cama da casa da sua irmã? O que Linda e Danielle deveriam fazer?

As pessoas que dizem que uma mulher deveria ter o filho mesmo que não tenha dinheiro presumem que há ajuda para elas em algum lugar, assim como muitos acreditam que qualquer um que realmente queira trabalhar consegue encontrar um emprego? Elas acham que as pessoas pobres não podem

---

94 Amelia Thomson-Deveaux, "The Last of the Late-Term Abortion Providers", *American Prospect*, 20 de setembro de 2013.

fazer sexo, mesmo se forem casadas, para não serem acometidos pelo azar da camisinha rompida? Ou que nenhuma mulher deveria fazer sexo a não ser que estivesse preparada para ter um filho nove meses depois? Essa é a lógica, afinal, da exceção em casos de estupro ou incesto: ela pode matar seu bebê se ela foi forçada a ter relações, mas não se fez sexo por vontade própria.

Seria bom saber, também, quanto tempo e cuidado as pessoas dedicam a pensar sobre as questões quando elas respondem a uma pesquisa sobre aborto. Elas realmente estão considerando suas respostas ou elas estão dando as respostas que acreditam que uma pessoa de bem ou um fiel cristão deve dar, da forma como as pessoas dizem em pesquisas que se exercitam e comem comida saudável quando, na verdade, elas passam seu tempo livre jogando *Candy Crush* enquanto devoram pacotes enormes de batatas fritas?

Ilusórias ou verdadeiras, improvisadas ou convictas, bem ou mal embasadas, essa miríade de opiniões, intuições, hesitações e julgamentos, levantadas por questões de pesquisas simplificadas ou ambíguas, é o que caracteriza um pouco mais de metade da população norte-americana – conhecida como zona cinzenta (*muddled middle*). Você. Não há nada errado em ter visões complicadas ou mesmo confusas. Na vida comum, as opiniões das pessoas são frequentemente vagas e contraditórias. Mas enquanto você está na zona cinzenta e estremece, se preocupa, se descabela e esbraveja – sim, o aborto deve ser legalizado, mais ou menos, mas ele é errado, tipo isso, não deveria ser tão fácil, nem deveria ser tão tardio, e a mulher precisa pensar melhor sobre o assunto, mas também não deve esperar tempo demais e, acima de tudo, ela não deveria ser uma vagabunda irresponsável – um movimento radical contra os direitos ao aborto cresceu com uma velocidade assustadora. Como podemos ver, este movimento representa somente uma pequena minoria. Um número muito maior de pessoas tem uma posição totalmente pró-escolha – 25% de acordo com o Gallup.⁹⁵ E 31% de acordo com o NORC.⁹⁶ E muitos não se importam:

"**Você acredita que a questão do aborto é um problema crítico que o país enfrenta, um entre muitos problemas importantes, ou não é tão importante em comparação a outros problemas?**"

		01/09–13/13	08/09	03/06
Um problema crítico	%	118	115	228
Um dos muitos problemas importantes	%	227	333	338
Não é um problema tão importante	%	553	448	332
Não sabe/se recusou a responder	%	2	3	2

(Pew Research Center)⁹⁷

Então por que o movimento antiaborto está indo tão bem quando tão poucas pessoas apoiam seu objetivo, que é a criminalização de todos os tipos de aborto? Muitos norte-americanos, até os mais católicos, não compartilham da extrema religiosidade

---

95 Lydia Saad, "Public Opinion About Abortion". Disponivel em https://news.gallup.com/poll/9904/public-opinion-about-abortion-indepth-review.aspx
96 Tom W. Smith and Jaesok Son, "Trends in Public Attitudes Towards Abortion", maio, 2013. Disponivel em http://www.norc.org/PDFs/GSS%20Reports/Trends%20in%20Attitudes%20About%20Abortion_Final.pdf
97 Pew Research, "Roe v. Wade at 40: Most Oppose Overturning Abortion Decision", Pew Research Center, January 16, 2013, pewforum.org/2013/01/16/roe-v-wade-at-40/; image courtesy of Polling Report, pollingreport.com/abortion.htm. (http://pollingreport.com/abortion.htm)

que anima o movimento. Uma resposta: os opositores ao aborto compensam com entusiasmo o que eles não têm em números.

Na edição mais recente da pesquisa acima, por exemplo, 38% dos opositores ao aborto disseram que o problema era "crítico" para eles, mas somente 9% dos pró-escolha disseram o mesmo.[98] Outra resposta: o movimento antiaborto explorou com eficácia os sentimentos negativos incipientes que as pessoas têm em relação ao aborto – as mulheres que os fazem, os médicos que os realizam, as clínicas onde eles acontecem, os hábitos sexuais permissivos que eles acreditam que estejam por trás do aborto – isso tudo para passar a ideia de que, analisadas individualmente, as restrições pareçam razoáveis, mas apenas se você não as olhar muito de perto, ou souber o que realmente está envolvido, ou se você não considerar os prováveis efeitos.

Considere, por exemplo, o sentimento generalizado de que o aborto depois do primeiro trimestre é uma coisa ruim. Muito bem. A maior parte das mulheres grávidas também pensa assim. É por isso que 88% dos abortos acontecem antes da 12ª semana e somente 1,5% acontece depois da 20ª semana.[99] Mas um dos motivos pelos quais as mulheres acabam ultrapassando o segundo trimestre é porque elas não conseguem juntar dinheiro antes. E por que isso acontece? Muitos de vocês que estão na zona cinzenta apoiaram a Emenda Hyde[100] e outras restrições de financiamento. O movimento antiescolha colocou essas duas situações em compartimentos mentais diferentes, como se elas não fossem relacionadas entre si: recursos governamentais são um problema e abortos tardios são um problema. Mas

---
98 Ibid.
99 Karen Pazol et al., "Abortion Surveillance – United States, 2010", *Morbidity and Mortality Weekly Report 62*, n. ss08, 2013, p. 1-44.
100 Emenda Hyde – garante que fundos federais não são utilizados para serviços de aborto, exceto em casos de estupro, incesto ou quando há ameaça à vida da mulher.

elas trabalham juntas: se é mais difícil conseguir um aborto no primeiro trimestre, mais mulheres fazem abortos no segundo trimestre. E algumas mulheres – 20% das mulheres pobres que querem interromper a gravidez, de acordo com uma pesquisa – não conseguirão juntar o dinheiro a tempo.[101] É isso que você quer? Que as mulheres mais pobres – aquelas que têm tão pouco apoio de amigos, familiares ou parceiros que não conseguem pedir ou pegar dinheiro emprestado – tenham filhos que não querem ou não podem ter?

Outro exemplo: na sequência da enorme visibilidade gerada pela aprovação da lei estadual do Texas que proíbe o aborto depois das 20 semanas, no verão de 2013, pesquisas mostraram uma aprovação majoritária ou plural. Cinco meses é tempo para lá de suficiente para se decidir, não? Então o que você acha que deveria acontecer quando sua prima Suzanne descobrir em seu ultrassom de 20 semanas que ela está carregando um feto sem uma grande parte de seu cérebro? A Suzanne deveria esperar e ver o bebê morrer? (Não é uma questão inútil: em nove estados, a proibição de 20 semanas não prevê exceções para deficiências fetais graves.)[102] E o que deveria acontecer quando Emily, a colega da sua filha do colegial, se recusa a acreditar que está grávida porque fez sexo só uma vez e se lavou com Pepsi depois, e seus pais, que você sempre achou que eram meio estranhos, não percebem até que ela já esteja entrando na 21ª semana?

Nós nos contorcemos quando pensamos na maternidade precoce de crianças noivas em países subdesenvolvidos. A Emily deve ser obrigada a dar à luz porque fez sexo com o na-

---

101 Rachel K. Jones, Ushma D. Upadhyay e Tracy A. Weitz, "At What Cost?: Payment for Abortion Care by U.S. Women", *Women's Health Issues 23*, n. 3, maio de 2013, p. e173-78.
102 NARAL, "Abortion Bans at 20 Weeks: A Dangerous Restriction for Women", 1º de janeiro de 2014, prochoiceamerica.org/media/fact-sheets/abortion-bans-at-20-weeks.pdf.

morado na última noite do acampamento de verão em vez de passar pela mesma situação por estar casada com algum velho enrugado e barbudo?

Mas, espere aí: por que é mesmo que pedimos às pessoas para julgarem os diferentes motivos para se fazer um aborto? Pesquisadores, legisladores e juízes não convidam pessoas a opinar sobre os motivos para se exercer outros direitos pessoais, como casar-se ou ter um filho. Nem todo motivo é necessariamente maravilhoso: se casar por dinheiro, *status* ou para sair de casa, ter um filho para agradar seus pais, salvar seu casamento, se sentir importante, produzir um herdeiro para o trono. Parecemos tranquilos em permitir que as pessoas se reproduzam por qualquer motivo que queiram, mesmo se fofocarmos com nossos amigos sobre seu péssimo julgamento e se alguns de nós nos incomodarmos caso sejam pobres. De maneira similar, parecemos conseguir separar o nosso apoio a um direito legal de nossos sentimentos sobre a forma como as pessoas o exercem: o fato de que as pessoas escrevem folhetos racistas e culpam gays e lésbicas por furacões não nos faz querer reescrever a Primeira Emenda[103], que protege a liberdade de expressão.

E quanto à Segunda Emenda? Se o aborto é diferente porque se trata de vida e morte, então, potencialmente, este também é o caso das armas. Entretanto, parecemos positivamente reticentes em examinar os motivos que levam as pessoas a quererem possuir armas. Qualquer afirmação batida no sentido de uma expli-

---

103 Aprovada em 1791, quatro anos após a promulgação da Constituição dos Estados Unidos da América, ela equivale ao artigo terceiro da *Bill of Rights* (Carta de Direitos). A Emenda proibiu o Congresso Norte-Americano de aprovar leis que tolhessem as liberdades não apenas de expressão como, também, de imprensa, assegurando o direito básico de realizar assembleias e peticionar aos poderes públicos, além de impedir a imposição de uma religião oficial ou impedir a liberdade de credo e culto. Lembrando que as emendas à Constituição norte-americana são tanto mais aditivos ao texto original do que, como no direito constitucional brasileiro, alterações do texto original.

cação já parece dar conta – "armas são divertidas", "são parte da nossa tradição por aqui", "sou um colecionador". E, ao contrário do aborto, armas matam mais de 32 mil pessoas que já existem todos os anos.[104] Os entusiastas das armas adoram o argumento da legítima defesa: você precisa portar uma arma, de preferência o tempo todo, na igreja, na escola ou no Starbucks, porque o mundo é um lugar perigoso. Proteja seu território! Na medida em que o aborto é cada vez mais restrito, o direito ao porte de armas se expande – nem mesmo o massacre da escola Sandy Hook[105] conseguiu fazer com que o país se dispusesse a colocar restrições significativas ao direito de portar armas. Montes e montes de armas. Será porque a cultura de armas é predominantemente masculina e nós não julgamos as escolhas dos homens com tanto afinco? Se é direito deles, fim de papo?

Talvez o aborto seja diferente não só por ser excepcionalmente grave, mas porque diz respeito às *mulheres*. É uma das poucas decisões que, por lei, somente uma mulher pode tomar, contanto que tenha a idade para tal, e isso significa que todo mundo pode dar pitaco. Os Estados Unidos nos convidam a julgar as mulheres, mesmo as vítimas de estupro, de uma maneira que raramente se aplica aos homens. A cultura popular é uma espécie de treinamento de como fiscalizar, analisar e

---
104 University of Pennsylvania, "Firearm Injury in the U.S.", Firearm & Injury Center em Penn, 2011, uphs.upenn.edu/ficap/resourcebook/pdf/monograph.pdf.
105 Ataque a tiros contra uma escola primária ocorrido em 14 de dezembro de 2012. Na chacina, morreram vinte e oito pessoas, inclusive o próprio atirador, Adam Lanza, um branco de classe média-alta que, como tal, teve a deferência de não ser tratado como "terrorista" nem "criminoso", além de ter seus problemas mentais levados em consideração. O atentado repercutiu no mundo inteiro, levando a retomada do debate sobre a restrição de armamento nas mãos de civis nos Estados Unidos, país recordista mundial nesse item que, inclusive, protege o direito ao porte de armas na sua Constituição. No entanto, pouco ou nada mudou, sobretudo com a eleição em 2016 do republicano Donald Trump, o qual defende enfaticamente o porte de armas.

moralizar até mesmo as escolhas e características mais triviais das mulheres: o que elas comem, o que elas vestem, como é sua aparência, a maneira como falam. Isso é uma barriguinha de grávida naquela celebridade ou ela ganhou uns quilinhos? Os *reality shows* são uma espécie de espetáculos do julgamento, nos quais uma audiência em sua maioria feminina é convidada a se sentir superior a uma variedade de exibicionistas que se comportam mal. Programas de televisão como *Grávida aos 16* e *Mães Adolescentes* expandem o julgamento a meninas, legalmente ainda crianças, que inocentemente concordam em ter suas vidas íntimas, péssimas decisões e infindáveis "dramas" alastrados pelas TVs e tabloides. Curiosamente, os homens são poupados: talvez porque, ao contrário das mulheres, que rapidinho chamam-se umas às outras de vagabundas, interesseiras e péssimas mães, os homens tendem a se absolver quando se trata de sexo e relacionamentos, e procuram logo uma mulher para colocar a culpa. Os manos sempre antes das cachorras. Comparando a cobertura da mídia sobre Lindsay Lohan ou Paris Hilton com a cobertura sobre Charlie Sheen, você nunca pensaria que ele é quem foi preso inúmeras vezes por um crime grave: agredir mulheres.

Talvez se as pesquisas convidassem as pessoas a julgar os motivos que estão por trás de outras decisões importantes da vida, elas revelariam uma propensão nacional por destilar sua reprovação censora em relação a todas elas. Na verdade, nos raros casos em que as pesquisas realmente perguntam essas coisas, geralmente o que surge são resultados chocantes, como os 46% de republicanos do Mississippi que pensam que o casamento interracial deveria ser ilegal.[106] Na maioria dos casos, no entan-

---

106 Public Policy Polling, "MS GOP: Bryant for Gov., Babour or Huckabee for Pres", Pesquisa, 7 de abril de 2011, publicpolicypolling.com/pdf/PPP_Release_MS_0407915.pdf

to, não permitimos que os motivos pessoais de um indivíduo influenciem como uma lei deve ser. Antigamente havia apenas alguns motivos que justificavam o divórcio, e o juiz precisava avaliar os fatos relevantes e atribuir culpa. Hoje o divórcio não envolve culpa. Se você quer dar seu bebê para adoção, você não precisa ter uma justificativa para que outras pessoas aprovem; na verdade, você não precisa dar justificativa nenhuma. Legalmente, de fato, não precisamos de justificativas para o aborto: diferente da lei de alguns outros países, nos Estados Unidos o direito ao aborto não depende dos motivos da mulher até o terceiro trimestre – apesar de alguns estados estarem aprovando leis contra o aborto por motivos de seleção sexual ou "viés racial", o que quer que isso signifique.

Socialmente, no entanto, o motivo é só o que importa. É parte do que as pessoas querem dizem quando falam sobre o aborto não ser uma questão de preto no branco, mas com vários tons de cinza. E isso é interessante, porque, no seu discurso oficial, a oposição organizada ao aborto não tem nada a ver com as razões das mulheres. Oficialmente, os opositores veem a questão do aborto completamente preto no branco: não tem a ver com a promiscuidade, irresponsabilidade, fraqueza de julgamento ou falta de fibra moral da mulher. Tem a ver com a vida do zigoto/embrião/feto. Para os membros radicais do movimento do direito à vida, o aborto é errado tanto se a mulher interrompe uma gravidez porque seu filho nascerá com a doença de Tay-Sachs, quanto se ela quiser velejar pelo mundo ou fumar crack. E é tão errado se ela interromper a gravidez com seis dias, seis semanas ou 36 semanas, pois o que está no seu útero é uma pessoa desde o momento em que o espermatozoide encontrou o óvulo.

Se você que está zona cinzenta realmente pensasse sobre essa ideia, perceberia que ela não faz nenhum sentido.

CAPÍTULO 3
O que é uma pessoa?

O argumento fundamental do movimento antiaborto é o de que interromper uma vida intencionalmente em qualquer ponto após a concepção é assassinato, ou algo próximo disso. Um óvulo fecundado é uma pessoa tanto quanto o Papa. Não uma pessoa em potencial, mas uma pessoa naquele exato momento. As pessoas que tentam ser "justas com ambos os lados" tendem a desmerecer essa convicção porque ela soa bizarra, mas ela é essencial para o posicionamento antiaborto.

Os opositores ao aborto, por considerarem que qualquer tipo de aborto é moralmente errado, não podem admitir que alguns abortos sejam menos perversos do que outros – por exemplo, que interromper uma gravidez de seis semanas, quando o embrião é do tamanho de uma ervilha, é qualitativamente diferente de ter um daqueles míticos abortos na véspera do parto por capricho. Os cristãos conservadores proprietários da cadeia de lojas Hobby Lobby e da empresa de móveis Conestoga Wood querem excluir os DIUs e certos tipos de contracepção de emergência das coberturas de planos de saúde que devem ser oferecidas sob a Lei de Proteção e Cuidado ao Paciente[107] porque eles acreditam que são "abortivos" – ou seja, que eles impedem a implantação de óvulos fecundados. (Os estudos mais recentes sugerem que eles não funcionam dessa maneira, com a exceção

---

107 N. do T.: *Affordable Care Act*, também conhecida como Obama Care, é uma lei regulatória de 23 de março de 2010 que controla os preços de planos de saúde e expande os planos de seguro público e privados para maiores parcelas da população norte-americana.

do DIU de cobre quando inserido depois de cinco dias de sexo desprotegido. Infelizmente, essa é a forma mais efetiva de contracepção de emergência.)[108] Como já foi colocado a Suprema Corte ainda não julgou esse caso, mas, curiosamente, o quanto as crenças desses proprietários são baseadas em dados reais não parece estar sendo levado em consideração.

Essa visão absolutista é mantida apenas por um pequeno percentual da população, mas é a posição de instituições políticas poderosas: a Igreja Católica, que possui um sexto de todos os hospitais norte-americanos, a Convenção Batista do Sul e outras igrejas protestantes fundamentalistas/evangélicas, e o Partido Republicano.[109] Desde 1984, a plataforma do Partido Republicano reivindica uma proibição constitucional ao aborto sem mencionar qualquer exceção para salvar a vida da mulher. ("Declaramos a santidade da vida humana e afirmamos que o nascituro tem um direito individual fundamental à vida que não pode ser violado. Apoiamos uma emenda da vida humana à Constituição e endossamos a legislação para deixar claro que a proteção da Décima Quarta Emenda se aplica a nascituros".)[110] Por algum motivo, os comentaristas raramente levam a sério essa cláusula na plataforma do partido. "Ah, essas plataformas estapafúrdias dos partidos, quem é que lê isso!" Bem, talvez eles devessem ler. Dos nove republicanos que concorreram às primárias presidenciais de 2012, apenas Mitt Romney e Jon Huntsman[111], ambos antiaborto, recusaram-se a assinar um

---

108 G. Noe et al., "Contraceptive Efficacy of Emergency Contraception with Levonorgestrel Given Before or After Ovulation", *Contraception 81*, n. 5, maio de 2010, p. 414-20; Gillian Dean, MD, et al. (ed.), *Contraceptive Technology*, 20ª edição revisada, Nova York, Ardent Media, 2011, p. 147-91.
109 Reed Abelson, "Catholic Hospitals Expand, Religious Strings Attached", *The New York Times*, 20 de fevereiro de 2012.
110 Equipe da Plataforma, "Republican Platform 2012", agosto de 2012, gop.com/wp-content/uploads/2012/08/2012GOPPlatform.pdf.
111 Jon Huntsman Jr. (1960 -), nascido na Califórnia, foi governador do con-

compromisso de apoiar leis estaduais e federais que iriam defender "a individualidade inalienável de cada norte-americano, desde o momento da concepção até a morte natural" e nomear somente juízes e demais autoridades que sustentem essa visão.

Se os opositores ao aborto aceitassem o aborto por motivos que a maioria das pessoas acha aceitável – em casos de estupro ou malformação fetal grave, ou para preservar a saúde física ou mental da mulher –, eles poderiam ganhar apoio das pessoas que querem ver o aborto fortemente restrito, mas não completamente proibido. Alguns comentaristas antiaborto que escrevem para o grande público parecem perceber que a posição oficial do movimento é extrema demais, mesmo para eles. A inflamada escritora Ann Coulter escreveu que apoia o aborto legal em casos de estupro e culpou Todd Akin[112] e Richard Mourdock[113] ("aqueles dois idiotas") por abalarem a candidatura de Mitt Romney, que não fosse por isso teria excelentes chances de ser eleito para a Casa Branca, por insistir que o aborto deveria ser ilegal mesmo nesses casos.[114] Mas nenhum líder ou organização pró-vida apoia a permissão ao aborto em razão de estupro por

---

servador estado do Utah, depois ter trabalhado no governo de Bush Filho, depois de ter ocupado cargos no governo de Bush Pai e Reagan. Ele desistiu da disputa para apoiar Mitt Romney, candidato republicano naquele pleito. Atualmente, é embaixador americano na Rússia, nomeado por Trump, depois ter passado pela China, para onde foi indicado pelo democrata Barack Obama.
112 William Todd Akin (1947 -) é um ex-deputado federal norte-americano do Partido Republicano eleito pelo Missouri, que perdeu uma das vagas para o Senado do seu estado nas eleições gerais de 2012 depois de se envolver em um escândalo, causado por suas próprias declarações em uma entrevista: ele criticou a exceção para permissão do aborto em casos de estupro, pois considera que mulheres vítimas de "estupros de verdade" raramente engravidam.
113 Richard Earl Mourdock (1951 -) foi outro político republicano derrotado na disputa para o Senado nas eleições gerais norte-americanas de 2012, desta vez no estado de Indiana, após declarar se opor ao aborto mesmo em casos de estupro, dizendo que mesmo nesses casos a vida gerada decorreria do plano de Deus.
114 Ann Coulter, "Don't Blame Romney", *Human Events*, 7 de novembro de 2012, humanevents.com/2012/11/07/ann-coulter-dont-blame-romney/.

princípio, ao invés de uma concessão tática. Na verdade, a onda de leis aprovadas nos últimos anos incluem muitas exceções para estupro, malformação fetal ou todo o tipo ameaças graves à saúde da mulher, coisa que de alguma forma espera-se que seus médicos consigam prever com absoluta certeza. Os líderes do movimento e muitos de seus apoiadores percebem, com razão, que tais concessões abririam a porta para outras.

Uma vez que você admite que a vida geral ou embrionária pode ser sacrificada por algum motivo, você está admitindo que ela não é o equivalente a uma pessoa nascida. Então por que parar por aí? Além disso, uma vez que uma fresta foi aberta mulheres desesperadas tentarão avançar e pessoas solidárias em posições de autoridade farão o possível para ajudá-las. O potencial de se gerar ambiguidades é um dos motivos pelos quais os opositores ao aborto tendem a negar que o aborto seja necessário em qualquer hipótese, mesmo que para salvar a vida de uma mulher. Em vez de fazer distinções morais entre os motivos, os argumentos começam com abortos do terceiro trimestre, algo que as pessoas acham incômodo e até chocante (e que são extremamente raros), e depois desenvolvem o discurso retrocedendo. Se está errado aos nove meses, porque não aos oito, sete, três, uma semana ou uma hora? Mesmo a implantação do óvulo na parede do útero – a própria definição de gravidez na medicina padrão – parece ser excessivamente tardia. Por que este ser minúsculo que já tem uma semana de idade adquire o direito à vida somente quando se move de uma trompa de falópio para o útero? Você também pode dizer que adquiriu direitos humanos ao se mudar do Brooklyn para o Queens.

Os opositores ao aborto usam palavras como "o nascituro" ou "pré-nascido" (*pre-born*) para reivindicar a similaridade essencial entre um óvulo fecundado e o feto às vésperas do parto.

Do mesmo modo, usam "vida humana", "vida", "ser humano" e "pessoa" sem distinção, como se todos os termos significassem a mesma coisa. Mas eles são diferentes. Obviamente um óvulo fecundado dentro de uma mulher é humano – não é felino ou canino – e está vivo e é um ser no sentido de que existe. Logo é um embrião, logo é um feto. Mas é um ser humano no sentido comum do termo? É uma pessoa?

O que é uma pessoa? Não é fácil dizer. O filósofo Joel Feinberg usa o termo *common-sense person* (personalidade moral) para falar sobre aquele que pensa, sente, comunica e tem características mais ou menos humanas, e assim por diante.[115] Muitas das qualidades que são parte de uma personalidade moral podem ser subtraídas e ainda assim esse ser humano é tido como uma pessoa. Pense na forma física: um homem ou uma mulher podem ser radicalmente deformados em sua compleição física, não ter nenhum dos quatro membros, ou ser completamente cobertos de pelos, ou verdes, isso não os tornaria menos pessoas. Pense na consciência – a capacidade de pensar, sentir, falar, compreender, responder, possuir uma personalidade (observe a palavra), ter autoconsciência. Mesmo as pessoas com as maiores deficiências mentais podem ter algumas dessas faculdades até certo ponto e se qualificarem como pessoas no sentido moral – que significa estar imbuídas de direitos humanos plenos. Na realidade, se eu estiver em um estado vegetativo permanente, a maioria das pessoas ainda me consideraria uma pessoa: afinal, eu ainda tenho uma posição social residual – eu sou uma parente, uma cidadã, uma paciente no hospital, eu ainda possuo alguma propriedade que possuía quando estava consciente e (alguns poderão insistir) talvez ainda tenha alguma leve ati-

---

115 Joel Feinberg, "Abortion", in *Matters of Life and Death*, edited by Tom Regan, 1986. http://www.ditext.com/feinberg/abortion.html

vidade mental. Por outro lado, se eu estiver perdida em uma ilha deserta completamente sozinha e não tiver uma posição social, eu ainda tenho consciência e sou, portanto, uma pessoa. (Mas se um coco cair na minha cabeça e eu entrar em um estado vegetativo permanente, eu talvez não seja uma pessoa por muito tempo.) Se alguma combinação dessas características é o que define uma pessoa, é difícil ver como um óvulo fecundado pode ser qualificado como tal. Ele não tem um cérebro, não tem sangue, não tem cabeça, não tem órgãos, não tem membros; ele não pode pensar, sentir, compreender ou se comunicar. Ele não tem traços de personalidade ou relacionamentos e não ocupa nenhuma posição social. Ele tem o tamanho do ponto no final desta frase. Antes de ser implantado na parede uterina, e geralmente por um certo tempo depois disso, a mulher em cujo corpo ele existe sequer sabe que ele está lá. Na verdade, cerca de metade de todos os óvulos fecundados não são implantados e são simplesmente dispensados para fora do corpo dela junto com o fluxo menstrual.[116] Se os óvulos fecundados são pessoas, Deus é admiravelmente negligente com eles. Eles são pessoas em potencial, sim, mas isso não é a mesma coisa que ser uma pessoa de fato, não mais do que eu ser uma pessoa de 70 anos em potencial significar que eu seja uma agora.

Muitas pessoas, incluindo muitos católicos, acreditam que a posição católica oficial é a de que o óvulo fecundado adquire uma alma "no momento da concepção" (Na verdade, não há um momento; a fecundação é um processo que leva até 24 horas).[117] Aliás, a posição oficial sobre a infusão da alma é que não

---

116 UCSF Medical Center, "Conception: How It Works", ucsf health.org/education/conception_how_it_works/.
117 Rachel Benson Gold, "The Implications of Defining When a Woman Is Pregnant", *The Guttmacher Report on Public Policy* 8, n. 2, maio de 2005, p.

sabemos exatamente quando ela acontece. A proibição total da Igreja em destruir mesmo um óvulo fecundado não implantado é uma precaução contra a possibilidade de tirar uma vida dotada de alma. É melhor "pecar pela vida" do que arriscar a menor e mais remota chance de matar uma criatura dotada de alma – uma criatura que não seja a mulher, no caso.

Em 1869, o Papa Pio IX aprovou uma encíclica, a *Apostolicae Sedis Moderationi*[118], declarando que a punição pelo aborto em qualquer estágio da gravidez seria a mesma para o assassinato: excomunhão. Nem sempre foi assim. Antes do século XIX, havia inúmeras posições católicas respeitáveis sobre o estatuto do embrião e do feto e, consequentemente, uma diversidade de opiniões sobre o aborto. Até aquele momento, escreveu a teóloga Christine Gudorf, "a posição *teológica* dominante, mas não a única, foi adotada a partir de Aristóteles e defendida por Tomás de Aquino, que contava a infusão da alma a partir de 40 a 80 dias após a concepção, dependendo do sexo do feto. A posição *pastoral* dominante – claramente por ser mais prática e óbvia – era a de que a infusão da alma acontecia na vivificação, quando se pode sentir o feto se mexendo no útero da mãe, normalmen-

---

7-10.
118 N. do T.: Apesar dos efeitos morais e políticos da Apostolicae Sedis Moderationi em relação à ampliação da proibição legal do aborto ao redor do mundo, é preciso considerar que, ao contrário do que o senso comum sugere, a radicalização da proibição do aborto é moderna, não medieval ou antiga: muitos Estados já puniam o aborto mais severamente do que a Igreja que continuava a seguir o entendimento intermediário sobre o assunto, fundado na doutrina de Aristóteles sob a interpretação de São Tomás de Aquino. Pio IX, que foi um pontífice bastante conservador inseriu na doutrina católica um item que apesar da forma religiosa, apenas seguiu uma tendência moderna de ampliação do controle social e biológico em relação aos corpos das mulheres. Ironicamente, a defesa política da proibição legal do aborto faz uso do argumento religioso, sobretudo católico (mesmo em um país de maioria protestante como os Estados Unidos), quando na verdade o cristianismo só tem algo a ver com o proibicionismo muito recentemente.

te no começo do quinto mês. Antes da infusão da alma, o feto não era compreendido como uma pessoa".[119]

Abstraindo a forma como qualquer um na época de Tomás de Aquino poderia saber o sexo de, digamos, um embrião de dois meses de idade, e portanto se teria alma (menino) ou não teria (menina), e porque, apesar de sua falta de informação, Tomás de Aquino, assim como seu predecessor Aristóteles, ainda sentia a necessidade de demarcar a inferioridade da mulher mesmo no caso desta nesga invisível de vida, o que importa aqui é que o aborto, apesar de ser visto como um pecado, juntamente com a contracepção, a masturbação e de outras ações que frustram a procriação, nem sempre foi visto como assassinato.

Hoje, os opositores ao aborto frequentemente falam a língua da ciência e dos direitos humanos, bem como a da teologia. Não precisamos do conceito de infusão de alma, debatem os teóricos políticos conservadores católicos e proeminentes opositores ao aborto Robert George e Christopher Tollefsen em *Embryo: A Defense of Human Life* (Embrião: Uma Defesa da Vida Humana). "Podemos saber através da ciência o que é o embrião".[120] É "um ser humano completo, apesar de imaturo em termos de desenvolvimento" que merece "pleno respeito moral".[121] Religião não tem nada a ver com isso: "a ética do embrião humano não é, neste sentido, diferente da ética do nosso tratamento de minorias ou dependentes. Seres humanos são capazes de compreender, através da razão, que é moralmente errado e injusto discriminar alguém por ser de uma raça diferente ou ter uma herança étnica diferente. E somos capazes de entender que

---

119 Christine Gudorf, "Contraception and Abortion in Roman Catholicism", in Daniel Maguire (ed.), *Sacred Rights: The Case for Contraception and Abortion in World Religions*, Nova York: Oxford University Press, 2003, p. 69.
120 Robert George e Christopher Tollefsen, *Embryo: A Defense of Human Life*, 2ª edição, Princeton: The Witherspoon Institute, 2011, p. 20.
121 Ibid., p. 12.

é errado e injusto discriminar alguém por sua idade, tamanho, estágio de desenvolvimento, localização ou condição de dependência".[122] Como um óvulo fecundado ou embrião possuem um conjunto completo de cromossomos e isso pode vir a se tornar um bebê, o aborto é uma forma de discriminação contra "uma criança muito jovem".[123] Uma mulher que interrompe uma gravidez porque não consegue conceber a ideia de ter um quinto ou sexto filho está praticando algo próximo ao racismo, ou políticas anti-imigração, discriminando o embrião por ser quem é e pela sua "localização" – ou seja, o seu útero. Ela própria não tem nenhum interesse especial em seu próprio corpo, nenhuma conexão com ele que seja mais íntima e mais exigente do que qualquer outra pessoa.

E, ainda assim, o DNA como sendo uma pessoa funciona praticamente como o conceito de infusão da alma. Como a alma, o DNA representa a quinta-essência do ser, o verdadeiro você, quando, na verdade, você é muito mais do que um conjunto de cromossomos. Opositores ao aborto gostam de citar uma frase de *Horton e o Mundo dos Quem*, do Dr. Seuss: "Uma pessoa é uma pessoa, independente de quão pequena ela é". (Para o descontentamento da esposa do Dr. Seuss, que diz que seu marido não queria que seus personagens fossem usados com propósitos políticos.)[124] Mas os *Quem* não eram óvulos *Quem* fecundados. Eles eram personagens esquisitos bem ao estilo do Dr. Seuss, adultos que falavam e cantavam e tinham uma cidade só deles. A questão não é só se as pessoas pequenas são pessoas. É se óvulos fecundados, embriões e fetos podem ser qualificados como pessoas pequenas.

---
122 Ibid., p. 22.
123 Ibid., p. 20.
124 Kim Masters, in "Horton' Movie, Abortion Foes Hear an Ally", NPR, 14 de março de 2008, npr.org/templates/story/story.php?storyId=88189147.

É como se os opositores ao aborto imaginassem que o "momento da concepção" criasse um homúnculo – um pequenino homem que os cientistas do século XVII imaginaram poder ver quando olhavam o sêmen através do primeiro microscópio. O homúnculo era inteiramente produzido pelo parceiro masculino na reprodução. Tudo que ele precisava era de um útero quentinho para ajudá-lo a crescer. Como Todd Akin afirma em seu discurso no Congresso contra a pesquisa de células-tronco:

> Agora, um embrião pode parecer um termo laboratorial ou científico, mas, na verdade, o embrião contém a informação única que define uma pessoa. Tudo que você precisa adicionar é comida, controle climático e um pouco de tempo, e então o embrião se transforma em mim ou em você.[125]

Um embrião é uma pessoa; uma mulher é um lugar, uma espécie de *bunker* de sobrevivência aconchegante – comida, controle climático, um pouco de tempo.

Esta visão da mulher grávida como sendo meramente um meio conveniente de crescimento para um embrião completamente independente contrasta com as ideias de hoje em dia. O senador estadual da Virgínia, Steve Martin[126], se tornou uma piada nacional quando escreveu em sua página do Facebook "uma vez que uma criança existe em seu útero, não vou presumir o direito de matá-la só porque a hospedeira da criança

---

125 C-SPAN, "Todd Akin Denounces Stem Cell Research", C-SPAN, 24 de maio de 2005, c-span.org/video/?c4001028/todd-akin-denounces-stem-cell-research.
126 Stephen Holliday Martin (1956 -), não confundir com o humorista homônimo, também é um político republicano, este da Virginia, mas nunca teve carreira nacional e aparentemente perdeu a liderança do Partido Republicano em seu distrito por suas declarações controversas e ofensivas como essa. Ele foi deputado estadual (1992-1994) e, depois, senador estadual por várias vezes (1994-2016), cargo que não existe no Brasil, no qual o legislativo estadual se restringe à assembleia legislativa.

(alguns se referem a elas como mães) não as querem" (No calor da polêmica, ele alterou "hospedeira" para "a transportadora da criança", que soa como carregar uma criança em uma bandeja). Mas a imagem remonta aos tempos remotos da Grécia Antiga. Em *Eumênides* de Ésquilo[127], Apolo defende Orestes, que está em julgamento por matar sua mãe, que por sua vez matou seu pai:

> Aquele que se costuma chamar de filho não é gerado pela mãe – ela somente é a nutriz do germe nela semeado –; de fato, o criador é o homem que a fecunda; ela, como uma estranha, apenas salvaguarda o nascituro quando os deuses não o atingem.[128]

Nesta versão antiga, a mulher varia entre um vaso de plantas, uma alimentadora de bebês, uma hospedeira que oferece seu útero como um quarto livre, ou possivelmente alguém que cuida de um pacote para um viajante. Seus esforços, suas necessidades, os perigos, dores e lesões da gravidez e do parto são todos apagados – e isto aconteceu numa era em que a morte no parto era uma ocorrência comum. Apolo prossegue destacando a desimportância da mulher para a reprodução ao observar que

---

127 Essa peça de autoria de Ésquilo, um dos gênios fundadores do Teatro, foi encenada pela primeira vez possivelmente em 458 a.C.. em Atenas, sendo a parte final da trilogia Oresteia, que inclui também as tragédias Agamêmnon e Coéforas: nela Orestes vai ao Areópago ateniense para ser julgado pela deusa Atena e pelos atenienses sobre o fato de ter assassinado a própria mãe, Clitemnestra, o que em caso de reconhecimento da culpa o tornaria merecedor do tormento infligido pelas Erínias (as Fúrias para os romanos). Ao final, com o empate entre os votos dos cidadãos, a deusa Atena, apesar da culpa de Orestes, proferiu o voto de desempate que o absolveu gerando a expressão "voto de Minerva" (que é como Atena era conhecida entre os romanos). Para aplicar a sede de vingança das Erínias/Fúrias, as converteu nas Eumênides (pessoas boas), as quais deveriam a partir dali ser uma força de justiça e não mais de vingança.
128 N. do E.: Essa é parte da defesa de Apolo, que atuou em favor de Orestes no seu julgamento como advogado de defesa [Ésquilo. As Eumênides in *Oréstia*. Rio de Janeiro: Zahar, 1990, p. 422].

um macho poderia dar vida a uma criança sem a mãe – veja Atena, nascida da testa de Zeus, "sem ter passado pelo ventre materno". De fato, ele diz, "nenhuma deusa poderia dar à luz" tão maravilhoso ser (Não é de se admirar que Atena concorde. Quebrando o impasse, ela julga em favor de Orestes sob a alegação de não ter mãe e ser filha de seu pai: "à exceção do casamento apoio o meu pai".

A mesma ideia funciona para metáforas do sêmen masculino fertilizando o útero feminino – ele é a semente, ela é o solo, ele é o princípio ativo, ela é o lugar onde a atividade ocorre, ele é o dono da terra, ela é a terra. É difícil estimar o quão longe na história remonta esse imaginário. As "Instruções do Vizier Ptahhotep" do Egito Antigo, escritas por volta de 2400 a.C., descreve a esposa como "um campo fértil para seu senhor".[129] Três mil anos depois, a mesma ideia aparece no Alcorão: "Suas mulheres são seus campos, portanto, adentrem seus campos da maneira que lhes aprouver".[130] As próprias palavras "sêmen" e "esperma" significam semente, e "fértil" e "infértil" foram usadas somente para mulheres e o são até os dias de hoje, uma vez que a infertilidade era geralmente tida como culpa delas. ("Estéril", outra palavra usada somente para mulheres, parece ter sido retirada do léxico.) Às vezes, o campo parecia ter uma consciência própria, mas isso não era bom: "Por que você semeia onde o campo está ávido para destruir o fruto?", escreveu o santo João Crisóstomo no século IV, atacando os "remédios da esterilidade", ou seja, ervas contraceptivas, como sendo "piores do que o assassinato".[131] A metáfora da mulher como um

---

[129] Miriam Lichtheim (ed.), *Ancient Egyptian Literature; A Book of Readings*, Berkeley: University of California Press, 1973.
[130] M.A.S. Abdel Haleem (ed.), *The Qur'an*, Nova York: Oxford University Press, 2004, Sura 2:223.
[131] Christine Gudorf, "Contraception and Abortion in Roman Catholicism", in Sacred Rights: The Case for Contraception and Abortion in World Reli-

campo de propriedade do homem persiste nos dias de hoje. Ellen Willis cita Ken Kesey sobre considerar o aborto errado mesmo nos casos de estupro: "Você não extirpa o milho porque a semente foi plantada com a pá do vizinho".[132] Hoje, sabemos que não existe o tal homúnculo – um óvulo fecundado é o produto de ambos os sexos e não parece nada com uma criança, apesar dos opositores ao aborto frequentemente o chamarem assim. Mas o homenzinho vive como uma imagem mental: o óvulo fecundado como uma pessoa completa que por acaso tem uma única célula. Mesmo depois de já ter viajado através das trompas de falópio para se fixar na parede do útero (um processo que não acontece antes de seis a 12 dias após a fertilização) e se tornado tecnicamente algo chamado de blastocisto, ele tem apenas 70 a 100 células. É somente a partir desse estágio que a ciência médica afirma que a gravidez começa – porque a ciência médica vê a gravidez na medida em que o corpo da mulher sofre mudanças para produzir um bebê, não como uma mini criança imaginária ou teórica que ninguém sabe que está lá. Mas o blastocisto ainda não é uma pessoa, o que quer que essa palavra signifique. Sim, seu DNA é exclusivo do indivíduo-potencial, mas não é o mesmo que aquele indivíduo. Seu DNA não é você. Ele seria mais algo como as instruções básicas sobre você. O DNA é para uma pessoa aquilo que uma planta arquitetônica é para uma casa. Assim como com as casas, as instruções são somente um esboço. Todo tipo de condições particulares, desde a mistura hormonal e níveis de estresse da mãe durante a gravidez até o amor, a alimentação e os estímulos intelectuais dos pais depois do nascimento,

---

gions, 2003, p. 63.
132 Ellen Willis, "Abortion: Is a Woman a Person?", in Nona Willis Aronowitz (ed.), *The Essential Ellen Willis*, Minneapolis: University of Minnesota Press, 2014, p. 92.

ajudam a determinar como seus genes se expressam ou não. Se pudéssemos clonar Mozart hoje, ele poderia ser brilhante ou um malandro charmoso, mas não seria Wolfgang Amadeus Mozart. Para isso, precisaríamos da Áustria do século XVIII, além do mais exigente dos pais, Leopold Mozart. A ideia de que um óvulo fecundado, um embrião ou até um feto pré-viável é uma pessoa é tão problemática que o estudioso do Direito e filósofo Ronald Dworkin argumentou em seu livro *Domínio da Vida: aborto, eutanásia e liberdades individuais* que poucas pessoas realmente acreditam nisso, mesmo se insistem que sim:

> A exaltada retórica do movimento "pró-vida" parece pressupor a afirmação derivativa de que um feto já é, desde o momento de sua concepção, uma pessoa em sua plenitude moral, com direitos e interesses de importância igual aos de que qualquer outro membro da comunidade moral. Muito poucas pessoas, porém – mesmo aquelas que pertencem aos grupos mais radicalmente antiaborto –, realmente acreditam nisso, digam o que disserem.[133]

Dworkin não se debruça nos 7 a 20% dos norte-americanos que nas pesquisas defendem a proibição completa do aborto, ou no fato de que tais proibições são legais em cerca de 33 países, a maioria subdesenvolvidos.[134] Em vez disso, ele observa que muitas das pessoas que dizem que o zigoto/embrião/feto é uma pessoa com direitos humanos plenos acreditam que o aborto seja permissível – trágico e problemático, mas permissível – para salvar a vida da mulher grávida. Se eles realmente o vissem como uma pessoa, não poderiam permitir o aborto da mesma

---
133 Ronald Dworkin. *Domínio da Vida: aborto eutanásia e liberdades individuais* [trad. Jefferson Luiz Camargo]. São Paulo: Martins Fontes 2003, p. 15.
134 David A. Grimes et al., "Unsafe Abortion: The Preventable Pandemic", *The Lancet 368*, n. 9.550, dezembro de 2006.

forma como jamais permitiram que um médico matasse um de seus pacientes para dar a outro um novo coração, mesmo se o primeiro paciente estivesse gravemente ferido e sem chances de recuperação. Dworkin observa que muitos dos que acreditam na personalidade civil do feto são capazes de permitir, com relutância, que o aborto seja legal não somente quando a vida da mulher esteja ameaçada mas também em outras circunstâncias extremas – quando uma mulher concebe a partir de estupro ou incesto, ou pode ficar gravemente ferida por prosseguir com a gravidez e o parto, ou quando ela corre o risco de ter um bebê com problemas tão graves que ele não resistiria e morreria rapidamente. O fato de algumas pessoas dizerem que o feto é uma pessoa desde o momento da concepção e entretanto permitirem essas exceções leva Dworkin a pensar que elas não acreditam realmente no que dizem. Na verdade, ele argumenta, a maioria das pessoas que diz que acredita na personalidade civil do feto realmente acredita que a vida humana é sagrada, inviolável, de grande valor:

> Acreditam que o feto é uma criatura humana, viva em desenvolvimento, e que algo intrinsecamente mau ocorre, uma espécie de vergonha cósmica, sempre que a vida humana em qualquer estágio é deliberadamente eliminada.[135]

Talvez se aqueles que alegam que zigotos são pessoas tivessem que passar uma semana debatendo com Ronald Dworkin, eles cairiam exaustos e admitiriam que um óvulo fecundado não é a mesma coisa que uma criança de cinco anos. Talvez eles admiti-

---

135 Ronald Dworkin. *Domínio da Vida: aborto eutanásia e liberdades individuais* [trad. Jefferson Luiz Camargo]. São Paulo: Martins Fontes 2003, pp. 15-16.

riam que ficariam muito mais comovidos com um incêndio que matou 400 trabalhadores em uma fábrica ou jovens em uma casa noturna – ou mesmo, vai saber, 400 cavalos numa fazenda – do que um incêndio em uma clínica de fertilidade que destruiu 400 embriões. Imagine se, nesse incêndio, um bombeiro ignorasse os gritos dos funcionários e pacientes da clínica e, ao invés de socorrê-los, corresse para salvar os embriões baseado no fato de que eles são crianças e, por isso, mais indefesos do que os adultos encurralados. Talvez aqueles que dizem que acreditam que óvulos fecundados são pessoas admitiriam que este bombeiro estava indo longe demais em suas convicções. Mas talvez não: ao imaginar uma escolha entre uma menina de cinco anos e dez embriões, George e Tollefsen argumentam que "se Jones é a mãe, pai ou avó dos embriões, Jones bem poderia escolher resgatá-los, e a maioria das pessoas não veria isso como imoral".[136] Uma definição de fanatismo: quando você imagina, sem provas, que a "maioria das pessoas" compartilha das suas convicções delirantes.

Domínio da vida é um livro brilhante, mas nas duas décadas desde a sua publicação a noção de que "o nascituro" é uma pessoa a partir do momento da concepção cresceu e se tornou muito mais influente. É o argumento mais comum e poderoso contra o aborto legal, é o que faz os opositores se declararem como pró-vida. Não é o único argumento que eles usam. Eles frequentemente falam que o aborto é ruim para a sociedade: ao remover o medo da gravidez indesejada, encoraja-se o sexo antes do casamento e, desta maneira, enfraquece-se a família; banaliza todo o sexo ao desconectá-lo da reprodução, mesmo dentro do casamento; incentiva as pessoas a serem egoístas e

---

136 Robert P. George e Christopher Tollefsen , *Embryo: A Defense of Human Life*, p. 138.

materialistas, faz com que as mulheres se afastem de sua verdadeira vocação como mães, libera os homens da responsabilidade e assim por diante. Mas tais argumentos não irão persuadir as pessoas que não compartilham dessa visão sobre a mulher, o sexo e a vida familiar: eles são, afinal, os mesmos argumentos usados contra os métodos de contracepção, e esses métodos são bastante populares. Rick Santorum[137] foi ridicularizado quando falou sobre "os perigos da contracepção neste país": "Não é certo. É uma licença para se fazer coisas no âmbito sexual que é contra a forma como as coisas devem ser".[138]

Por outro lado, dizer que "a vida começa a partir da concepção" soa como um fato científico simplista: quando o espermatozoide encontra o óvulo, uma nova vida começa. Esse argumento permite que os opositores deixem em segundo plano os problemas sociais e políticos que o aborto levanta: como, por exemplo, as mulheres poderão prosperar enquanto indivíduos – nem vamos dizer serem iguais aos homens – se num piscar de olhos podem ser obrigadas a se responsabilizar por filhos? E quanto o fato de que a criminalização do aborto recai com mais peso e crueldade sobre as mulheres de baixa renda pode ser um argumento contra essa postura. Mas, tudo que eles fazem é continuar a dizer "bebê".

---

137 Richard John Santorum (1958 -): político republicano da Virginia, foi deputado federal e senador federal por seu estado. Católico, é ligado a Opus Dei e às suas posições ultraconservadoras em matérias políticas. Ele se lançou sem sucesso às prévias presidenciais dos republicanos de 2012 e 2016.
138 Conselho Editorial de *The Washington Post*, "Rick Santorum Shows He's the Wrong Man to Be President", *The Washington Post*, 27 de fevereiro de 2012.

O ultrassom não prova que ali tem um bebê?

Em seu debate vice-presidencial com Joe Biden[139] em 2012, o candidato Paul Ryan do Partido Republicano disse: "Bem, você quer perguntar basicamente por que eu sou pró-vida? Não é simplesmente por causa de minha fé católica. Isso é um fator, claro. Mas é também por causa da razão e da ciência. Você sabe, eu penso em dez anos e meio atrás, quando minha esposa Janna e eu fomos ao Hospital Mercy em Janesville, onde eu nasci, para fazer o ultrassom de sete semanas de nossa primeira filha e vimos aquele coração bater. Nosso bebezinho era do tamanho de um grão de feijão. Desde aquele dia, apelidamos nossa primogênita Liza de 'Feijão'. Agora eu acredito que a vida começa na concepção".[140]

Ryan expressou o que muitos futuros pais sentem quando os médicos lhes mostram a primeira imagem granulada e cinzenta na tela do aparelho de ultrassom. Para as pessoas que estão ansiosas por ter filhos, como eu e o pai da minha filha, é um momento arrebatador. De repente, tudo parece tão real, tão concreto: aquele borrão será sua Olívia, seu Ben. Em um ritual feliz que mais pareceria ficção científica há algumas décadas, casais enviam e-mails com as imagens do ultrassom para

---

139 Joseph Robinette "Joe" Biden Jr. (1942 -), político democrata, é ex-vice presidente norte-americano, tendo feito parte da chapa de Barack Obama nos seus dois mandatos (2009-2017). Biden foi o primeiro vice-presidente católico da história dos Estados Unidos (o único presidente norte-americano católico, por sinal, foi John Kennedy, também democrata, a exemplo da maioria das candidatos presidenciais favoritos entre a comunidade católica norte-americana). De origem irlandesa, Biden nasceu na Pensilvânia, mas se radicou no Delaware, um estado de preferência democrata, onde construiu sua carreira política, sendo um dos mais longevos senadores da história norte-americana. É também conhecido por suas posições conservadoras. Biden, como se sabe, também venceu a eleição da passagem em questão.
140 *Kaiser Health News*, "VP Debate: How Faith Informs the Candidates on Abortion", 12 de outubro de 2012, kaiserhealthnews.org/multimedia/2012/october/danville-debate-biden-ryan-abortion.aspx.

os amigos e família, publicam-nas no Facebook, colocam-nas na porta da geladeira. Ver a foto pode ser parte do processo de criação de vínculo, o trabalho imaginativo de ver a si mesmo como um progenitor, de tornar tudo isso uma realidade: *vou ter um bebê!* Eu me senti assim, apesar de a imagem ser apenas um borrão cinzento, como aquelas fotos que supostamente mostram o Monstro do Lago Ness. (Mulheres que abortam às vezes querem uma imagem do ultrassom de recordação – a vida é complicada.)

Ryan não estava apenas descrevendo sua empolgação de futuro pai, no entanto. Ele estava afirmando que ver o ultrassom e ouvir o batimento cardíaco do embrião provou, através "da razão e da ciência", que "a vida começa na concepção" (Não querendo ser chata, mas por que ouvir o batimento cardíaco prova qualquer coisa sobre o óvulo fecundado, que não tem batimento cardíaco?).

É verdade que a "razão" e a "ciência" podem nos dizer muito sobre o desenvolvimento fetal. Mas não podem explicar por que um embrião do tamanho de um feijão, um ser sem consciência e interesses próprios, tem o direito de usar o corpo de uma mulher, independentemente do custo para a mulher. Como o próprio Ryan reconhece, ele era "pró-vida" muito antes de ter visto aquele ultrassom (e eu continuei pró-escolha depois de ter visto o meu). O ultrassom confirmou aquilo que ele já acreditava. Por si só, na verdade, a razão e a ciência parecem sugerir o oposto daquilo que Ryan acredita: que um embrião que não pode pensar, sentir ou ser autoconsciente, não cumpre a definição de uma pessoa.

O fato de que o ultrassom teria alterado profundamente o debate sobre o aborto é um truísmo jornalístico e político. "Os ultrassons e a possibilidade de ver o nascituro trouxeram algo positivo para o movimento pró-vida e criaram uma dificuldade para o movimento pró-escolha", Marjorie Dannenfelser, presidente do Susan B. Anthony List,[141] disse à Diane Rehm na NPR em 2013, mas esse tipo de afirmação é mais antigo.[142] "Nenhuma tecnologia teve tanto impacto no debate do aborto como o ultrassom", escreveu a repórter do *The New York Times* Sheryl Gay Stolberg em um artigo de 1998, marcando o 25º aniversário da *Roe vs. Wade*. Stolberg descreve o efeito do ultrassom em uma mulher grávida:

"Sou pró-escolha", diz Leslie Singman. "Sempre fui e sempre serei." A sra. Singman, uma vendedora de 35 anos de Potomac, estado de Maryland, cresceu acreditando que nenhuma criança deveria ser indesejada. Ela contribui com dinheiro para a NARAL, e nunca pensou em questionar suas visões – até que engravidou e viu sua filha na tela do ultrassom. Ali, em um confuso preto e branco, flutuando no útero de sua mãe com 16 semanas de gestação, estava o minúsculo mas perfeitamente formado feto que se tornaria Leah Shayne Singman. "Eu via os dedos das mãos e dos pés e a forma de sua cabeça e corpo", diz a sra. Singman. "Eu via ossos em suas mãos, uma mão acenando para mim. Isso me fez pensar que aquilo era definitivamente uma vida crescendo ali".[143]

Será que esta mulher grávida de quatro meses realmente não pensou que havia "definitivamente uma vida crescendo ali" antes de ver o ultrassom? Não ficar menstruada, ter enjoo matinal, seios sensíveis, desejos estranhos, uma barriga inchada, e

---

141 Susan B. Anthony List é uma organização norte-americana antiaborto ("pro-life"). https://www.sba-list.org/.
142 The Diane Rehm Show, "States and the Debate Over Abortion Rights", transcrição, *The Diane Rehm Show*, 8 de abril de 2013, thedianerehmshow.org/shows/2013-04-08/states-and-debate-over-abortion-rights/transcript.
143 Sheryl Gay Stolberg, "The Nation; Shifting Certainties in the Abortion War", *The New York Times*, 11 de janeiro de 1998.

talvez até sentir o feto se mover não não foram suficientes para fazê-la sentir-se grávida tal como acontecia com as mulheres antes do ultrassom? Talvez não. Talvez as imagens de ultrassom realmente tenham mudado a forma como as mulheres vivenciam sua gravidez ao tornar pública e visual uma experiência privada e interna. Era a própria mulher, e somente ela, que experimentava a "vivificação" – os primeiros movimentos do feto que eram a prova tradicional de que um bebê estava chegando –, mas a mulher grávida tem a mesma relação com a imagem de um ultrassom que qualquer outra pessoa: ela não tem nenhum conhecimento privilegiado. Ao mesmo tempo, estes borrões confusos de alta tecnologia possuem uma enorme carga emocional: Leslie Singman imaginou que seu bebê estava acenando para ela. E pode até ser verdade que as imagens de ultrassom tornaram os abortos tardios mais desconfortáveis – não que as pessoas estivessem entusiasmadas com estes abortos antes. Mas, tendo em vista a prática onipresente do ultrassom durante a gravidez, era de se esperar que a oposição ao aborto tivesse aumentado radicalmente se este tivesse sido o efeito do ultrassom, mas não foi o que aconteceu. Praticamente toda mulher pró-escolha que teve um filho nas últimas três ou quatro décadas viu um ultrassom, assim como seus parceiros. A própria Leslie Singman teve o cuidado de dizer que ainda é pró-escolha. A maioria das 1 em cada 3 mulheres que ainda farão pelo menos um aborto até a menopausa também verão um ultrassom, tendo em conta que 6 em cada 10 mulheres que fizeram abortos já levaram uma gravidez até o final. De fato, tendo em conta que o principal intuito do ultrassom é diagnosticar malformações fetais, essa é uma tecnologia que provavelmente aumentou o número de abortos que acontecem por razões médicas.

"Brittany", uma jovem mulher afro-americana que entrevistei para este livro, ficou muito indecisa sobre fazer um aborto enquanto tentava juntar o dinheiro para isso. Ela finalmente decidiu não fazer o aborto depois de ter visto o ultrassom da 17ª semana. Quando me encontrei com Brittany, seu filho de três anos era um serzinho cheio de energia e alegria. Mas Brittany dificilmente seria uma garota propaganda do movimento pró-vida. Ela não só ainda apoia o direito ao aborto, como trabalha como conselheira em uma clínica de abortos. (Eu a conheci em uma reunião regional de profissionais que realizam abortos de modo independente.) E o ultrassom não foi o único fator de sua decisão: ela me contou que só pôde ter seu filho como uma jovem mãe solteira começando a vida por conta do apoio de sua família afetuosa e próxima. Se engravidar de novo num curto prazo, definitivamente considera fazer um aborto.

Em maio de 2014, 23 estados haviam aprovado leis regulamentando a realização de ultrassons antes do aborto.[144] Três estados exigem que o profissional de saúde descreva e mostre a imagem para a mulher e os demais exigem que ele se ofereça para mostrá-la. Depois de um enorme protesto condenando a prática como "estupro médico", o estado da Virgínia decidiu não obrigar o ultrassom transvaginal, mas no Texas este requerimento foi silenciosamente aprovado.[145] Alguns estados também obrigam que a mulher ouça o batimento cardíaco fetal. A lógica é de que as mulheres merecem receber essa "informação", mas se a preocupação é oferecer às mulheres todos os dados de que precisam para tomar uma decisão informada, não existiria uma lei no estado do Arizona protegendo médicos

---

144 Instituto Guttmacher, "Requirements for Ultrasound", *State Policies in Brief*, 1º de maio de 2014, guttmacher.org/state center/spibs/spib_RFU.pdf.
145 Emily Ramshaw, "In Texas and Va., Different Reactions to Sonogram Bills", *Texas Tribune*, 23 de fevereiro de 2012.

que intencionalmente retêm informações sobre malformação fetal.[146] Nem a legislação do estado da Virgínia teria passado e o governador McAuliffe teria assinado uma lei com a "cláusula de consciência" que permite que conselheiros genéticos retenham informações que eles acreditam que irão levar uma mulher a optar pelo aborto.[147] O objetivo de forçar as mulheres a fazer ultrassons, sejam eles medicamente necessários ou não, e forçar os médicos a descrever o feto e mostrar as imagens às mulheres é fazer com que elas se sintam ainda piores – *Você é uma péssima mãe! Olha só para esse bebê que você quer matar!*

As leis do ultrassom também servem a outro importante propósito que ganhou menos atenção: elas aumentaram os custos e complicações para a realização do aborto. Ao impor períodos de espera entre o ultrassom e o aborto (propositadamente para dar à mulher o tempo de mudar de ideia), conseguir realizá-lo passa a ser mais caro e demorado.[148] E ao exigir que ultrassons sejam feitos por um médico, e pelo mesmo médico que realizaria o aborto, a já complicada logística para a sua realização fica ainda mais complicada, principalmente para clínicas que devem trazer médicos de fora do estado. Curiosamente, nenhum estado exige que o ultrassom seja realizado por um médico para propósitos gerais. Meu próprio ultrassom foi realizado por um técnico do hospital. Nos centros de crise gestacional, os ultras-

---

146 Associated Press, "Senate Approves Bill on 'Wrongful Births'", *Arizona Capitol Times*, 6 de março de 2012.
147 Erin Matson, "How Virginia's 'Conscience Clause' for Genetic Counselors Could Set a National Precedent", *RH Reality Check*, 8 de abril de 2014, https://rewire.news/article/2014/04/08/virginias-conscience-clause-genetic--counselors-set-national-precedent/.
148 Instituto Guttmacher, "Counseling and Waiting Periods for Abortion", *State Policies in Brief*, 1º de maio de 2014, guttmacher.org/statecenter/spibs/spib_MWPA.pdf.

sons geralmente são realizados por voluntários sem nenhuma formação médica.[149] Opositores ao aborto afirmam que muitas mulheres mudam de ideia quando veem um ultrassom de seus embriões e fetos antes do aborto. "Então por que os profissionais de saúde que realizam abortos evitam mostrar imagens do ultrassom às mulheres?", pergunta o Lifenews.com. "Talvez porque cerca de 78% das mulheres que veem um ultrassom de seus bebês optam por não realizar o aborto."[150] Uma nota de rodapé direciona para um artigo de 2011 da revista *Time* sobre os resultados de um estudo da *Focus on the Family*[151] de 2008 sobre os efeitos de se ouvir o batimento cardíaco fetal, um estudo citado por Michele Bachmann[152], mas que posteriormente gerou uma retratação pela organização: "Não temos nenhum 'estudo' e não publicamos nenhum percentual desse tipo", afirmou um representante da *Focus on the Family*.[153] A Lifenews.com ainda citava este fato inexistente em 2013. A comentarista conservadora Rachel Campos-Duffy, esposa do representante Sean Duffy, afirmou que o verdadeiro número de pessoas que mudaram de ideia era "superior a 90%" e o *Family Research Council*[154] citou "um

---

149 Tracy Weitz, "What We Are Missing in the Trans-vaginal Ultrasound Debate", *RH Reality Check*, 1º de março de 2013, rhrealitycheck.org/article/2013/03/01/challenges-in-the-tr ans-vaginal-ultrasound-debate/.
150 Sarah Terzo, "78% of Pregnant Women Seeing an Ultrasound Reject Abortions", *Life News*, 7 de fevereiro de 2013.
151 N. do T.: Foco na Família, organização conservadora cristã sem fins lucrativos.
152 Michele Marie Amble Bachmann (1956 -), advogada, republicana, ex-senadora estadual e ex-deputada federal por Minnesota, ligada ao movimento ultraconservador Tea Party, também pleiteou a indicação do Partido Republicano à candidatura presidencial de 2012, fracassando.
153 Focus on the Family, "Focus on the Family Clarifies Option Ultrasound Numbers", 18 de outubro de 2011, focuson thefamily.com/about_us/news_room/news-releases/2011/20111018-focus-on-the-family-clarifies--option-ultrasound-numbers.aspx.
154 N. do T.: Conselho de Pesquisas da Família, organização conservadora cristã sem fins lucrativos.

diretor de um centro de recursos à gravidez em Baton Rouge, estado de Louisiana, que alegou que um assombroso número de '98% de mulheres que fizeram ultrassons escolheram prosseguir com as gestações'".[155] A gente começa a se perguntar como uma clínica de aborto consegue permanecer no mercado.

O projeto Politifact[156] investigou a afirmação de Campos--Duffy e descobriu que era falsa, embora, com base em um estudo, também descobriu que "algumas mulheres" realmente mudaram de ideia depois de ver um ultrassom. Outros estudos, também citados pelo Politifact, descobriram que mulheres se mantêm firmes em sua decisão de abortar.[157] Um estudo de 2014 publicado na revista científica *Obstetrics & Gynecology*, o maior já realizado até o momento, analisou os registros de 15.575 pacientes em uma clínica de Los Angeles e descobriu que, das 42,5% pacientes que voluntariamente viram o ultrassom, 98,4% mantiveram a decisão de interromper a gravidez. Das 1,6% que mudaram de ideia, todas faziam parte das 7,4% que ainda estavam indecisas.[158] Para este pequeno número de mulheres, ter a opção de ver o ultrassom pode ter interferido no equilíbrio da balança, como foi o caso de Brittany. (Escolher ver o ultrassom também pode ter ajudado a fortalecer a decisão das mulheres que prosseguiram com o aborto – talvez algumas estivessem aliviadas em ver que aquilo se parecia muito menos com um bebê do que elas esperavam). Mas o fato de que algu-

---

155 Jeanne Monahan, "Ultrasound Policy", *FRC*, frc.org/onepagers/ultrasound-examination-may-result-in-fewer-abortions-and-more-desired-pregnancies.
156 N. do T.: Projeto jornalístico de verificação de fatos.
157 Politifact, "More Than 90% of Women Change Their Minds About Having an Abortion After Seeing N Ultrasound, Rachel Campos-Duffy Says", 12 de julho de 2013, politifact.com/wisconsin/statements/2013/jul/12/rachel--campos-duffy/more-90-women-change-their-minds-about-having-abor/.
158 Mary Gatter et al., "Relationship Between Ultrasound Viewing and Proceeding to Abortion", *Obstetrics & Gynecology 123*, n. 1, 2014, p. 81-87.

mas mulheres indecisas voluntariamente viram o ultrassom e optaram pelo prosseguimento da gravidez não é um argumento para forçar a exibição do ultrassom para todas as mulheres, cuja maioria escolhe não o ver. Talvez o objetivo mais importante, no entanto, seja comover o público. Imagens de fetos no útero são há muito usadas para este propósito, de forma bastante dramática, como no filme de 1984 do Dr. Bernard Nathanson, *O Grito Silencioso*, que pretende mostrar um agonizante feto de 12 semanas silenciosamente lutando contra um aborto em processo. Mas as imagens fetais podem ser enganosas: em *O Grito Silencioso*, um embrião do tamanho de um limão ficou parecendo grande como uma criança. E os ultrassons distorcem a realidade de uma maneira mais sutil: você só consegue fazer uma imagem do embrião ou feto se apagar a imagem da mulher grávida. Assim como a famosa ilusão de ótica do Vaso de Rubin, onde temos um vaso e dois rostos, não se pode vê-los todos ao mesmo tempo. Em um ultrassom, o feto é o objeto, a mulher é o plano de fundo; a condição para revelar a personalidade do feto é transformar a mulher em um papel de parede branco e cinza.

Emendas da personalidade civil[159]

Desde 2007, um movimento altamente organizado tentou aprovar iniciativas de votações adicionando "emendas de personalidade civil" às constituições estaduais em mais de uma dúzia de estados.[160] Estas emendas normalmente declaram "os termos que as pessoas devem aplicar a todo ser humano em qualquer estado de desenvolvimento".

Até o momento, as emendas de personalidade civil foram derrotadas universalmente nas urnas, mesmo no estado do Mississippi, onde os eleitores rejeitaram a Proposição 26[161] em

---

159 Personalidade civil é uma ficção jurídica mediante a qual se reconhece identidade jurídica para uma dada coisa, para que ela possa, assim, ao menos ter direitos subjetivos. Nos Estados Unidos, os critérios para tanto está determinado pelas constituições estaduais, enquanto no Brasil isso está delineado no Código Civil, que é uma lei federal, apenas alterável mediante do Congresso Nacional ou por decisões do Supremo Tribunal Federal em matéria de interpretação, recepção e outras questões técnicas. Portanto, modificações desse tipo no Brasil não poderiam ser feitas por consultas públicas estaduais, uma vez que sequer se pode emendar a Constituição Federal ou as constituições estaduais mediante consulta, nem esse assunto é constitucional ou estadual no nosso país. Contudo, tanto nos Estados Unidos quanto no Brasil, resta a tentativa de atribuir personalidade jurídica plena ao óvulo fecundado, isto é, quando ocorre a vida em sentido jurídico, o que levaria a qualquer forma de aborto ser equiparado ao homicídio. Na realidade brasileira, se tentou algo parecido com a aprovação do Estatuto do Nascituro, um projeto de lei federal que pretendia atribuir personalidade jurídica plena ao nascituro, o que entraria em conflito com as duas únicas exceções em que o aborto é permitido no Brasil, isto é, caso de risco à saúde da mãe ou gravidez causada por estupro – por sinal, no Brasil o aborto é considerado como crime doloso contra a vida, sendo as exceções à sua realização, na verdade, as duas excludentes de ilicitude do tipo penal previstas no art. 128 do próprio Código Penal (considerando que a interrupção da gravidez em casos de anencefalia foi permitida por decisão do STF, mas não é considera juridicamente como forma de aborto).
160 Abigail Pesta, "Personhood USA's Keith Mason Eyes Election Day 2012", *Newsweek*, 25 de junho de 2012, mag.newsweek.com /2012/06/24/personhood-usa-s-keith-mason-eyes-election-day-2012.html.
161 N. do T.: Proposta de lei do estado do Mississippi para alterações na legislação do aborto, reconhecendo que um óvulo fertilizado é uma pessoa e o aborto um assassinato.

2011.¹⁶² Esta derrota foi amplamente aclamada como uma grande vitória pró-escolha: se os eleitores em um dos estados mais conservadores e religiosos não aprovaram a emenda, quem aprovaria? No entanto, os argumentos que significativamente mudaram o curso da história não eram sobre o direito de uma mulher interromper uma gravidez ou de usar contracepção emergencial. Eles estavam mais focados nas possíveis ameaças às medidas para tratamentos de fertilização, pesquisa de células-tronco e contracepção hormonal. Os especialistas em fertilização passariam a ser processados por procedimentos *in vitro* que destroem embriões? A pílula e o DIU passariam a ser ilegais? Os abortos espontâneos passariam a ser investigados como possíveis crimes? Mesmo os eleitores conservadores hesitaram em acrescentar uma emenda à sua constituição estadual que poderia ter consequências imprevistas e estranhas que logicamente se desdobrariam a partir da premissa da personalidade civil.

O homem por trás do movimento da emenda da personalidade civil, Keith Mason, da *Personhood* USA¹⁶³ (que conheceu sua esposa enquanto ambos protestavam na porta de uma clínica de abortos), poderia facilmente ter tranquilizado os eleitores de que sua proposta de lei não teria efeito sobre essas práticas benignas. Ao invés disso, ele parece ter feito de tudo para sugerir que ela teria, de fato, esses efeitos. "As mulheres, minha esposa, inclusive, certamente gostariam de saber se as pílulas que estão tomando matariam um indivíduo humano", disse à NPR.¹⁶⁴ Se uma mulher continuasse a tomar a pílula, apesar deste "conhecimento", ela poderia ser processada por assassinar

---

162 Denise Grady, "Medical Nuances Drove 'No' Vote in Mississippi", *The New York Times*, 14 de novembro de 2011.
163 N. do T.: Movimento norte-americano conservador cristão pró-vida.
164 Julie Rovner, "Abortion Foes Push to Redefine Personhood", *NPR*, 1º de junho de 2011, npr.org/2011/06/01/136850622/.

um número incalculável de "indivíduos humanos"? Ou pelos menos criar um risco, como alguém que deixa equipamentos agrícolas em lugares onde as crianças da vizinhança podem ir? Presumindo que Keith Mason é sincero, ele definitivamente acredita que o óvulo fecundado é uma pessoa e aceita as consequências dessa crença. (Vale ressaltar que a *Personhood* USA é uma organização declaradamente cristã, cuja principal missão "é servir Jesus defendendo aqueles que não podem falar por si próprios, os nascituros".)[165]

Apesar de todos os avisos das terríveis consequências médicas, legais e sociais ao conjunto dos cidadãos, 4 entre 10 eleitores do estado do Mississippi aprovaram a emenda – o maior percentual de um eleitorado estadual até o momento (Curiosamente, afro-americanos se opõem à emenda por uma larga margem, apesar do grande número de cristãos devotos). Ela foi apoiada por ambos os candidatos a governador; o vice-governador republicano Phil Bryant era corresponsável pela campanha *Sim no 26*[166] que distribuiu adesivos de carros pró-26 e ultrapassou todas as barreiras retóricas: ele invocou o Holocausto (óvulos fecundados eram como judeus "sendo conduzidos ao forno" por causa "de pessoas responsáveis pelo governo naquele momento") e descreveu o voto como "uma batalha entre o bem e o mal".[167] Em outras palavras, uma perda da 26 significaria "uma vitória de Satã". O adversário de Bryant, o prefeito democrata de Hattiesburg, Johnny DuPree, primeiro candidato ne-

---

165 Personhood USA, "About Us", personhoodusa.com/about-us/our-mission/.
166 Robin Marty, "Mississippi Personhood: They're Baaaacccckkkk!", *RH Reality Check*, 5 de março de 2013, rhrealitycheck.org/article/2013/03/05/mississippi-personhood-theyre-baaaacccckkkk/.
167 Irin Carmon, "Personhood's Mississippi Moment of Truth", *Salon*, 8 de novembro de 2011, salon.com/2011/11/08/personhoods_mississippi_moment_of_truth/.

gro a governador no Mississippi desde a Reconstrução[168], disse que votaria pela Proposta 26, apesar de sua preocupação de que ela poderia acarretar a proibição dos métodos contraceptivos e do aborto para vítimas de estupro. Pressionado pela vítima de um estupro particularmente brutal, DuPree reconheceu que sua filha teve uma gravidez ectópica e usou a fertilização *in vitro* para conceber seu filho e, por fim, disse, "Estou começando a ver que há questões... Eu disse que votaria sim e agora é muito tarde para voltar atrás. Isso me destruiria politicamente".[169] Não é todos os dias que um político é tão sincero, mas DuPree talvez estivesse certo. Nenhum político de um grande estado de qualquer partido estava disposto a exigir publicamente que a proposta não fosse votada. Este é um estado, afinal, onde, em 2003, a candidata a vice-governadora democrata, Barbara Blackmon, sugeriu que ela e sua oponente republicana, Amy Tuck, assinassem depoimentos juramentados afirmando que nunca tinham feito abortos (era uma forma pouco sutil de plantar na cabeça dos eleitores a suspeita de que Tuck já tinha feito um aborto. Tuck assinou e ganhou).

Bryant foi eleito governador, mas a emenda da personalidade civil não conseguiu o número suficiente de assinaturas para ser colocada em votação em 2015. Enquanto isso, a legislatura do estado de Dakota do Norte aprovou, e o governador assinou uma emenda da personalidade civil à constituição estadual que será votada em 2014. Não há exceções para estupro, incesto ou à vida e saúde da mulher. Como poderia? "Nenhuma exceção" é o que a personalidade civil fetal *significa*.

---

168 N. do T.: período de reconstrução do país após o término da Guerra Civil que durou de 1865 a 1877. Foi marcado pela reunião dos estados e reinserção dos ex-escravos afro-americanos.
169 Irin Carmon, "The Next Front in the Abortion Wars: Birth Control", *Salon*, 26 de outubro de 2011, salon.com/2011/10/26/the_next_front_in_the_abortion_wars_birth_control/.

O extremismo das emendas de personalidade civil é o motivo pelo qual algumas das principais organizações antiaborto como *National Right to Life* (Direito nacional à vida), *Americans United for Life* (Americanos unidos pela vida) e *Eagle Forum* se opõem a elas.[170] Em primeiro lugar, é quase certo que essas emendas sejam declaradas inconstitucionais pelas cortes, o que traz o risco de dar à Suprema Corte a oportunidade de consagrar a *Roe vs. Wade* como a lei absoluta em todo o país. É difícil imaginar a Suprema Corte declarando que a Constituição permite que estados proíbam o aborto para salvar a vida das mulheres. Mesmo o juiz William Rehnquist, em sua divergência à *Roe*, reconheceu que isso iria longe demais. Mais do que isso, o movimento antiaborto está obtendo êxito com a abordagem fragmentada, atacando os direitos e o acesso ao aborto de diversos ângulos: proibir abortos depois de 20 semanas segundo a teoria – rejeitada pela maioria das pesquisas – de que é a partir desse momento que o feto pode sentir dor; forçar clínicas a serem fechadas por regulações e requerimentos onerosos; impor restrições que aumentam o custo às pacientes e as forçam a ultrapassar o ponto em que clínicas locais poderiam realizar abortos. A emenda da personalidade civil foi excessiva para os eleitores do Mississippi – mas até o momento em que este livro era escrito, a única clínica de abortos remanescente no estado está aberta somente porque um juiz federal garantiu um pedido de liminar contra uma lei de 2012 que exige que todos os médicos da clínica tenham privilégios de admissão em um hospital local, sendo que nenhum deles os concederia. E o governador Bryant não desiste. Em seu discurso sobre a situação do estado

---

170 Grace Wyler, "Personhood Movement Continues to Divide Pro-Life Activists", *Time*, 24 de julho de 2013; Phyllis Schlafly, "The Personhood Amendment Is a Mistake", *Eagle Forum*, 6 de maio de 2010, eagleforum.org/topics/life/2010/personhood-5-06-2010.pdf.

em 2014, ele disse: "Neste infeliz aniversário da *Roe vs. Wade*, meu objetivo é acabar com o aborto no Mississippi".[171]

As emendas da personalidade civil não são somente estratégias legais dúbias; elas mostram a cara extremista do movimento justamente quando ele próprio está tentando colocar ênfase em restrições incrementais ostensivamente direcionadas à proteção das mulheres. Mas o efeito extremista das emendas não é necessariamente ruim para os opositores ao aborto. Elas fazem outras propostas soarem moderadas. Se os opositores mais expansivos e enérgicos querem banir completamente o aborto, juntamente com a pílula, o DIU, a fertilização *in vitro* e a pesquisa de células-tronco, uma posição de concessão razoável passa a ser: vamos tornar muito difícil o acesso ao aborto, ampliar as "cláusulas de consciência" e permitir aos empregadores isenções generosas das provisões de contracepção da Lei de Proteção e Cuidado ao Paciente, permitir a fertilização *in vitro* – mais bebês! – e não pensar muito sobre a pesquisa embrionária de células-tronco, porque mesmo que ela mate pré-embriões, algum dia nós próprios poderemos nos beneficiar dela. Antes que se perceba, os pró-escolha estão gastando suas energias para debater sobre qual o limite do risco para a saúde, a vida e a sanidade da mulher, se as leis que têm o poder de fechar a maioria das clínicas estaduais realmente têm o propósito de proteger a saúde das mulheres, e lutando pela cobertura das pílulas anticoncepcionais com base nas maravilhas que a pílula faz nos casos de cisto no ovário e acne.[172]

---

171 Mississippi Public Broadcasting. "State of the State 2013", 23 de janeiro de 2013, youtube.com/watch?v=VbOb_UHkoa0&feature=youtu.be.
172 Erik Eckholm, "Push for 'Personhood' Amendment Represents New Tack in Abortion Fight", *The New York Times*, 26 de outubro de 2011; Carmon, "Personhood's Mississippi Moment of Truth"; Tim Murphy, "Mississippi Dem Unsure What Personhood Does, Still Supports It", *Mother Jones*, 26 de outubro de 2011, motherjones.com/mojo/2011/10/mississippi-guberna-

Levando a identidade do feto a sério

Talvez você esteja pensando que tudo isso é muito misterioso. O que os óvulos fecundados têm a ver com abortos reais, que perturbam tanta gente? Claramente Dworkin está certo em se perguntar se muitas pessoas realmente acreditam que uma entidade de algumas poucas células é uma criança. Ou ele está errado? Sabemos que algumas pessoas pensam assim mesmo: o movimento antiaborto também se opõe ao tratamento de fertilidade e pesquisas de células-tronco que resultam na destruição de embriões. Nadya Suleman, a "octomãe", explicou que implantou todos os oito embriões que ela tinha mandado congelar anteriormente porque "eles são meus filhos".[173] Há mulheres que implantam os embriões congelados – conhecidos como "crianças floco de neve" – que sobraram de outras mulheres e veem isso como uma espécie de adoção, como acolher uma criança abandonada. "Para mim", comenta Tvelians no site da *Catholic News Agency*,

> é claramente um problema moral. Um embrião e uma criança não se diferem em espécie, somente no grau de desenvolvimento. Portanto, uma criança em adoção e um embrião num tubo de ensaio são moralmente equivalentes com a única distinção de que o último tem um risco maior de destruição caso não seja adotado.

Protestantes evangélicos são grandes apoiadores da adoção de embriões. Em 2006, quando George W. Bush[174] vetou a legis-

---

tial-candidates-unsure-what-personhood-does-supports-it.
173 Mike Celizic, "Octuplet Mom Defends Her 'Unconventional' Choices", *Today*, 6 de fevereiro de 2009, today.com/id/29038814/ns/today-parenting_and_family/t/octuplet-mom-defends-her-unconventional-choices/#. Uzg mua1dX2A.
174 George Walker Bush (1946 -), republicano, presidente americano entre 2001 e 2008, foi governador do Texas entre 1995 e 2000, sendo filho do

lação que aumentava o financiamento para pesquisas de células-tronco, ele foi cercado por "crianças floco de neve" em um editorial fotográfico que o colunista da *Time*, Joe Klein, disse que o fez "querer vomitar. É tão claramente político e cínico". Mas, curiosamente, a Igreja Católica ainda está se decidindo. A instrução do Vaticano de 2008, *Dignitas Personae*, sustenta que não há uma solução "moralmente lícita".[175] Por um lado, tanto a produção do embrião quanto a sua "adoção" envolvem técnicas artificiais de reprodução proibidas para os católicos. Por outro, ao final os embriões morrerão se não forem implantados. Portanto, pelo que parece, a "vida embrionária", que para a Igreja é superior às vidas das mulheres, não supera automaticamente *todas* as considerações: não necessariamente supera, por exemplo, as próprias restrições da Igreja contra a reprodução assistida.

Mesmo pelas contas generosas e não verificadas da *Nightlight Christian Adoption*[176] – que fez o máximo possível para popularizar a prática, a adoção de embriões não faz muito sucesso: a *Nightlight* alega que poucos milhares de bebês nasceram de embriões adotados desde o primeiro em 1998. De acordo com a *Time*, cerca de mil transferências de embriões aconteceram

---

ex-presidente George Herbert W. Bush (1989-1993). Bush pertence a um poderoso e antigo clã político norte-americano, tendo sido sob seu governo que ocorreram os ataques às Torres Gêmeas em 11 de setembro de 2001 e, por conseguinte, uma série de guerras iniciadas sob o pretexto da Guerra ao Terror, coincidentemente em países ricos em recursos minerais. Seu governo, após experimentar uma grande aprovação depois do 11 de setembro, terminou sob franca desaprovação, causada tanto pelos custos humanos das guerras quanto pelo agravamento da situação sócio-econômica norte-americana. Muitos analistas apontam que foi na sua gestão que houve a definitiva virada do Partido Republicano para a direita mais radical, apesar desse tipo de discurso já ter sido manuseado por outros republicanos a ocuparem a presidência dos Estados Unidos como Nixon e Reagan.
175 Congregação para a Doutrina da Fé, "Instrução Dignitas Personae", 20 de junho 2008, vatican.va/roman_curia/congregations/cfaith/documents/rc_con_cfaith_doc_20081208_dignitas-personae_en.html.
176 N. do T.: Agência de adoção pró-vida.

em 2011, com mais de um terço resultando em pelos menos um nascimento.[177] Levando em conta que existem cerca de 500 mil embriões armazenados em clínicas de fertilidade, o *Washington Times* estava certamente se permitindo incorrer em uma idealização quando afirmou que a adoção de embriões era "o último grito da moda".[178] Embora desde 2002 o programa de "consciência da adoção do embrião" tenha recebido entre 980 mil e 4,2 milhões de dólares de financiamento federal por ano, não há nenhuma campanha de alcance de massa por parte de organizações do direito à vida para encontrar lares uterinos para estes desafortunados menores abandonados.[179] Se suas intenções fossem sérias, os opositores ao aborto não deveriam exigir que o governo tratasse esses embriões como qualquer outra criança cujos pais não podem ou querem cuidar? Pais adotivos, afinal, recebem pensões e ajudas de custos. Por que não fundar um programa nacional para pagar mulheres para serem implantadas com estas criaturas desamparadas e indefesas? De fato, uma vez que os opositores ao aborto acreditam que as mulheres devem dar à luz mesmo se a gravidez for indesejada e a concepção tenha sido involuntária, eles não deveriam estar emitindo demandas severas para mulheres que se opõem ao aborto demonstrar sua crença na "vida" hospedando embriões órfãos independente de seus desejos pessoais ou circunstâncias? Se não existem circunstâncias atenuantes para uma mulher em busca de aborto, por que a adoção do embrião é algo que apenas as mais desejosas entre as desejosas irão assumir? O interesse do embrião é o mesmo. A diferença é que, no caso do aborto, o

---

177 Sarah Elizabeth Richards, "Get Used to Embryo Adoption", *Time*, 24 de agosto de 2013, ideas.time.com/2013/08/24/get-used-to-embryo-adoption/.
178 "Embryo Adoption Becoming the Rage", *The Washington Times*, 10 de abril de 2009.
179 US Department of Health & Human Services, "Embryo Adoption", 2013, hhs.gov/opa/about-opa-and-initiatives/embryo-adoption/index.html.

embrião está em uma mulher e não no freezer. E está na mulher porque ela fez sexo. Mais cedo ou mais tarde, o argumento contra os direitos ao aborto se resume a sexo. Sexo e mulheres.

Apesar das muitas palavras que acabei de gastar com isso, a questão da personalidade civil do feto é crucial para a posição antiaborto, mas não para a posição do direito ao aborto. Mesmo se todos decidíssemos definir que a personalidade civil inclua óvulos fertilizados, embriões e fetos, eles não teriam o direito de usar um corpo de uma mulher contra a sua vontade, a qualquer custo para ela mesma. As pessoas não tem o direito de usar umas às outras desta maneira: mesmo se eu for a única pessoa no mundo que pode salvar meu filho ao doar um rim, a decisão ainda é minha. Para o argumento antiaborto funcionar, os opositores ao aborto precisam dar um passo adiante. Eles precisam debater a ideia de que quando uma mulher faz sexo ela está assinando um contrato de levar qualquer gravidez resultante até o fim, custe o que custar. Mas quem diz que sexo implica neste contrato e que ele nunca pode ser restrito ou quebrado? Com quem a mulher assina esse contrato? Com o óvulo ainda não fecundado? Com o homem em sua cama? Com a natureza? Com Deus? E quem disse que há um contrato em primeiro lugar? E por que esse contrato que dá a vida às custas do corpo de alguém não faz exigências ao homem? E por que termina no nascimento? A noção do sexo como um contrato é somente mais uma maneira de afirmar que as mulheres não devem ser seres sexuais – mesmo com seus maridos – exceto naquelas raras ocasiões em que desejam conceber uma criança.

Vamos olhar novamente para a crença declarada de que a personalidade civil começa no momento da concepção. O que significaria levar essa visão a sério? Em primeiro lugar, derrubar a *Roe vs. Wade* seria um objetivo covarde e frouxo: como assim deixar os estados decidirem individualmente se as mulheres podem assassinar seus nascituros? Nunca permitiríamos que este fosse o caso com crianças já nascidas. "Cansada de cuidar de seu menino em fase de dentição? Mude-se para Nova York e o afogue, é seu direito!" Proteger o zigoto/embrião/feto exige legislação nacional, tal como a Emenda da Vida Humana à Constituição. Caso contrário, mulheres em estados onde o aborto fosse proibido se deslocariam em massa para estados onde fosse legalizado, como fizeram quando Nova York legalizou o aborto em 1970.[180]

Não, o aborto teria que ser ilegal mesmo naqueles trágicos casos em que a grande maioria, incluindo algumas pessoas que se dizem pró-vida, concordam em permiti-lo. Pesquisas com células-tronco embrionárias teriam que ser banidas, juntamente com muitos tipos de tratamentos de fertilidade. E apesar de as melhores pesquisas mostrarem que as pílulas anticoncepcionais, o DIU e contracepção emergencial não previnem a implantação do óvulo fecundado, você pode esperar passar o resto da vida lutando por esta questão.

Pelo fato de que a mulher em geral se torna ciente de uma gravidez depois de não ter ficado menstruada por um ou dois meses, ocorre um longo período de tempo em que, se ela esteve sexualmente ativa, ela não sabe que está hospedando um embrião. Algumas mulheres não percebem que estão grávidas por meses; elas confundem manchas de sangue com a menstruação normal, ou normalmente têm ciclos irregulares; elas não sentem os sintomas comuns da gravidez como enjoo matinal, ou o interpretam incorretamente ("preciso fazer dieta, ganhei cinco quilos"). Portanto, se o governo realmente quisesse proteger essas pequeninas e vulneráveis pessoas, ele deveria pensar na gravidez como a po-

---

180 Richard Perez-Pena, "70 Abortion Law: New York Said Yes, Stunning the Nation", *The New York Times*, 20 de abril de 2000.

sição padrão para a mulher da menarca até a menopausa. E teria que analisar milhares de regras e regulações e avaliá-las quanto aos possíveis riscos para esses zigotos e embriões. Se isso soa bizarro, não deveria. Em 2005, os CDC (Centros para Controle e Prevenção de Doenças) emitiram orientações sugerindo que todas as garotas e mulheres férteis pratiquem "cuidados pré-conceptivos": elas deveriam tratar a si mesmas – e serem tratadas por profissionais da saúde – como, na pungente sentença do *Washington Post*, "pré-grávidas, independentemente de estarem planejando engravidar logo".[181]

Dentre outras coisas, isso significa que todas as mulheres entre a primeira e a última menstruação devem tomar suplementos de ácido fólico, evitar fumar, manter um peso saudável e manter doenças crônicas como diabetes e asma sob controle... Embora a maior parte dessas recomendações sejam bastante familiares para as mulheres que estão grávidas ou tentando engravidar, especialistas dizem que é importante que as mulheres sigam esse conselho ao longo de suas vidas reprodutivas, porque cerca de metade das gravidezes não são planejadas e muitos danos podem ser causados a um feto entre a concepção e o momento em que a gravidez é confirmada.[182]

A coautora do estudo Janis Biermann inclusive advertiu que as mulheres evitassem fezes de gatos – ou seja, mulheres solteiras não devem apenas evitar "sexo de alto risco", elas também não podem ter um gato para consolar suas noites solitárias.

---

181 Kay Johnson et al., "Recommendations to Improve Pre-conception Health and Health Care – United States", *Morbidity and Mortality Weekly Report* 55, n. 4, 21 de abril de 2006, s/p.
182 January W. Payne, "Forever Pregnant", *The Washington Post*, 16 de maio de 2006, washingtonpost.com/wp-dyn/content/article/2006/05/15/AR2006051500875.html; Kay Johnson et al., "A Report of the CDC/ATSDR Preconception Care Work Group and Select Panel on Preconception Care", Centers for Disease Control, 21 de abril de 2006, cdc.gov/mmwr/preview/mmwrhtml/rr5506a1.htm

Nem é preciso dizer que nenhuma lista comparável foi concebida para os pais dessas futuras surpresas embrionárias (não exponha uma mulher à fumaça de seu cigarro ou infecção sexualmente transmissível, mantenha a caixa de areia do gato impecavelmente limpa, comece a economizar para pagamentos de pensão alimentícia).

Esta imagem de mulheres e meninas intimadas a viverem uma vida sóbria e de cautelosa moderação por 30 anos ou mais apenas pela pequena probabilidade de que, em algum momento, elas podem ficar acidentalmente grávidas (com um embrião que o CDC parece presumir que elas irão gestar até o fim) pode soar como algo saído de *O Conto da Aia*,[183] mas foi produto de uma consulta com organizações importantes e altamente respeitadas, incluindo o Colégio Norte-Americano de Obstetras e Ginecologistas e a Marcha das Moedas. Em vez de advertir os médicos a tratarem suas pacientes como se já estivessem grávidas ou prestes a ficar, por que o CDC não usou a ocasião para reduzir a zero as gestações acidentais?[184] Por exemplo, advertir os médicos para educarem pacientes sobre os diferentes métodos contraceptivos, em vez de só um ou dois, ajudá-las a encontrar algum com o qual elas fiquem felizes, ressaltar a importância da proteção continuada durante a troca de um método por outro, e se disponibilizarem para contatos de última hora para pacientes que precisarem trocar de método.

Se, como Jane Brody reportou no *New York Times*, um enorme número de mulheres abandona a contracepção porque pensa que seus médicos disseram que elas não podiam engravidar,

---

183 N. do T.: Romance distópico de Margaret Atwood; publicado em 1985 sob o título de *The Handmaid's Tale*.
184 Centers for Disease Control and Prevention, "Contraception: How Effective Are Birth Control Methods?", 28 de agosto de 2013, cdc.gov/reproductivehealth/UnintendedPregnancy/Contraception.htm.

quando, na verdade, elas estão normalmente férteis (cerca de 90% de chance durante dois anos de relações sexuais desprotegidas), não faria mais sentido que o CDC procurasse saber o que os médicos estão dizendo às suas pacientes para serem tão mal interpretados?[185] O fato de que o CDC pensou em proteger das mulheres os óvulos acidentalmente fecundados, e não proteger as mulheres dos óvulos fecundados acidentalmente, mostra o quão superficial ainda é a ideia de que as mulheres estejam realmente no controle de sua fertilidade. A gravidez é para o CDC algo que acontece *com* as mulheres, para o qual, idealmente, elas devem estar prontas.

Se você realmente acredita na personalidade civil desde o momento da concepção, logicamente você deveria acreditar que a mulher fértil deveria ser legalmente impedida de trabalhos que representassem perigo, mesmo que mínimo, a qualquer zigoto ou embrião que elas possam estar abrigando, do mesmo modo que você apoiaria que se exija dos pais colocar seus filhos na cadeirinha no banco de trás do carro, mesmo que a chance de acontecer um acidente seja relativamente pequena. Mas, em 1991, a Suprema Corte decidiu o contrário no caso *United Automobile Workers vs. Johnson Controls*:[186] ela sustentou que empregadores não poderiam impedir que mulheres férteis trabalhassem em cargos que oferecessem riscos reais ou potenciais de causar malformações congênitas. Essa decisão foi uma importante vitória para as mulheres trabalhadoras – se a

---

185 Jane E. Brody, "Switching Contraceptives Effectively", *The New York Times*, 17 de setembro de 2012, well.blogs.nytimes.com/2012/09/17/switching-contraceptives-effectively/; National Health Service, "How Long Does It Usually Take to Get Pregnant?", *NHS Choices*, 21 de novembro de 2013, nhs.uk/chq/Pages/2295.aspx?CategoryID=54&SubCategoryID=127.
186 N. do T.: Decisão da Suprema Corte dos Estados Unidos, de 1991, que estabelece que políticas do setor privado que permitem que homens e não mulheres trabalhem conscientemente em ocupações de risco é discriminação de gênero.

lei tivesse caminhado para outro lado, elas teriam sido impedidas de executar uma variada gama de trabalhos, inclusive aqueles em que o risco era apenas um pretexto para mantê-las afastadas. Alguém que realmente acredite na personalidade civil do feto estaria lutando para que aquele veredicto fosse derrubado. Também seria legalmente imposto a mulheres grávidas seguir o conselho de seus médicos. Se seu médico disser que você precisa maneirar, mas você prosseguir com aquele trabalho fisicamente extenuante, ou se continuar correndo atrás de seu outro filho, você será claramente culpada de algo, assim como se você deixar seu bebê sozinho em casa e ele cair do berço. No momento, são geralmente as mulheres nos estágios mais avançados da gravidez que enfrentam esse tipo de atitude. Muitas mulheres têm sido forçadas a fazer cesáreas contra sua vontade, e são processadas se rejeitam o conselho do médico e têm bebês natimortos ou que morrem em seguida.[187] Centenas de mulheres em todo o país foram presas sob acusações de usarem drogas e isso ter resultado em um bebê natimorto ou com resultado positivo no teste de drogas.[188] As "leis de feticídio", criadas para proteger mulheres grávidas do assédio por parceiros hostis, estão sendo usadas contra as próprias mulheres – mesmo quando nenhum dano foi causado ao feto.

No estado de Iowa, em 2010, Christine Taylor, mãe de duas crianças, caiu na escada e, quando estava no hospital para cer-

---

187 Amelia Thomson-DeVeaux, "Arizona Woman Fights Her Hospital on Forced Cesarean Section", Care2, 5 de outubro de 2009, care2.com/causes/arizona-woman-fights-cesarean.html; ACLU, "Coercive and Punitive Governmental Responses to Women's Conduct During Pregnancy", 30 de setembro de 1997, aclu.org/reproductive-freedom/coercive-and-punitive-governmental-responses-womens-conduct-during-pregnancy.
188 Lynn M. Paltrow and Jeanne Flavin, "Arrests of and Forced Interventions on Pregnant Women in the United States, 1973-2005: Implications for Women's Legal Status and Public Health", *Journal of Health Politics, Policy and Law 38*, n. 2, 2013, p. 299-343.

tificar-se de que o feto estava bem, confessou à enfermeira que tinha considerado dar o bebê para adoção ou fazer um aborto porque seu marido a havia abandonado após ela engravidar desta vez, e ela estava preocupada pois teria que criar três filhos sozinha. A enfermeira chamou a polícia. No fim, Taylor não foi acusada – mas somente porque ela ainda estava no segundo trimestre e a "lei do feticídio" estadual cobria somente o terceiro trimestre.[189] Em Indiana, Bei Bei Shuai foi acusada de assassinato e tentativa de feticídio sob alegações de que o veneno de rato que ela ingeriu para tentar o suicídio enquanto estava grávida matou sua filha recém-nascida.[190] É interessante que Shuai tentou se matar depois que seu namorado, o pai da criança, anunciou que era casado e estava voltando para sua família. Para Shuai, Taylor e muitas outras mães processadas ou ameaçadas com processos por causa de seus comportamentos durante a gravidez, o fato de que seu parceiro abandonou a ela e ao seu futuro filho não tem qualquer interesse legal. Produzir aquele filho saudável e vivo é responsabilidade toda dela.

Alguém que realmente acreditasse não somente aplaudiria essas acusações – como muitos fazem –, mas, para ser logicamente consistente, deveria também querer expandir vastamente o alcance dessas leis para cobrir até mesmo os abortos espontâneos no início da gravidez, a perda dos embriões e fetos devido a atividades legais como beber, fumar, falhar no controle da diabetes e a exposição à violência doméstica e ao estresse. Cada aborto espontâneo deveria ser investigado como um possível crime – não só porque ele realmente pode ter sido um aborto ilegal, mas

---

189 Amie Newman, "Pregnant? Don't Fall Down the Stairs", *RH Reality Check*, 15 de fevereiro de 2010, rhrealitycheck.org/article/2010/02/15/pregnant--dont-fall-down-stairs/.
190 Ed Pilkington, "Indiana Prosecuting Chinese Woman for Suicide Attempt That Killed Her Foetus", *The Guardian*, 30 de maio de 2012.

porque ele pode ser o resultado de algo que a mulher fez. E talvez este seja o momento para salientar que cerca de 10% a 20% das gestações acabam em aborto espontâneo.[191] Por que o aborto espontâneo – 1 em cada 5 ou 6 "nascituros" – interessa tão pouco ao movimento que se denomina "pró-vida"? Onde estão as chamadas à *American Life League* (Liga Norte-Americana da Vida) e ao *Operation Rescue* (Operação Resgate) para uma cruzada nacional contra o aborto espontâneo? Para grandes somas a serem gastas em descobrir como preveni-lo? De fato, alguns centros de crise gestacional tentam dissuadir mulheres grávidas de interromper as suas gestações pedindo que elas esperem um pouco, porque talvez elas tenham um aborto espontâneo – problema resolvido. Isso não coaduna com a ideia de que a personalidade civil do feto seja uma prioridade em suas mentes, porque, do ponto de vista do feto, um aborto espontâneo é tão mortífero quanto uma interrupção intencional.

Na realidade, a personalidade civil fetal por si só é um termo errôneo. Sob sua égide, o feto é, na verdade, uma espécie de *superpessoa* – ele pode forçar coisas que nenhum bebê consegue. Ele pode tomar o comando da saúde e da vida de sua futura mãe, por exemplo. Não há nenhuma outra circunstância em que os pais devam emprestar seus corpos físicos para preservar seus descendentes, ou em que qualquer pessoa em geral deva fazer isso por outra pessoa. Os pais, claro, têm muitas responsabilidades sobre seus filhos que eles não têm em relação a outras pessoas, mas essas obrigações têm um limite.

Sendo assim, os pais não são obrigados a doar sangue aos seus filhos – muito menos um rim ou qualquer outro órgão vital – mesmo se forem os únicos doadores compatíveis e que o filho

---

191 Mayo Clinic Staff, "Miscarriage", Mayo Foundation, mayoclinic.org/diseases-conditions/pregnancy-loss-miscarriage/basics/definition/con-20033827.

morra caso não receba o órgão. Claro, somos livres para pensar que um pai que se recusasse a fazer este sacrifício seria um monstro; muitos pais exultariam em poder salvar a vida de um filho doando uma parte de seu próprio corpo. Talvez alguns leitores pensem que uma lei obrigando os pais a doarem sangue ou órgãos aos filhos seria uma boa ideia. Mas nunca veremos pais forçados por lei em um hospital, amarrados à força, anestesiados e privados de um rim. Claramente, há uma questão de discriminação de gênero quando leis contra o aborto exigem que mulheres emprestem seus corpos a óvulos fecundados por nove meses, sem contar o parto, mas os homens nunca são obrigados a dar um recipiente de sangue que seja para seus filhos nascidos.

Uma vez que você diz abertamente todas as consequências lógicas, a ideia de que zigotos, embriões e fetos são pessoas vem abaixo. Intuitivamente, muitas pessoas parecem entender que há algo errado com isso: o que explica porque metade das pessoas nos Estados Unidos dizem acreditar que o aborto seja assassinato, mas somente cerca de 1% diz que o aborto é o principal problema que o país enfrenta.[192] Isso explica porque políticos que votaram contra o direito ao aborto, como John McCain[193],

---

192 Karlyn Bowman e Jennifer K. Marsico, "Attitudes About Abortion", American Enterprise Institute, 16 de janeiro de 2014, aei.org/papers/politics-and-public-opinion/polls/attitud es-about-abortion-an-aei-public-opinion-study/.

193 John Sidney McCain III (1936 - 2018): político republicano e veterano da Guerra do Vietnã. Foi deputado federal e senador federal pelo Arizona ininterruptamente desde 1983, tendo perdido as prévias presidenciais republicanas de 2000 para George W. Bush, embora tenha conseguido a indicação de seu partido em 2008, quando foi derrotado por Barack Obama. Quando faleceu recentemente, ainda ocupava uma cadeira no Senado e era um dos parlamentares norte-americanos mais influentes, praticamente fazendo oposição ao seu colega de partido, e ora presidente, Donald Trump. McCain era frequentemente tratado por seus rivais como um conservador civilizado e um interlocutor confiável em contraste aos seus pares no Partido Republicano, radicais e imprevisíveis, embora em grande medida das vezes, essa diferença fosse muito mais discursiva do que prática: McCain concordava em grande medida com a agenda ultraconservadora de seus correligionários mais estridentes.

dão respostas pró-escolha quando lhes fazem perguntas desconfortáveis sobre o que fariam se suas filhas engravidassem de um estupro.[194] Ou porque mesmo os eleitores do Mississippi não quiseram que se fechassem as clínicas de fertilidade, apesar da "carnificina" de seus procedimentos com óvulos fecundados. Dizer que zigotos, embriões e fetos não são pessoas não significa que não tenham valor, especialmente se a gravidez progredir e o feto se tornar apto a sobreviver por conta própria. Dworkin estava certo sobre isso. A *Roe* efetivamente reconheceu isso ao dar direitos limitados ao feto no momento de sua viabilidade. Ele não é exatamente uma pessoa, mas é próximo o suficiente para somente poder ser destruído para proteger a mulher grávida. Se você quer dizer que o "nascituro" tem algum tipo especial de valia, você não precisa torturar o conceito de personalidade civil com esse propósito. Eles podem ser importantes por outros motivos que variam de um indivíduo para o outro e são difíceis de serem postos em palavras, mas envolvem um senso básico humano de conexão. No judaísmo, afinal, o feto se torna humano quando respira pela primeira vez. Quando os cristãos antiaborto citam o Antigo Testamento, eles ignoram milhares de anos de interpretação rabínica. Mas isso não significa que os judeus não perguntam a uma mulher como está o seu bebê, e não significa que façam abortos na véspera do nascimento.

Os opositores ao aborto estão presos na armadilha de ter se fiado na personalidade civil, um conceito que os força a assumir posições impossíveis e argumentos áridos, nos quais poucos acreditam e aos quais poucos aderem. E se nem eles mesmos seguem sua própria lógica, por que alguém mais deveria seguir?

---

194 Edward Walsh, "Queries Get Personal, McCain Gets Irritable", *The Washington Post*, 27 de janeiro de 2000.

CAPÍTULO 4
As mulheres são pessoas?

E se começássemos pelas mulheres? Afinal, elas estão bem aqui. Você não precisa mostrar um ultrassom a alguém para saber que uma mulher está presente; ninguém duvida que ela seja capaz de pensar, perceber ou sentir dor. Qual é o estatuto moral das mulheres? Quanto direito à vida tem uma mulher? Quanta personalidade civil ela tem? E o que dizer das almas *delas*? Muita gente acha que não conhece nenhuma mulher que tenha feito aborto. Provavelmente, essas pessoas estão erradas. O estigma do aborto é tão grande que as mulheres acabam sendo muito cuidadosas ao escolher com quem compartilhar essa informação. A socióloga Sarah Cowan, que estuda a prática de guardar segredos, descobriu que as mulheres têm uma probabilidade muito maior de falar a outras pessoas sobre seus abortos espontâneos do que sobre seus abortos eletivos, e quando confidenciavam às pessoas sobre estes últimos, só contavam para aquelas que elas imaginavam que não as censurariam ou desaprovariam. Isso pode parecer óbvio, mas as consequências talvez não: Cowan descobriu que os opositores ao aborto subestimam a prevalência do aborto em suas comunidades e, portanto, perdem possíveis conexões pessoais que podem ajudá-los a tornarem-se mais tolerantes.[195]

Mesmo as pessoas que são pró-escolha não necessariamente falam suas próprias experiências com o aborto em conversas –

---

[195] Sarah K. Cowan, "Secrets and Social Influence", University of California, Berkeley, 2013. Disponível em http://digitalassets.lib.berkeley.edu/etd/ucb/text/Cowan_berkeley_0028E_13220.pdf.

são experiências demasiado íntimas e podem ser usadas contra elas. Eu me lembro de um jantar uns anos atrás em que um dos convidados anunciou de maneira bastante agressiva que acreditava que o aborto era assassinato. Depois ele anunciou que sua esposa tinha feito um aborto. Sua esposa, a assassina, ficou olhando fixamente para o seu prato de comida e não disse nada. Vinte anos se passaram e eu continuo a me perguntar: no que ela estava pensando? E por que eu não perguntei nada para ela? Eu também fiquei olhando para o meu prato.

É muito mais fácil focar no feto. Ele não tem personalidade, história, motivos para serem escrutinados. Ele demanda muito pouco de qualquer um, exceto da mulher que o está carregando. Em grande parte do debate filosófico sobre o aborto, essa mulher praticamente nem existe. Robert George e Christopher Tollefsen habilmente constroem seu livro *Embryo: A Defense of Human Life* como um apelo contra a pesquisa de células-tronco e a fertilização in vitro, embora o aborto seja claramente seu maior alvo. Eles mal mencionam as mulheres. Mesmo Ronald Dworkin e Laurence Tribe, cujos livros apoiam os direitos ao aborto, estão essencialmente focados no estatuto do feto. As circunstâncias e razões das mulheres que interrompem suas gestações recebem apenas um aceno ou dois.

Se você começar o debate com as questões relativas ao feto, fica mais difícil retomar o foco nas mulheres que fizeram cerca de 55 milhões de abortos desde o advento da *Roe*, sem falar naquelas que fizeram abortos ilegais antes de sua aprovação, e que ainda os fazem em grande quantidade ao redor do mundo. Acaba-se discutindo basicamente pontos sem solução: se todos conseguirmos concordar que um feto é um bebê completamente formado no nascimento, o que fazemos com o dia anterior ao nascimento, com a semana anterior à viabilidade, ou quando ele pode sentir dor, ou quando tem um batimento cardíaco, ou quando foi implantado, ou no momento exato da concepção? Para os opositores ao aborto, não há um ponto lógico de interrupção, uma vez que o desenvolvimento fetal é um processo contínuo, o desdobramento de características inerentes. Também, para tornar o feto visível, o corpo da mulher deve se tornar invisível, de modo que os interesses do feto (se é que algo que não pensa ou compreende ou tem autoconsciência pode ter interesses) anulem os da mulher.

O que é estar terminando o ensino médio, não se sentir "pronta" para ter um filho, ou estar morando no seu carro em comparação à mera existência dessa pequenina e indefesa criatura? O aborto se torna uma competição de uma pessoa só, entre responsabilidade e impotência, vida e estilo de vida, inocência e experiência, que na verdade quer dizer inocência *versus* culpa. Ninguém descreve as mulheres grávidas como pequeninas, indefesas ou inocentes – elas são grandes e poderosas, elas podem até matar um bebê! Mas os fetos são sempre inocentes, muito mais inocentes do que bebês, que gritam, são agitados, são cheios de vontades e chiliques – como disse William Blake "um elfo escondido entre nuvens"[196] –, e um feto é muito mais inocente do que uma mulher, mesmo uma vítima de estupro, porque afinal de contas, o que ela estava fazendo com aquele vestido naquele lugar?

Então vamos considerar as mulheres. Hoje, nos dizem que as mulheres podem fazer o que quiserem e ser o que quiserem (bem, talvez não se forem negras, latinas ou pobres). Se elas não dominam o mundo, como foi dito em uma famosa matéria de capa do *New York Times*, é porque elas não querem – elas

---

[196] N. do T.: Trecho retirado do poema *Infant sorrow*, traduzido para o português por Renato Suttana.

preferem "deixar pra lá" suas carreiras ambiciosas e concentrar suas energias em criar filhos. Mas há um outro lado dessa história inspiradora. Para conseguir progredir na vida – ter uma boa educação, um diploma profissional ou de graduação, um emprego, um emprego melhor – uma mulher norte-americana heterossexual nos dias de hoje, a não ser que seja uma freira, passa cerca de 30 anos controlando sua fertilidade. Isso não é fácil. Cada método contraceptivo tem seus percalços: a pílula tem efeitos colaterais para algumas mulheres, o DIU é caro e sua inserção pode ser dolorosa, os preservativos exigem organização prévia e um parceiro com boa vontade e habilidoso, e assim por diante. Além disso, cada método tem uma taxa de insucesso, mesmo com um uso perfeito, e o uso perfeito por 30 anos é improvável: as pessoas são humanas. A complicação toda que envolve a contracepção é um dos motivos pelos quais a esterilização feminina é o segundo método contraceptivo mais popular nos Estados Unidos. Mas mesmo a esterilização tem uma taxa de falha.[197]

Milhões de mulheres passam por tudo isso, mês após mês – visitas ao médico ou à clínica, despesas do próprio bolso, efeitos colaterais, trocas de métodos, receitas de anticoncepcionais, idas à farmácia, controle do ciclo menstrual, acompanhamento das notícias sobre as pesquisas mais recentes – porque ter um filho é muito sério e tem um efeito muito profundo em todos os aspectos da vida de uma mulher. É um grande acontecimento físico, e um acontecimento emocional ainda maior. A gravidez afeta o acesso de uma mulher à educação, seus rendimentos de uma vida inteira, todos os seus relacionamentos e sua capaci-

---

197 Centro de Controle e Prevenção de Doenças, "Unintended Pregnancy Prevention: Female Sterilization", 7 de dezembro de 2000, cdc.gov/reproductivehealth/unintendedpregnancy/Sterilization.htm.

dade de realizar seus sonhos e viver uma vida que ela acredita ser a melhor para ela.

Mas, estranhamente, gestações indesejadas ou inoportunas são algo que a sociedade trata como se fosse uma coisa muito pequena, mesmo que os especialistas e os políticos alertem frequentemente sobre a gravidez na adolescência e a maternidade solo. Quando criamos obstáculos para o cuidado reprodutivo (o médico só tem horário livre no próximo mês, o posto de saúde fica muito longe, a farmácia não tem pílula do seguinte) e para as formas mais eficazes de contracepção, estamos dizendo que não é tão ruim assim engravidar quando você não quer. Ou claro, é ruim, mas você deveria ter pensado nisso antes de fazer sexo.

O que isso pode significar exceto que é a sexualidade das mulheres que as define, e não seus cérebros, aptidões, individualidades e caracteres, e certamente nunca suas vontades, ambições e desejos? Se permitimos que as vidas das mulheres seja tirada do prumo por um único espermatozóide, se carregar e criar filhos são coisas para as quais ele deveria estar pronta a qualquer momento da vida, é porque talvez não acreditemos que as mulheres importam tanto assim. O que importa é que elas fizeram sexo.

Julgamentos sobre a sexualidade das mulheres permeiam os debates sobre o aborto, em grande parte na tentativa de distinguir as mulheres boas das más. Mesmo as mulheres que foram estupradas são suspeitas. Como podemos ter certeza de que ela foi realmente uma vítima? O republicano Todd Akin ficou famoso por acreditar que a gravidez era prova de que não tinha acontecido "um estupro legítimo", porque "o corpo da mulher tem suas maneiras de interromper a história toda".[198] Mas o se-

---

198 John Eligon e Michael Schwirtz, "Senate Candidate Provokes Ire with 'Legitimate Rape' Comment", *New York Times*, 19 de agosto de 2012.

nador estadual de Dakota do Sul, Bill Napoli[199], imaginou com alguma vivacidade um caso em que uma vítima de estupro não somente ficou grávida, mas inclusive mereceu um aborto legal:

> Uma descrição verídica para mim seria uma vítima de estupro, violentamente estuprada, brutalizada. A menina era virgem. Era religiosa. Ela planejava guardar sua virgindade para o casamento. Ela foi brutalizada e estuprada, sodomizada de maneiras inimagináveis, e engravidou. Quer dizer, essa menina poderia estar tão prejudicada física e psicologicamente que continuar com aquela gravidez poderia ser uma ameaça à sua própria vida.[200]

E uma vítima de estupro que engravida e não era tão casta ou religiosa? Ela vai superar essa.

A obsessão com a virtude das mulheres contamina o debate do aborto mesmo para pessoas que querem que ele seja legal. Ela é promíscua? Usa drogas? Ela quer fazer um aborto por causa de uma dificuldade genuína ou está buscando um atalho? Se ela fosse uma pessoa séria e responsável ela não teria engravidado ("Essas pessoas nunca ouviram falar de camisinha?"). Então, fazer um aborto se torna uma evasão da responsabilidade de ser prudente e contido. Porém é justamente porque ter um filho determina tanto a vida de uma mulher e porque as mulheres levam as responsabilidades maternas tão a sério, que elas fazem abortos. Ao invés de reconhecer que a interrupção de uma gravidez para uma mulher envolve uma boa noção da capacidade de cuidar de uma criança – e que é por isso que

---

[199] William M. "Bill" Napoli (1948 -), outro político republicano, foi deputado estadual e depois senador estadual por seu estado entre 1995 e 2009, tendo usado grande parte dos seus mandatos para se opor ao direito ao aborto e polemizar de forma escandalosa com grupos pró-escolha e feministas.
[200] Public Broadcasting System, "South Dakota Law Bans Most Types of Abortion", *PBS NewsHour*, 3 de março de 2006, pbs.org/newshour/bb/law--jan-june06-abortion_3-03/.

ela não engravidou intencionalmente – fazemos o máximo que podemos para que ela sinta que é uma má pessoa.

A velha guarda dos opositores ao aborto nos primórdios do cristianismo acusavam as mulheres que procuravam abortos de egoístas e imorais. Ela conhecia sua própria consciência, sim, e era cheia de maldade. Ainda é fácil encontrar esse tipo de visão, mas os opositores ao aborto mais sagazes já se afastaram bastante desse ponto. Em vez disso, eles promovem uma visão paternalista da mulher como um ser ingênuo, impulsivo e infantil. Ela é coagida por outras pessoas, está tão perturbada que nem consegue pensar direito, não entende o que está em questão – mas porque o aborto viola sua natureza essencial como mulher, sua saúde mental e emocional ficarão abaladas, e quando ela perceber que matou seu bebê (algo que pode levar décadas), ela ficará arrasada pelo arrependimento e o remorso, portanto o aborto deve ser restringido e, em última instância, proibido – para proteger a própria mulher. A Marcha Anual para a Vida na cidade de Washington, frequentemente escala mulheres aos prantos que se colocam na frente do edifício da Suprema Corte e compartilham suas jornadas que vão do aborto ao desespero e, em seguida, ao arrependimento e à redenção através do retorno à Igreja Católica. Enquanto a narrativa da superfície é cheia de culpa ("matei meu bebê, nunca vou superar isso de verdade"), a narrativa velada culpa os demais: o namorado traficante que a forçou a fazer um aborto, o médico ou amigo que disseram que aquilo é só uma massa de células. No fundo, ela nunca quis fazer aquilo.

Quão comum é o arrependimento de ter feito aborto? Estudo após estudo ao longo dos anos afirmam que fazer um aborto não é psicologicamente prejudicial: qualquer tristeza que ele possa gerar é normalmente transitória. Muitas mulheres sentem somente alívio.²⁰¹ Mas, apesar da falta de provas, o mito do arrependimento de ter feito aborto é poderoso. Com efeito, o ministro da Suprema Corte, Anthony Kennedy, fez uso desse arrependimento em sua decisão no caso *Gonzales vs. Carhart*, que apoiou o Lei da Proibição do Aborto com Nascimento Parcial:²⁰² "Não parece algo excepcional concluir que algumas mulheres se arrependem da escolha de abortar a vida da criança que elas mesmas criaram e sustentaram". E quando essa mulher descobre a natureza tenebrosa do "aborto com nascimento parcial" torna-se "óbvio" que ela sentirá "um luto mais angustiado e uma dor mais profunda".²⁰³ Sem qualquer coincidência, esta foi a primeira vez que a corte apoiou uma restrição ao aborto que desconsiderava a exceção da *Roe* sobre a saúde da mulher. A avaliação de um médico sobre qual procedimento é o mais seguro para sua paciente teve um peso menor do que o desejo do ministro da Suprema Corte Kennedy de proteger um número desconhecido de mulheres daqueles sentimentos que ele próprio imputou a elas.

Algumas mulheres sofrem porque gostariam de ter prosseguido com suas gestações? Claro. As pessoas cometem erros, às vezes erros trágicos. Elas também podem acreditar que fizeram uma má escolha quando, na verdade, não tinham alternativa, ou que fariam novamente a mesma escolha se as circunstâncias

---

201 Susan A. Cohen, "Abortion and Mental Health: Myths and Realities", *Guttmacher Policy Review 9*, n. 3, 2006, p. 8-16.
202 N. do E.: Lei Federal aprovada por George W. Bush em 2003 que proíbe o procedimento conhecido como dilatação e evacuação ou dilatação e esvaziamento, onde ocorre a à dilatação do colo do útero e a evacuação cirúrgica do conteúdo do útero, sendo usado como método abortivo ou pós aborto para prevenir infecções assegurando que o útero esteja completamente evacuado. O movimento antiaborto usou o nome popular "nascimento parcial" como forma de chocar a opinião pública, o que ao final prevaleceu na lei sobre o termo técnico-médico.
203 Ministro Anthony Kennedy, "Gonzales vs. Cahart", Cornell University Law School, 18 de abril de 2007, law.cornell.edu/supct/pdf/05- 380P.ZO.

fossem semelhantes. Também pode acontecer que, se você faz um aborto e sua vida começa a dar errado depois, você pode formar um nexo causal, quando as coisas talvez fossem bem mais obscuras do que isso. Mas por que devemos deixar o sentimento de tristeza de algumas mulheres suplantar as escolhas de milhões de outras? Por que faria qualquer sentido falar sobre sentimentos no contexto da definição de como deve ser a lei? Afinal, a dúvida, a culpa e o arrependimento são questões que jamais se limitariam ao aborto. Quem não se arrepende de ter feito algumas escolhas? Mas ninguém proibiria o casamento porque quase metade deles acaba em divórcio, e ninguém proibiria a cirurgia plástica porque alguns pacientes prefeririam ter seus rostos antigos de volta. Se admitir isso não fosse um tabu tão grande, talvez até encontrássemos algumas mulheres que se arrependem de *não* terem feitos abortos – mas não veremos a Suprema Corte usando essa possibilidade para fechar maternidades. Permitir que as mulheres que se arrependeram de fazer um aborto representem todas as mulheres é mais uma maneira de dizer que as mulheres deveriam se arrepender de seus abortos, porque o aborto é errado e vai contra a natureza da mulher.

Falar em arrependimento é outra forma de dizer que uma mulher poderia ter feito alguma coisa diferente, que ter um filho sem querer não seria um problema grave, que o aborto era uma mera questão de "conveniência". Parece estranho descrever qualquer aspecto relacionado a ter um filho – gravidez, parto, amamentação, noites sem sono, 18 anos (pelo menos!) de cuidado intensivo e custos, com todo o tipo de consequências em todas as áreas da vida de uma pessoa – como algo meramente inconveniente. Ter que buscar a roupa na lavanderia ou estar na fila mais lenta do supermercado quando se está com pressa, *isso sim* são coisas inconvenientes.

A imagem do aborto como uma decisão casual com poucas coisas em jogo, como algo para o qual as mulheres são levadas ou empurradas, torna incompreensível o porquê das mulheres se esforçarem tanto para conseguir fazê-lo. Pense no seguinte: ela precisa de uma soma considerável de dinheiro e, com exceção das grandes cidades, precisa providenciar viagens, babás, dispensa do trabalho ou escola. Ela talvez tenha que atravessar hordas de manifestantes, passar a noite em algum lugar para cumprir o período de espera, ouvir a propaganda antiaborto obrigatória do governo para tentar assustá-la e fazê-la desistir. Ela talvez tenha que superar a reprovação da família ou amigos, além da autodepreciação, vergonha e os medos em relação ao procedimento em si. "HOJE mesmo", escreveu Margaret Johnston, administradora de uma clínica no norte do estado de Nova York, em um fórum particular para profissionais de saúde independentes, "uma paciente ouviu de um amigo que colocam um cabide com uma luz na ponta lá dentro e tiram o bebê 'pedaço por pedaço' de dentro dela". "Algumas mulheres perguntaram se a clínica era limpa", escreveu outro membro do fórum, "se os profissionais são médicos 'de verdade', ou acreditam que com absoluta certeza terão câncer, se tornarão inférteis etc., ou que *certamente* irão arder no inferno por terem feito isso". Longe de ser fútil ou facilmente intimidada, uma mulher que busca um aborto nos Estados Unidos hoje precisa ser prática, determinada, criativa e corajosa. Ela interrompe sua gravidez mesmo que isso signifique arder no inferno.

No centro da oposição ao aborto está uma visão antifeminista e antimoderna das relações entre os sexos: mulheres são (ou deveriam ser) maternais e domésticas, homens são (ou deveriam ser) enérgicos provedores, e o sexo é uma força poderosa e perigosa que deve ser estritamente canalizada, os pais devem controlar suas filhas para mantê-las virgens e as mulheres devem se recusar a fazer sexo com os homens para encurralá-los a casar cedo e ter filhos logo em seguida. Esta é a fórmula básica promovida pela educação sexual que ensina a abstinência exclusiva e pelo culto cristão à virgindade, promovido em bailes de debutante e campanhas como a Silver Ring Thing[204]. Essa não é mais uma visão expressa em círculos urbanos esclarecidos; na verdade, é tão raro que alguém expresse essa visão que o colunista católico conservador do *New York Times*, Ross Douthat, frequentemente defende aquilo que ele chama de "tradicionalismo moral", algo que pode parecer inteligente e original simplesmente por usar uma roupagem de alusões estilosas a esta antiquada e até violenta visão da vida. Em sua coluna "The Daughter Theory" (A Teoria da Filha), por exemplo, ele argumenta que o conservadorismo social protege as mulheres de tipos charmosos como o epônimo herói de Adelle Waldman no romance *Os Casos de Amor de Nathaniel P.*:

> Ele causa [infelicidade às mulheres] ao tirar proveito de um cenário social em que o sexo foi deslocado do casamento, mas a biologia não foi abolida, o que significa que as mulheres ainda operam num horizonte de tempo mais curto para algumas escolhas cruciais em suas vidas – casamento, filhos –, diferente dos homens. Neste cenário, o que Nate quer – sexo e a validação que vem com o fato de ser desejado – ele de fato consegue. Mas o que as mulheres com quem ele se relaciona querem, cada vez mais, na medida em que envelhecem – um compromisso mais permanente – ele consegue protelar com afinco, sentindo-se culpado mas não *tão* culpado assim em fazê-lo.[205]

---

[204] N. do E.: Programa norte-americano que incentiva adolescentes e jovens adultos a praticar a abstinência sexual antes do casamento.
[205] Ross Douthat, "The Daughter Theory", *The New York Times*, 14 de de-

Essa suposta preocupação com mulheres educadas desencaminhadas pelo feminismo ignora que as mulheres se beneficiaram amplamente com as mudanças sociais de que Douthat se lamenta – na verdade, foram as próprias mulheres que lideraram essas mudanças. Os economistas Claudia Goldin e Lawrence Katz expõem com riqueza de detalhes que, no minuto em que a pílula anticoncepcional se tornou disponível para adolescentes e universitárias, elas abandonaram o antigo modelo do casamento precoce e gravidez em seguida praticamente da noite para o dia.[206] (Nas décadas de 1950 e 1960, metade de todas as mulheres estavam casadas e 40% estavam grávidas até os 21 anos; na verdade, mães adolescentes eram muito mais comuns do que são hoje.) A pílula permitiu que as mulheres assumissem compromissos com a educação e o trabalho sem precisar abrir mão do sexo; elas poderiam ter ambições maiores e planos de carreira de alcance mais longo. Entre as décadas de 1970 e 1990, por exemplo, a pílula foi responsável por cerca de três quartos do aumento do número de mulheres que se tornaram médicas ou advogadas. (O aborto é o elemento menos mencionado na história do progresso para as mulheres, mas certamente ele tem seu papel. De fato, Caitlin Knowles Myers argumenta que o aborto legal fez mais do que a pílula para impulsionar essas mudanças.)[207] Nada na vida acontece sem complicações. Mas, no todo, poder ter os seus 20 anos para aprender, realizar coisas

---
zembro de 2013.
206 Claudia Goldin e Lawrence F. Katz, "The Power of the Pill: Oral Contraceptives and Women's Career and Marriage Decisions", *Journal of Political Economy 110*, n. 4, p. 730-70. Consultar também Martha J. Bailey, "More Power to the Pill: The Impact of Contraceptive Freedom on Women's Life Cycle Labor Supply", *The Quarterly Journal of Economics*, volume/nº. TK, 2006, p. 289-319.
207 Caitlin Knowles Myers, "Power of the Pill or Power of Abortion? Re--Examining the Effects of Young Women's Access to Reproductive Control", Institute for the Study of Labor, artigo para debate n. 6661, papers.ssrn.com/sol3/papers.cfm?abstract_id=2089710##/.

e se tornar uma adulta independente, autossuficiente, tem resultado em coisas boas para as mulheres, inclusive uma maior probabilidade de ter um casamento feliz. A visão nostálgica de Douthat sugere que suas colegas de faculdade e no *Times* seriam mais felizes como esposas e mães menos educadas, talvez com um emprego de meio-período para quando os filhos estiverem na escola, e o país seria um lugar melhor se os homens o dominassem ainda mais. Sério?

Essa visão também ignora as muitas crueldades que ancoravam o antigo sistema sexual, a retaliação social viciosa que recai sobre a menina que sai dos trilhos e para quem um casamento forçado (ou um aborto ilegal) não poderia ser arranjado: ser expulsa da escola, rejeitada pela família e amigos, ser enviada para um lar-maternidade e forçada a desistir de seu bebê e entregá-lo para adoção. A dor causada por estas velhas morais, descritas com nitidez por Ann Fessler em *The Girls Who Went Away* (As Meninas que Foram Embora), por Rickie Solinger em *Wake Up Little Susie* (Acorde, Pequena Susie) e inúmeros outros livros de memórias e ensaios pessoais, permeiam a busca de mulheres de meia-idade pelos filhos dos quais tiveram que abdicar, e a busca dos filhos pelas mães biológicas que perderam.

Entretanto, essa narrativa oferecida pelo conservadorismo social apresenta uma ideia coerente sobre como a vida deveria ser vivida, a qual nossa cultura ainda reverencia bastante. O medo de que garotas saiam totalmente do controle explica a popularidade de leis de notificação e consentimento parental para o aborto. Isso explica por que os pais ficam relutantes que suas filhas em idade de ensino fundamental sejam vacinadas contra o vírus do papiloma humano (HPV) sexualmente transmissível – por que colocar essas ideias em suas cabeças? E isso explica porque a pílula do dia seguinte foi mantida sob prescrição médica nos Estados Unidos por muitos anos depois de já ter sido disponibilizada amplamente em todo o mundo. Adolescentes "formariam seitas sexuais", disse um funcionário de George W. Bush ao FDA (*Food and Drug Administration*, agência federal para alimentos e drogas).[208] Homens mais velhos forçariam suas namoradas menores de idade a tomar o medicamento. Mulheres o utilizariam como "anticoncepcional". (Ao custo de 50 dólares, não é possível que haja muitas mulheres que a usem com regularidade, mas digamos que haja alguns casos, talvez até algumas adolescentes abastadas. E daí? Não é um dos métodos anticoncepcionais mais eficazes, mas é uma droga segura e inofensiva.) Apesar da promessa do presidente Barack Obama de usar a boa ciência para definir políticas, sua primeira secretária de Serviços Humanitários e de Saúde, Kathleen Sebelius, rejeitou a recomendação unânime de seu próprio painel de especialistas e se recusou a legalizar o medicamento para adolescentes. Ela teve que ser forçada por um juiz a tornar uma marca, a Plan B One-Step, disponível sem receita médica para todas as idades.[209] E, mesmo assim, até hoje as farmácias insistem que as restrições de idade ainda estão em vigor e se recusam a vender Plan B a adolescentes.

A questão é o sexo

Com muita frequência, o movimento pró-escolha concentra seus esforços combatendo os danos causados pelas leis, evitando encarar o debate sobre os costumes sexuais por trás dessas leis. Em relação a jovens com vida sexual ativa, os pró-escolha também dizem que a abstinência é melhor, com a contracep-

---

208 Russell Shorto, "Contra-Contraception", *The New York Times*, 7 de maio de 2006.
209 Jacki Calmes e Gardiner Harris, "Obama Endorses Decision to Limit Morning-After Pill", *The New York Times*, 8 de dezembro de 2011.

ção como contingência: os cintos de segurança que mantêm os passageiros seguros num carro em fuga. Em relação ao consentimento e notificação parental, medidas que são mais aprovadas pelos pró-escolha das bases do que as posições oficiais das organizações poderiam dar a entender, o foco é o risco da violência contra meninas em famílias abusivas e incestuosas (um ponto de vista popular entre os conservadores), não sobre a injustiça de permitir que os pais – quaisquer pais – forcem suas filhas a terem bebês. Em relação às mulheres que tomam a pílula, os pró-escolha subestimam o sexo como prazer, e raramente apresentam a liberdade sexual como uma coisa boa e um fim em si mesma. Não é de se admirar que muitos pró--escolha soem evasivos quando começam a falar sobre acne ou menstruações dolorosas como motivos típicos para se tomar a pílula: ninguém acredita que estes benefícios colaterais sejam a razão pelos quais mais de dez milhões de mulheres a usem. Quão revigorante seria se os líderes pró-escolha saíssem da toca e dissessem, "mas *é claro* que a questão da pílula é o sexo". Obviamente ela permitiu que as mulheres tivessem uma gama variada de experiências e parceiros sexuais – e sexo melhor, também. Imagine como seria para um casal ter que se preocupar com uma possível gravidez a cada vez que fizesse sexo? Por milhares de anos, os seres humanos tentaram separar o sexo da reprodução usando desde excremento de crocodilo a duchas de ácido bórico, até que finalmente descobrimos como fazê-lo. Obrigada, Margaret Sanger[210].

O movimento pró-escolha precisa apresentar uma mensagem positiva sobre o que a contracepção já fez, não somente

---

210 Enfermeira, sexóloga, escritora e ativista do controle de natalidade norte-americana. Foi a responsável pela popularização do termo "birth control" (controle de natalidade) no Estados Unidos". https://pt.wikipedia.org/wiki/Margaret_Sanger

pela saúde física das mulheres, como também pelo sexo, amor, casamento e vida familiar. O conciso livro de Cristina Page, *How the Pro-Choice Movement Saved America* (Como o Movimento Pró-Escolha Salvou os Estados Unidos), toca no cerne da questão: a possibilidade de determinar o momento e o número de filhos sustenta o *ideal* moderno de casamentos igualitários, íntimos e baseados no amor, companheirismo e apreciação sexual mútua. Isso torna os casamentos mais democráticos e menos rígidos em termos de papéis de gênero – sendo também melhor para as crianças, que recebem mais atenção dos pais e mais recursos. (Sei que isso parece mais cor-de-rosa do que a realidade da maioria dos casamentos, mas eu disse que ia falar do ideal.) Uma vez que a contracepção está longe de ser perfeita, o aborto legal é essencial para este modo de vida. Por que não dizer isso abertamente?

A relutância em dizer que o sexo é uma coisa boa e uma parte importante e gostosa da vida cotidiana para quase todas as pessoas permite que os opositores ao aborto caracterizem-no como um evento estranho e raro, que carrega um contrato implícito de ter um bebê nove meses depois. Isso também lhes permite promover uma moral dupla: o sexo pode ser parte da vida do homem, mas é nocivo e pode macular as mulheres a menos que seja resguardado pela religião, pela lei e por bênçãos paternas. Essa constante produção de culpa e condenação tem muito a ver com nossa taxa astronômica de gestações não planejadas: sexo fora do casamento é vergonhoso e errado; na melhor das hipóteses, um erro, na pior, um pecado; portanto, você não deve ser preparada em relação a isso; apenas deixe-se levar. A vergonha impulsiona abortos tardios também: se a mulher é culpada pelo sexo, mesmo se tiver sido estuprada, é melhor que ela nem pense nisso, não conte para ninguém, nem lide com o fato de que sua menstruação não vem há meses. Aliás, o melhor é ela conseguir se convencer de que aquilo nem foi sexo. De acordo com um estudo, 1 em cada 200 garotas adolescentes acredita que engravidou ainda sendo virgem.[211] A forma como distribuímos métodos contraceptivos reforça a ideia de que há algo incomum em relação a se ter uma vida sexual. Ainda é muito medicalizada, como se a mulher precisasse da permissão de um médico para fazer sexo sem correr o risco de engravidar. De acordo com o ACOG (Congresso Norte-Americano de Obstetras e Ginecologistas) e a *US Preventive Services Task Force* (Força tarefa dos serviços de prevenção dos EUA), não há razão médica para que se precise passar por um exame ginecológico para obter uma receita para a pílula, com um retorno anual para renová-la.[212] Este é um ponto importante, porque muitas meninas e jovens mulheres acham assustadora a perspectiva de ter um médico vasculhando dentro delas, então elas adiam o uso de anticoncepcionais. Com efeito, de acordo com o ACOG, as pílulas anticoncepcionais nem deveriam exigir receita.[213] O motivo citado frequentemente para justificar que a pílula seja mantida somente sob prescrição é que sua necessidade de ser renovada faz com que as mulheres se consultem com um médico para os exames anuais, incluindo o papanicolau. Mas isso não só é paternalista – os homens são forçados a fazer *check-ups* como um preço a pagar para renovar

---

211 Amy H. Herring et al., "Like a Virgin (Mother): Analysis of Data from a Longitudinal, U.S. Population Representative Sample Survey", *British Medical Journal 347*, 2013: s/p.
212 Stephanie Mencimer, "Holding Birth Control Hostage", *Mother Jones*, 30 de abril 2012.
213 The American College of Obstetricians and Gynecologists, "Committee Opinion: Over-the-Counter Access to Oral Contraceptives", dezembro de 2012, acog.org/Resources_And_Publications/Committee_Opinions/Committee_on_Gynecologic_Practice/Over-the-Counter_Access_to_Oral_Contraceptives.

suas receitas de viagra? –, também dificulta que as mulheres tomem a pílula continuamente. E se você precisar comprar pílulas agora e só conseguir marcar consulta com o médico no próximo mês? E se você estiver fora do país ou perder sua cartela? Os médicos deveriam se concentrar em como facilitar o acesso à pílula sem interrupção – poder fazer um estoque de um ano ajudaria – e não em como usar a necessidade de contracepção de uma mulher para fazer com que ela vá a um consultório.

Por que é tão radical a ideia de que a pílula não precise de receita e que o contraceptivo de emergência esteja nas prateleiras das farmácias e supermercados assim como aspirina e pasta de dentes, além de serem baratas o bastante para que as mulheres não precisem pensar duas vezes em usar sempre que passarem por um contratempo? É porque estamos no contexto errado, o social-conservador, em que parece natural que a sexualidade das mulheres (e não a dos homens) seja monitorada, regulada e motivo de preocupação. E ainda assim, o resultado final é o oposto do que muitos diríamos que queremos: fanáticos religiosos controlando a educação sexual; médicos, farmacêuticos e legisladores colocando obstáculos na capacidade das mulheres de controlar sua fertilidade; mulheres se arriscando com seus métodos contraceptivos ou abandonando-os completamente, ou ainda, jogando a roleta russa da gravidez porque comprar a pílula do dia seguinte é caro e complicado demais, e elas apostam no cálculo, talvez equivocado, de que as chances de engravidar são baixas.

Essas ideias do senso comum soam radicais também porque as mulheres não estão no centro do nosso pensamento, mesmo em se tratando de questões tão básicas para suas vidas, como o controle da própria fertilidade. Neste exato momento, nos Estados Unidos, as mulheres, em sua plena humanidade, estão tão longe do centro da política, das políticas sociais e do nosso modo de vida cotidiano, que sequer conseguimos ver isso. Desde cintos de segurança desenhados para a forma física mais larga do homem (se não colocasse a faixa do peito atrás de mim, eu seria enforcada em um acidente) a remédios testados somente em homens – até os ratos de laboratório são majoritariamente machos – até nossas ideias sobre quais qualidades deve ter um líder (altura, voz grave, gestos relaxados mas autoritários e padrões de discurso), os homens são a norma e as mulheres têm que se enquadrar. Se você acha que estou exagerando, por que nunca há longas filas nos banheiros masculinos dos teatros, como se o tempo que metade da humanidade precisa para fazer xixi fosse a quantidade certa, e o tempo que a outra metade precisa fosse uma deficiência intencional? Nosso modo de vida foi projetado por homens, para homens, seguindo os preceitos de tempos primitivos – às vezes absurdamente primitivos – e não mudou tanto quanto gostaríamos de pensar que mudou. O ponto mais crucial é que metade da mão-de-obra é feminina, mas o mundo do trabalho é organizado em torno do ideal de funcionário eternamente disponível. Qual seria o sexo desse funcionário, eu me pergunto? Aquele com uma mulher em casa.

Em 31 estados, um estuprador que engravida sua vítima pode processá-la para obter a guarda da criança ou direito a visitas.[214] (Esforços atuais para mudar isso são um raro exemplo de cooperação entre os pró-escolha e os opositores ao aborto). De fato, a forma como nossa sociedade lida com o estupro é baseada na suspeita de que a vítima mentiu sobre a consensualidade do sexo ou, de alguma maneira, "pediu" para que aquilo acontecesse. É a palavra de um contra a da outra, mesmo quan-

---

214 Shauna R. Prewitt, "Giving Birth to a "Rapist's Child": A Discussion and Analysis of the Limited Legal Protections Afforded to Women Who Become Mothers Through Rape", *Georgetown Law Journal* 98, 2010, p. 827-62.

do há ferimentos e lacerações vaginais (talvez ela goste assim?). E então existe uma cachoeira de absurdos vereditos sexistas.

Por exemplo: a Suprema Corte do estado de Iowa, que defendeu o direito de um dentista casado demitir sua assistente porque sua esposa acreditava que a atratividade física dela ameaçava o seu casamento.[215] Ou o juiz de Nova York que aprovou a demissão de uma funcionária de um banco porque sua beleza distraía muito.[216] Distraía quem? Uma pessoa pode desqualificar essas informações como meros artifícios, mas elas formam uma imagem de quem é que importa, quais necessidades e desejos são primordiais, quem detém as lentes com as quais a sociedade enxerga a sua existência.

Pronatalismo: a retaliação contra a emancipação da mulher

Os opositores ao aborto estão certos sobre uma coisa: para uma mulher, os direitos reprodutivos são a chave para todas as outras liberdades. Eles compreendem corretamente que a contracepção e o aborto dizem respeito a muito mais do que a saúde da mulher: são aquilo que permite que as mulheres tenham, no mínimo, a possibilidade de moldar as suas vidas. E, em sua opinião, isso não é bom, porque as mulheres – se forem brancas – deveriam estar tendo filhos. Como um bêbado desgrenhado no metrô me disse quando eu estava avançada na gravidez da minha filha, "Você está fazendo a coisa certa!" (Alguma vez na história algum bêbado disse isso a qualquer homem empurrando um carrinho de bebê?) Se uma mulher grávida é casada, de classe média e branca, os Estados Unidos sorriem vivamente para ela (se ela for solteira, pobre ou negra, nem tanto: ela está arranjan-

---
215 Michael Kimmel, "Fired for Being Beautiful", *The New York Times*, 16 de julho de 2013.
216 Maureen Dowd, "Dressed to Distract", *The New York Times*, 5 de junho de 2010.

do um jeito de viver do dinheiro de quem paga impostos). As mulheres ouvem constantemente que a maternidade é parte de sua maquiagem essencial; é o que elas realmente querem, bem lá no fundo, acima de qualquer outra coisa. Mas se isso for verdade, por que elas precisam ser constantemente lembradas do que, teoricamente, seu corpo inteiro já deveria estar levando-as a fazer? Se tudo fosse tão natural, elas já estariam fazendo normalmente. E por que é tão importante para outras pessoas que uma mulher cumpra esse papel da sua suposta natureza, em vez de um outro papel qualquer? É difícil escapar do pensamento de que o pronatalismo – a promoção de uma taxa de natalidade mais alta – não tem a ver efetivamente com o que uma mulher precisa ou quer. Diz respeito a todo mundo *menos* ela.

Há uma frequência contínua de polêmicas conservadoras alertando para todas as coisas terríveis que podem acontecer se as mulheres não tiverem filhos o bastante. Não haverá crianças o bastante para consumir, trabalhadores para manter a Previdência Social, jovens inteligentes para inventar coisas, norte-americanos para superarem os chineses na corrida pela dominação mundial. "A prática generalizada do aborto eliminou toda uma geração de bebês que de outro modo poderiam ter nascido", lamenta Jonathan Last em *What to Expect When No One's Expecting*[217] (ou O que esperar quando ninguém está esperando bebê – Ninguém? Ninguém mesmo?). Sem uma grande quantidade de jovens, o escritor de direita David Goldman se inquieta, a guerra se tornará impossível: "Um povo sem prole não aceitará uma única baixa militar".[218]

---

217 Jonathan V. Last, *What to Expect When No One's Expecting: America's Coming Demographic Disaster*, Nova York: Encounter Books, 2013, p. 18.
218 David Goldman (sob o nome Spengler), "The Peacekeepers of Penzance", *Asia Times*, 22 de agosto de 2006, www.atimes.com/atimes/Middle East/HH22Ak02.html.

Pais que não estão dispostos a sacrificar seus filhos em uma de nossas guerras sem sentido? Isso *seria* terrível. Muito dessa literatura é vagamente (ou abertamente) racista. São as mulheres brancas – eufemisticamente referidas como mulheres de classe média, mulheres educadas, mulheres com QI alto – que estão decepcionando o país (ou o continente – a Europa, onde o "inverno demográfico" impera, tem um papel muito importante nesse debate). E como essas mulheres têm mais capacidade para gerir sua fertilidade como lhes convêm, não surpreende que o pronatalismo coincida com argumentos contra a liberdade sexual, o feminismo, a maternidade solo, o aborto legalizado e a contracepção. A organização ultraconservadora *World Congress of Families* (Congresso Mundial de Famílias) frequentemente lamenta o declínio da "família natural" – um marido, uma esposa, muitos filhos – e o relaciona com o declínio do Ocidente e o triunfo vindouro do Islã.

Apelos nacionalistas desse gênero não têm grande chance de ir muito longe. Poucas mulheres terão filhos para derrotar os muçulmanos ou manter a Previdência Social superavitária, da mesma forma como não ouviam Theodore Roosevelt em 1905 quando ele investiu contra a contracepção por ser "maliciosa, fria, insensível, autoindulgente" que iria levar diretamente ao "suicídio" racial – ou seja, a ruína nacional através do declínio da população, principalmente aquela de ascendência anglo-saxã:

> Se a família média com filhos tiver somente duas crianças, a nação como um todo teria uma redução populacional tão rápida que em duas ou três gerações ela estaria merecidamente a ponto da extinção, para que as pessoas que agiram sob este preceito e a doutrina do egoísmo deem lugar a outras pessoas com ideais mais corajosos e robustos.[219]

---

[219] Theodore Roosevelt, "On American Motherhood", Discurso feito ao

Surpreendentemente, os argumentos de Roosevelt são os mesmos feitos pelos pronatalistas de hoje: os Estados Unidos rumo a lugar nenhum por causa da contracepção e do aborto, divórcio, hedonismo, carreiras de mulheres, investimento de recursos em uns poucos filhos em vez de um monte ou – o horror! – não ter nenhum filho e investir recursos em outras coisas. "Eu teria que voltar a morar com os meus pais e trabalhar por um salário mínimo numa floricultura", disse uma amiga que acabou de abrir seu negócio próprio de horticultura sobre o que seria de sua vida se ela tivesse mantido uma gravidez e tivesse um filho aos 20 e poucos anos. Ela não seria muito bem recebida pelos pronatalistas por causa de sua preferência "elitista" por um trabalho interessante e bem pago e um apartamento próprio. Pessoas fazendo o que querem. *Mulheres* fazendo o que querem. Nada de bom pode vir disso.

Na Europa Ocidental, o pronatalismo é parte do raciocínio por trás do forte apoio governamental às famílias, mas nos Estados Unidos, os pronatalistas raramente propõem o tipo de benefício social que poderia facilitar a vida daqueles que querem ter mais filhos: mensalidades gratuitas para pais voltarem à universidade, licença maternidade paga, serviços de apoio à infância e programas pós-escola, moradia subsidiada, suplementação de renda à famílias. Investimentos maciços deste tipo no contexto de uma sociedade mais igualitária ajudaram a aumentar (um pouco) a taxa de fecundidade na França e na Suécia.[220] Por contraste, os países com as taxas de fecundidade mais baixas são aqueles apegados aos modos patriarcais, que

---

Congresso Nacional de Mães, 13 de março de 1905, Washington, DC, nationalcenter.org/TRooseveltMotherhood.html.
220 Jan M. Hoem, "Why Does Sweden Have Such High Fertility?", Max Planck Institute for Demographic Research, 6 de abril de 2005, demogr.mpg.de/papers/working/wp-2005-009.pdf.

se recusam a acomodar mães que trabalham – Japão, Itália, Espanha, Grécia – mesmo considerando que, como a Alemanha, eles têm um avançado estado de bem-estar social. Pronatalistas deveriam defender o apoio a mães trabalhadoras, a aceitação da maternidade solo, a igualdade de gênero – uma das bases da sociedade sueca – ao invés de bater na tecla de incentivos fiscais, casamento e os efeitos fortificadores da religião na família. O fato de o populacionismo estar tão firmemente alinhado à plataforma republicana de conservadorismo social e econômico, ao invés das políticas social-democratas de bem--estar social e direitos das mulheres, mostra do que realmente se trata: forçar as mulheres a voltar para suas casas e recriar a década de 1950, ou na verdade apenas a década de 1950 tal como passava na televisão.

Os comentaristas pronatalistas podem ter o apoio do Partido Republicano, mas os argumentos direcionados às mulheres são revestidos de psicologia pop e culpa. Em *Creating a Life* (Criando uma Vida, publicado no Reino Unido com título ainda mais revelador de *Baby Hunger* ou Fome de Bebê), a economista Sylvia Ann Hewlett alertou as mulheres com alto nível de educação que, ao se concentrarem em suas carreiras, autodesenvolvimento e diversão aos 20 anos e até o começo dos 30, elas corriam o risco de perder a chance de se casarem e terem filhos, e acabariam vivendo suas vidas vazias e cheias de remorso. O polêmico *best seller* de Lori Gottlieb, *Marry Him* (Case com Ele), incentivou as mulheres de cerca de 30 anos a abandonarem a ideia de encontrar o *homem certo* e se concentrarem no *homem bom o bastante* antes que seus óvulos passassem do prazo. (Por que os livros a respeito da importância de se conseguir um homem nunca aconselham a mulher a se tornar uma pessoa mais bondosa, generosa e interessante? É sempre a mesma superficialidade: exija o mínimo e fique feliz se o conseguir.) A professora conservadora Helen Alvaré, conselheira da USCCB (Conferência dos Bispos Católicos dos Estados Unidos), usa a versão do Vaticano como argumento: a contracepção deixa as mulheres infelizes. É fisicamente prejudicial e não funciona muito bem, promove o que ela chama de "sexualismo" – ou seja, liberdade sexual – e causa filhos fora do casamento.[221] (Sim, você leu bem: controle de natalidade provoca natalidade). Restringir o acesso à contracepção é muito melhor para as mulheres: torna o sexo aquilo que irá "unir famílias e gerar filhos". Estou tentando me lembrar de pelo menos um único livro que promova o casamento, filhos e castidade para os homens, argumentando ser algo essencial para sua saúde e felicidade.

O que estes alarmistas conselheiros de mulheres deixam de fora é exatamente o que as próprias mulheres querem. Como, aliás, elas demonstram pelas escolhas que fazem, a maioria das mulheres prefere educação, emprego e "sexualismo" ao casamento precoce e uma penca de filhos. Não é apenas que as condições da vida moderna fizeram com que a ideia de uma família pequena e cuidadosamente planejada se tornasse a escolha mais sensata para a maioria das mulheres. Crianças são incríveis e o casamento pode ser delicioso, mas há mais na vida além de criar uma família, sempre houve.

Com exceção de alguns tropeços – os anos de *baby-boom*[222] no pós-guerra, por exemplo – a taxa de fecundidade norte-americana (número de crianças por mulher) vem diminuindo desde que Thomas Jefferson era presidente. Muito antes da urbanização, secularização, feminismo, métodos contraceptivos

---

221 Helen Alvaré, "The White House and Sexualityism", The Witherspoon Institute, 16 de julho de 2012, thepublicdiscourse.com/2012/07/5757/.
222 N. do T.: Definição para o fenômeno populacional de "explosão de bebês" nascidos após a Segunda Guerra Mundial nos Estados Unidos.

confiáveis e outros desenvolvimentos aos quais a redução da taxa de fecundidade são normalmente atribuídos, casais já estavam se esforçando para terem menos filhos do que a natureza lhes enviaria, usando quaisquer métodos primitivos que pudessem imaginar, inclusive o aborto. Talvez levando em conta as suas preferências, que elas raramente tinham, poucas mulheres realmente gostariam de estar casadas na adolescência e ter filhos a cada dois anos até que seus úteros saíssem para fora de seus corpos em exaustão. Em todo caso, a partir do momento que as mulheres conseguiram ter em mãos contraceptivos confiáveis e descomplicados – a pílula – elas tiraram grande proveito, não só em nações prósperas e industrializadas. Com algumas exceções notáveis – a África Subsaariana, por exemplo –, as taxas de fecundidade estão despencando no mundo todo. Em 1960, as mulheres na América Latina tinham uma média de seis filhos. Hoje, elas têm uma média de 2,3. No Brasil, as mulheres têm menos filhos do que nos Estados Unidos – de 1,8 a 1,9.[223] Isso levanta uma questão interessante: se a fertilidade está caindo em todo o mundo, de onde vêm aqueles progenitores conquistadores temidos pelos pronatalistas? O resto do mundo será tão velho e cansado como nós agora.

A contracepção permitiu que as mulheres investissem no ensino superior e em suas competências, entrassem no mercado de trabalho em maior número e fizessem mais dinheiro no decorrer de suas vidas. (Este é o mesmo fenômeno que os antifeministas usam para descrever as "mulheres de carreira" como sendo frias, materialistas e com ódio de homens). Como opor-se à contracepção soa retrógrado e bizarro, é o aborto quem leva a culpa. Os opositores ao aborto estão sempre falando so-

---

223 The World Bank, "Fertility Rate, Total (Births Per Woman)", 2012, data. worldbank.org/indicator/SP.DYN.TFRT.IN.

bre os milhares de trabalhadores e consumidores que foram assassinados no útero. Alguns até dizem que já existem muitos de nós, dada a crise ecológica global: quando Deus disse a Adão e Eva para serem férteis e se multiplicarem, a população do mundo consistia em duas pessoas. Em todo caso, uma pessoa pode presumir que os 55 milhões de abortos que aconteceram desde a *Roe* significaram menos 55 milhões de pessoas (muito menos do que os 85 milhões que os opositores ao aborto obtêm ao contar os filhos não-existentes desses filhos não-existentes). Por um lado, muitas dessas mulheres fariam abortos sendo eles legais ou não. Por outro, sem o aborto legal, poucas mulheres mais velhas teriam a chance de ter um filho, por causa dos riscos maiores de Síndrome de Down e outros problemas genéticos. Além disso, fazer um aborto não necessariamente significa que você pode acabar por ter menos filhos: pode significar que uma mulher quer ter aqueles dois filhos mais tarde. E se estar um pouco mais velha significa que ela tem melhores condições de criar o filho, isso não aumentaria a probabilidade de que eles se tornem cidadãos mais produtivos?

Casamentos tardios e famílias menores significam mais recursos intelectuais femininos disponíveis para o pensamento inovador, o trabalho criativo, o empreendedorismo e a liderança. Grandes talentos foram perdidos quando nossa sociedade se organizou para encaminhar as mulheres a se casar precocemente, ficar em casa com os filhos e trabalhar apenas casualmente, quando muito. (As mulheres negras, claro, nem esse luxo elas tinham). Pronatalistas se esquecem disso quando lamentam o declínio das taxas como sendo um desastre econômico. Também chega a ser engraçada a forma como eles insistem que a engenhosidade humana poderá superar o esgotamento de recursos naturais causado pela superpopulação (ou, como eles preferem, entre aspas: "superpopulação") e consumo exagerado, mas presumem que a mesma inteligência não consegue criar uma sociedade funcional se as mulheres não tiverem mais filhos, independente de ser isso que as próprias mulheres querem. E as pessoas que estão aqui agora? É aqui que vemos a parcialidade de classe e raça do pronatalismo. Nossa sociedade ignora milhões de jovens pobres, negros ou mestiços. Não os educamos bem, não os alimentamos bem e não os abrigamos bem. Colocamos muitos deles na prisão. Um "nome de gueto" em um currículo é como uma sentença de morte.[224] Alguns desses jovens vão entrar na meia idade sem nunca ter tido um trabalho fixo ou adquirido as competências necessárias para conseguir um. Milhões de jovens nunca terão a chance de desenvolver e expressar seus talentos. Não há nenhuma razão imutável para que a situação precise ser assim, mas os pronatalistas não parecem particularmente preocupados com isso. Estes jovens, além de seus pais e mães, e não os fetos abortados, são a nossa mão-de-obra em falta, os nossos gênios em falta.

Os opositores ao aborto adoram falar sobre gênios. Quem sabe quais maravilhas alguma pessoa que nunca nasceu poderia ter alcançado caso sua mãe não a tivesse assassinado no útero? (Se formos falar em metafísica, e quanto aos gênios que sequer foram concebidos). E se a mãe de Beethoven o tivesse abortado? Essa é uma questão que surge frequentemente na literatura antiaborto. (É estranho, mas ninguém fala da mãe de Hitler, ou dos irmãos problemáticos de Beethoven). Ninguém pergunta sobre a vida da mãe de Beethoven – um deveras miserável ciclo de gravidez, parto e óbito infantil. Teria Maria Magdalena Ke-

---

224 Marianne Bertrand e Sendhil Mullainathan, "Are Emily and Greg More Employable Than Lakisha and Jamal? A Field Experiment on Labor Market Discrimination", National Bureau of Economic Research, julho de 2003, nber.org/papers/w9873.

verich van Beethoven vindo ao mundo somente para produzir o seu prodígio? Ou teria ela seus próprios dons que nunca teve a chance de oferecer ao mundo?

Os pronatalistas estão perdendo tempo tentando persuadir, intimidar ou alistar mulheres para uma espécie de exército da procriação. As mulheres já não queriam ser máquinas de fazer filhos cem anos atrás, quando Teddy Roosevelt estava fazendo seu sermão sobre seus deveres demográficos e, certamente, elas não vão querer ser máquinas de fazer filhos agora. Como os homens, as mulheres querem ter quantos filhos elas quiserem, e não mais. E elas querem tê-los quando acharem que estão prontas para cuidar deles no contexto de suas vidas reais, não antes (ou depois). A ampla preferência por famílias pequenas dificilmente irá mudar, principalmente tendo em conta os duros tempos econômicos. Aliás, essa tendência está crescendo: as mulheres negras costumavam ter mais filhos do que as brancas, uma fonte de grande preocupação para os pronatalistas, mas hoje em dia elas têm cerca de dois filhos, o que não fica muito distante das mulheres brancas, que têm 1,8. As mulheres ditas "hispânicas" atualmente têm 2,4 filhos, mas esse índice também está diminuindo. Até os mórmons, frequentemente citados por suas famílias grandes, estão tendo menos filhos hoje em dia.

Os pronatalistas demonstram pouco interesse em lidar com essas tendências de uma maneira realista. Eles não querem dar às mulheres e às famílias o apoio econômico e social que permitiria que as mulheres que quisessem ter mais filhos o fizessem sem maiores sacrifícios: isso seria socialismo. E eles não querem fazer aquilo que seria necessário para desenvolver o potencial de *todas* as crianças (e adultos) que já temos; isso também seria socialismo. Por mais desastrosas que as consequências das famílias pequenas fossem para a nossa glória, como eles alegam, poderiam existir coisas ainda piores: creches de alta qualidade e acesso universal, apoio à renda para as famílias carentes, licença maternidade paga, renovação do compromisso governamental com a igualdade racial. Mas esqueça isso de ajudar todas as famílias. "No fim das contas", diz Jonathan Last, "só existe um único motivo para ter todo esse trabalho uma segunda vez: porque você acredita, de alguma maneira, que Deus quer que você o faça".[225] Last ao menos admite que é improvável que a restrição ao aborto aumentaria a taxa de fecundidade consideravelmente, apesar de apoiar o esforço mesmo assim. Mas é difícil encontrar um norte-americano pronatalista que não acredite que ter bebês é a verdadeira razão de ser da condição feminina, e é difícil encontrar um que não apoie o retorno dos costumes conservadores do sexo e da família para as mulheres.

É quase como se essa fosse a principal ideia desde o começo. O aborto é geralmente debatido como uma questão de guerra cultural. Essa é uma outra maneira de dizer que não é importante, como a questão de um presépio ser montado numa praça pública. Por anos, uma forte escola de pensamento progressista chamava de ingênuas as mulheres que se sentiam alarmadas pelo futuro dos direitos reprodutivos. "O Partido Republicano não fala sério a respeito da restrição dos direitos ao aborto", eles alegavam, "os políticos só falam assim para manter sua base motivada". Como Thomas Frank coloca em seu livro *What's the Matter with Kansas?* (O que acontece com o Kansas?): "O truque nunca envelhece; a ilusão nunca esmorece. Vote para acabar com o aborto: receba uma redução dos impostos sobre ganho de capital. Vote para tornar seu país forte outra vez: receba a desindustrialização. Vote para sacanear esses professores

---

225 Last, Jonathan *What to Expect When No One's Expecting: America's Coming Demographic Disaster*, Encounter Books, 2013, p. 170.

universitários politicamente corretos: receba a desregulamentação da energia elétrica".[226]

É um pouco difícil fazer esse tipo de afirmação hoje em dia (e sim, aqueles que a sustentaram eram na maioria homens). Mas alguns progressistas ainda debatem que o foco nos direitos ao aborto desvia a atenção dos problemas mais importantes, que são econômicos, e atrapalham as alianças com católicos e evangélicos que são antiaborto, porém liberais em outros aspectos. Enquanto escrevo, o Papa Francisco[227], a pessoa do ano de 2013 da revista *Time*, está sendo aclamado pela mídia progressista, inclusive no *The Nation*, onde sou colunista, como uma força para a igualdade social e econômica – como se ele pudesse falar de igualdade sendo a autoridade máxima de uma igreja hierarquicamente organizada que veta o sacerdócio às mulheres e, consequentemente, veta-lhes toda a autoridade; isso despoja as mulheres do direito de controlar sua fertilidade, mesmo que isso signifique danos graves ou mesmo morte; que humilha pessoas divorciadas e nega casamento aos gays e lésbicas; e que protegeu padres pedófilos em todo o mundo por décadas e ainda precisa acertar as contas com toda a dimensão deste crime.

Deixar as mulheres de fora, como se metade da humanidade fosse uma nota de rodapé para algo chamado sociedade, política ou economia, é uma história antiga. Mas os direitos reprodutivos não são uma distração dos problemas econômicos importantes. Eles *são* um problema econômico. Sem a capacidade

---

[226] Thomas Frank, *What's the Matter with Kansas?: How Conservatives Won the Heart of America*, Nova York: Henry Holt, 2005, s/p.

[227] Nascido Jorge Mario Bergoglio (1936 -), Francisco é o 266° Papa, tendo sido o primeiro latino-americano a ocupar a liderança da Igreja Católica, o que ocorreu em 2013. Seu papado é considerado progressista e aberto, sofrendo forte oposição de grupos conservadores, embora não tenha produzido mudanças gigantescas, salvo na retórica e na forma da Igreja lidar com as minorias e realizar o diálogo ecumênico.

de limitar e definir o momento de suas gestações, as mulheres estarão sempre em desvantagem no trabalho e subordinadas aos homens. Muito se fez com as estatísticas recentes que sugerem que as mulheres jovens estão diminuindo o hiato salarial em relação aos homens jovens. É uma das estatísticas que Hannah Rosin cita em seu livro *The End of Men: And the Rise of Women* (O fim dos homens: e a ascensão das mulheres) para mostrar que as mulheres estão prontas para dominar o mercado de trabalho e, certamente, todo o resto. Considerando que suas afirmações são válidas – veremos o que acontece quando essas jovens têm filhos –, isso se deve ao fato de que as mulheres têm acesso a bons contraceptivos, e estão resguardadas pelo aborto. Quando estes não estavam disponíveis, as mulheres não dominavam nada a não ser chás de bebês.

No fim das contas, o aborto é um problema de direitos humanos fundamentais. Submeter uma mulher a passar por uma gravidez e um parto contra a sua vontade é privá-la do direito de fazer escolhas básicas a respeito de sua vida e bem-estar, e dar esse poder ao Estado. Além disso, a lógica do movimento antiaborto transforma todas as mulheres grávidas em menos do que cidadãs plenas, incluindo aquelas que querem ter um filho, porque coloca os supostos interesses do feto acima dos interesses da mulher e a priva de direitos garantidos a todas as outras pessoas: de tomar suas próprias decisões médicas e receber tratamento equânime sob o abrigo da lei. Seria impensável para leis do Estado exigir a retirada de órgãos dos mortos contra sua vontade expressa, mesmo que tais leis salvassem as vidas de muitas pessoas nascidas. Mas Marlise Muñoz, que sofreu um AVC quando estava grávida de 14 semanas, foi mantida viva por aparelhos em um hospital do Texas durante sete semanas, contra sua vontade expressa anteriormente, além da de sua família, mesmo que ela tivesse tido morte cerebral (ou seja, estava legalmente morta) e o feto estivesse gravemente prejudicado. As leis do Texas proíbem que mulheres grávidas, mesmo nos estágios iniciais, tenham o direito de ter seus desejos de fim de vida respeitados.[228] A família de Muñoz teve que ir à justiça para forçar o hospital a desligar as máquinas. Segundo Lynn Paltrow, líder do *National Advocates for Pregnant Women* (Advogados Nacionais em prol das gestantes) "o que o estado do Texas está dizendo às mulheres é... qualquer outra pessoa pode decidir o que acontece se você ficar impossibilitada de expressar seus desejos sobre qual tipo de tratamento você quer ter ou não, exceto você".[229]

A questão não é a "vida". Diz respeito a tratar as mulheres como terra para plantio. A questão é o controle.

---

228 Manny Fernandez, "Texas Woman Is Taken Off Life Support After Order", *The New York Times*, 26 de janeiro de 2014.
229 Bill Hoffmann, "Lynn Paltrow on Pregnant Woman onLife Support: Change Law", *Newsmax TV*, 30 de dezembro de 2013, newsmax.com/NewsmaxTv/pregnant-woman-life-support/2013/12/30/id/544453/.

CAPÍTULO 5
Seis mitos sobre o aborto

1. A Bíblia proíbe o aborto

O que a Bíblia diz sobre o aborto não deveria fazer diferença – ou qualquer coisa que ela diz, sinceramente. Os Estados Unidos não são uma teocracia. Mesmo assim, dada a certeza dos opositores de que o aborto desonra a Palavra de Deus, pode até chegar como uma surpresa que nem o Antigo nem o Novo Testamento mencionem o aborto – nem uma única palavra. Os opositores ao aborto precisam extrapolar passagens que falam sobre outras coisas: profecias de mulheres comendo seus filhos, ou massacres em que mulheres grávidas são dilaceradas, ou os desejos de alguém que queria ter morrido no útero da mãe. Deus diz a Jeremias, "Antes de tê-lo formado no útero, eu já o conhecia" (então Jeremias já existia antes de ter sido concebido?)[230]. O salmista diz a Deus, "Você me tricotou no útero de minha mãe" (então em algum momento no útero ele ainda não tinha sido totalmente costurado e era mais como um emaranhado de fios?)[231]. Em Lucas 1:41, a Virgem Maria grávida visita sua prima grávida Isabel, cujo "bebê" – o futuro João Batista – "se revirou em seu útero"[232]. Passagens como estas só são relevantes para o aborto se você já acredita previamente que o sejam. O mesmo é verdade, claro, no mandamento "Não matarás", que

---

230 *A Bíblia Sagrada*, New International Version, Grand Rapids: Zondervan House, 1984, Jeremias 1:5.
231 Ibid., Salmo 139:13.
232 Ibid., Lucas 1:41.

seria mais bem traduzido como "Não cometerás homicídio", e que, aplicado ao aborto, traz o debate sobre o óvulo fertilizado/embrião/feto ser ou não ser uma pessoa e, sendo este o caso, porque este mandamento se aplica a isso uma vez que muitos outros tipos de assassinatos – guerras, legítima defesa, pena de morte – parece que não contam?

O Antigo Testamento é um livro muito longo, cheio de proibições, pronunciamentos e instruções detalhadas sobre a vida cotidiana – o que vestir, o que não comer, como fazer colheitas. Ele condena muitas atividades: responder aos pais, bruxaria, blasfêmia – tudo passível de punição com morte. Existem diversos personagens bíblicos cujos pecados, inclusive os sexuais, são retratados vividamente, além do linchamento de meninas que andam por aí desfilando em finas vestes provocando a luxúria nos homens. Mas não existe nenhuma menção ao aborto. Também não parece que o Antigo Testamento seja reticente sobre os corpos das mulheres. A menstruação recebe bastante atenção, assim como o parto, a infertilidade, o desejo sexual, a prostituição (pena de morte), a infidelidade (mais pena de morte), e o estupro (se a mulher estiver suficientemente perto de alguém ou não gritar... pena de morte). Como é possível que os autores (ou Autor) tenham definido o que aconteceria com uma mulher que tenta ajudar seu marido em uma briga agarrando os testículos do outro homem (neste caso sua mão deveria ser cortada), mas não tenham sentido que o aborto merecesse uma palavra sequer?[233] Tendo em conta as penalidades para sexo fora do casamento ou ser uma vítima de estupro, é difícil acreditar que as mulheres nunca tenham precisado desesperadamente interromper a gravidez, e que não havia nenhum tipo de conhecimento popular sobre como fazê-lo, como havia em

---

233 Ibid., Deuteronômio 25:11-12.

outras culturas ancestrais. Parteiras deviam saber como induzir um aborto espontâneo; estas "bruxas" deviam conhecer ervas e poções.

Uma passagem frequentemente citada pelos opositores ao aborto é o Êxodo 21:22-23:

> Se houver uma briga e uma mulher grávida for atingida, e isso provocar o nascimento prematuro do bebê porém sem ferimentos graves, o transgressor deverá ser multado no valor que o marido da mulher exigir e os juízes permitirem. Mas se houver ferimento grave, então deve-se pagar a vida com a vida...[234]

Os opositores ao aborto interpretam essa passagem como uma distinção entre provocar um parto prematuro (correto) *versus* provocar um aborto espontâneo (pena de morte), o que realmente é o que as traduções modernas sugerem. (Curiosamente, a versão da Bíblia do Rei Jaime traduz alternativamente como "para que seu fruto dela se separe", o que é mais ambíguo e mais próximo do original em hebraico). Infelizmente para os opositores ao aborto, pelo menos mil anos de conhecimento rabínico dizem que a multa é por provocar um aborto espontâneo, e a pena de morte é por provocar a morte da *mulher grávida*. Se os exegetas antiaborto estão descobrindo as provas para uma proibição absoluta da Bíblia em relação ao aborto somente agora nesta obscura passagem, é o caso de se perguntar por que é que ninguém nunca leu esse trecho dessa forma antes. O Talmu-

---

234 Robin Marty, "No Evidence for Claim that Sixty-Four Percent of Women Were Coerced to Do So", *RH Reality Check*, 22 de março de 2011, rhrealitycheck.org/article/2011/03/22/percent-women-getting-abortions-coerced-explained/; Vincent M. Rue et al., "Induced Abortion and Traumatic Stress: A Preliminary Comparison of American and Russian Women", *Medical Science Monitor*, n. 10, 2004, p. SR5-SR16.

de permite o aborto sob determinadas circunstâncias, aliás, ele exige o aborto caso a vida da mulher esteja em risco.

O Novo Testamento foi uma segunda chance para Deus esclarecer sua posição sobre o aborto. Jesus tinha algumas posições firmes sobre o casamento e o sexo – ele considerava as leis judaicas para o divórcio muito lenientes, desaprovava o apedrejamento de adúlteras e não hesitava em curar uma mulher que tivesse "um problema" (algum tipo de sangramento vaginal) que durasse 12 anos e poderia tê-la transformado em uma pária entre os Judeus. Mas ele não disse nada sobre o aborto. Nem São Paulo nem os demais autores do Novo Testamento, ou qualquer um dos outros autores posteriores cujas palavras foram inseridas entre os textos originais.

2. As mulheres são forçadas a fazer abortos

Os opositores ao aborto alegam que meninas e mulheres são frequentemente forçadas ou constrangidas a interromper gestações desejadas. Uma das alegações frequentes na literatura antiaborto é a de que 64% das mulheres se sentem "pressionadas a abortar". No estado de Dakota do Sul, a necessidade de prevenir essa suposta epidemia de coerções foi citada como fundamento de uma lei de 2011 que exigia um período de espera de 72 horas e aconselhamento em um centro de crise gestacional antiaborto. A jornalista Robin Marty foi a primeira a reportar que a estatística de 64% vem de um artigo publicado em 2004 na *Medical Science Monitor, Induced Abortion and Traumatic Stress: A Preliminary Comparison of American and Russian Women* (Aborto induzido e estresse traumático: comparação preliminar de mulheres norte-americanas e russas"), por Vincent M. Rue, Priscilla K. Coleman, James J. Rue and David Reardon.[235]

---
235 Lawrence B. Finer et al., "Reasons U.S. Women Have Abortions: Quan-

Tem toda cara de algo científico, mas não tenha tanta certeza. David Reardon é um grande ativista antiaborto, fomentador incansável da "síndrome pós-aborto", uma enfermidade rejeitada pela Associação Americana de Psicologia, e pelo diretor da instituição antiaborto Elliot Institute. (De acordo com o site da instituição, o nome foi escolhido "em um livro de nomes para bebês" porque soa simpático e acadêmico.) Seu PhD em ética biomédica é da *Pacific Western University*, uma escola por correspondência sem credenciais. A *Medical Science Monitor*, uma revista online, publicou outras pesquisas falaciosas, por exemplo, artigos defendendo a conexão não reconhecida entre vacinas e autismo. Em 2012, ela foi exposta como parte de um conjunto de publicações que decidiu inflacionar suas classificações de citações citando umas às outras. E o fato de que o site é atulhado de erros de digitação e de gramática é algo que não inspira confiança.

Há vários problemas com o artigo em questão, que não era sobre coerção, mas sim uma comparação do trauma pós-aborto em mulheres norte-americanas e russas. Sua amostragem era minúscula (217 norte-americanas), escolhidas por autosseleção, muito mais brancas e de classe média do que a população geral de mulheres que já fizeram abortos, além do fato de que as mulheres reportam abortos feitos há pelo menos uma década. Metade acreditava que o aborto era errado; somente 40% pensavam que a mulher devia ter direito ao aborto. Outras 30% disseram que tiveram "complicações de saúde" depois do aborto, o que pode significar qualquer coisa (De acordo com o Instituto Guttmacher, somente 0,5% dos abortos de primeiro trimestre têm complicações "que podem requerer cuidados

---

titative and Qualitative Perspectives", *Perspectives on Sexual and Reproductive Health 37*, n. 3, setembro de 2005: s/p.

hospitalares"). Curiosamente, as mulheres norte-americanas, não as russas, reportaram quantidades assustadoras de violência e trauma em suas vidas antes do aborto.

Uma mulher que ache que o aborto é algo errado e acredite ter sofrido emocional e fisicamente por ter feito um aborto, se questionada sobre isso dez anos depois, é bem capaz de ter uma maior probabilidade de culpar outras pessoas pelo seu aborto. Mas o que significa ser pressionada ou coagida a abortar? Os opositores ao aborto citam histórias sensacionalistas da mídia sobre mulheres ameaçadas com armas ou até mesmo assassinadas por rejeitar um aborto. Isso é coerção. Mas um pai ou uma mãe que detalha a vida difícil de uma mãe solo não está forçando uma filha a interromper sua gravidez, nem um namorado que diz que não quer se casar ou que não está pronto para ser pai, ou uma irmã que diz que não há espaço para mais um bebê em um apartamento compartilhado. Todos nós já nos sentimos pressionados por outras pessoas a escolher um rumo ou outro, mas isso não significa que a decisão, ao fim e ao cabo, não seja nossa.

Qual a probabilidade de uma mulher ser levada a fazer um aborto que ela não quer? Em outra pesquisa do Instituto Guttmacher de 2005, 1.209 mulheres foram questionadas sobre seus motivos para escolher o aborto. Dessas mulheres, 14% disseram "meu marido ou parceiro quer que eu faça o aborto" e 6% disseram "meus pais querem que eu faça o aborto". (Curiosamente, ambas respostas apresentaram porcentagens mais baixas do que uma pesquisa similar de 1987, quando 24% das mulheres mencionaram os desejos de seus maridos/parceiros e 8% mencionaram os pais). Não é de se surpreender que, naquele momento, as mulheres não decidiam pelo aborto isoladas: suas relações influenciavam suas decisões, provavelmente nem sempre de maneiras que as fizessem felizes. Mas ao serem questionadas sobre o principal motivo, menos de 0,5% citou os desejos dos maridos/parceiros ou pais.[236] E isso vai fortemente contra a alegação de que como regra as mulheres que fazem abortos querem continuar com a gravidez, mas são pressionadas a interrompê-la por outras pessoas, de quem a lei precisa protegê-las.

3. O aborto é perigoso

A literatura antiaborto é cheia de histórias de mulheres gravemente feridas ou mesmo mortas em clínicas, que são invariavelmente descritas como lugares imundos repletos de "abortistas" incompetentes e péssimos funcionários. Tais lugares existem: uma mulher morreu na clínica de Kermit Gosnell, na cidade da Filadélfia, algumas ficaram feridas, muitas outras receberam cuidados insuficientes. Steven Brigham, outro trapaceiro, operou em diferentes locais por anos e, de alguma maneira, conseguia burlar a lei. Estes homens mantiveram-se ativos porque cobravam barato, eram do bairro, realizavam abortos em períodos da gravidez mais tardios do que o permitido por lei, e se especializaram em pacientes de baixa renda que, infelizmente, estavam acostumadas a serem maltratadas por pessoas em posição de autoridade.

Não há dúvidas de que há outras clínicas de péssima qualidade por aí. Cuidados precários, preços inflacionados e funcionários grosseiros podem ser encontrados em todas as áreas da medicina. Mas você não vai encontrar pessoas usando esses exemplos para atacar toda uma especialidade médica – por exemplo, reclamando da ganância dos cirurgiões ortopédicos

---

236 Alexandra Sifferlin, "Doctors' Salaries: Who Earns the Most and the Least?", *Time*, 27 de abril de 2012.

(média de salário anual em 2012 nos Estados Unidos: 315 mil dólares) ou convocando inspeções surpresa em consultórios de dentistas porque algumas pessoas morrem todos os anos em erros evitáveis durante procedimentos odontológicos.[237] É somente na assistência ao aborto que alguns maus profissionais contaminam todos os demais – e os contaminam tão profundamente que os opositores ao aborto conseguem aprovar leis que podem praticamente fechar todo um campo de atividade em nome da segurança dos pacientes. Nenhum procedimento médico é livre de riscos. Tendo em conta que mais de um milhão de abortos são realizados todos os anos, há muitas chances de algo dar errado. Ainda assim, em contraste com as afirmações desonestas dos ativistas antiaborto, o aborto é consideravelmente seguro. Relatórios do CDC mostram que de 2003 a 2009, período ao qual se referem os dados mais recentes, a taxa de mortalidade nacional nos Estados Unidos era de 0,67 por 100 mil abortos. Em 2009, um total de oito mulheres morreram por causa de abortos.[238] Por mais trágico que possa ser, compare com as reações fatais à amoxicilina, que por sua vez ocorrem em 1 caso por 50-100 mil aplicações.[239] E o viagra? De acordo com a *Association of Reproductive Health Professionals* (Associação dos Profissionais de Saúde Reprodutiva), o medicamento tem uma taxa de mortalidade de 5 por 100 mil prescrições.[240] Mas dificilmente encontramos legislado-

---

237 Karen Pazol et al., "Abortion Surveillance – United States, 2010", *Morbidity and Mortality Weekly Report 62*, n. 08, 2013, p. 1-44.
238 Association of Reproductive Health Professionals, "Mifepristone Safety Overview", *Boletim informativo clínico*, abril de 2008, arhp.org/publications-and-resources/clinical-fact-sheets/mifepristone-safety-overview.
239 Marcio A. da Fonseca, "Adverse Reaction to Amoxicillin: A Case Report", *American Academy of Pediatric Dentistry 22*, n. 5, 2000, p. 401-4. Association of Reproductive Health Professionals, "Mifepristone Safety Overview", *Boletim informativo clínico*, abril de 2008, arhp.org/publications-and-resources/clinical-fact-sheets/mifepristone-safety-overview.
240 E.G. Raymond e D.A. Grimes, "The Comparative Safety of Legal Indu-

res solicitando proibições ao viagra, ou sugerindo que homens são muito emotivos, palermas ou vítimas de lavagens cerebrais pela "cultura do sexo", e por isso não conseguem avaliar os riscos e os benefícios por conta própria.

No entanto, há somente uma comparação direta relevante sobre o risco em relação ao aborto, que é a gravidez e o parto. A taxa de mortalidade é de 8,8 mulheres por 100 mil.[241] Como mencionei anteriormente, a continuação da gravidez é 12 a 14 vezes potencialmente mais fatal do que sua interrupção. Isso significa que o aborto é sempre potencialmente um fator que pode salvar a vida de uma mulher grávida. (E essa probabilidade está aumentando, porque a taxa de mortalidade materna está crescendo nos Estados Unidos, embora esteja caindo ao redor do mundo). E não é só a questão da taxa de mortalidade. De acordo com a Anistia Internacional, em 2004 e 2005, mais de 68 mil mulheres quase morreram ao dar à luz nos Estados Unidos.[242] Os riscos de se gerar um bebê incluem gravidez ectópica, diabetes gestacional, vaginose bacteriana, pré-eclâmpsia, anemia, infecções do trato urinário, erupção da placenta, hiperêmese gravídica (a náusea constante e grave que causou a morte de Charlotte Brontë[243]), depressão e psicose pós-parto e transtorno de estresse pós-traumático (TEPT). Isso para não falar em enjoos matinais, azia, dor nas costas, estrias, episioto-

---

ced Abortion and Childbirth in the United States", *Obstetrics & Gynecology 119*, n. 6, 1271-2.
241 Rebecca Wind, "U.S. Abortion Rate Hits Lowest Level Since 1973", Guttmacher Institute, 3 de fevereiro de 2014.
242 Anistia Internacional, *Deadly Delivery: The Maternal Health Care Crisis in the USA*, Londres: Anistia Internacional, 2010, p. 3.
243 N. do E.: Charlotte Brontë (1816 — 1855) escritora e poetisa inglesa, autora de *Jane Eyre* e de outros livros consagrados como clássicos da Literatura Inglesa. Brontë, junto com suas irmãs Anne e Emily , marcou época tanto pela qualidade literária quanto pela importância de suas presenças no elitista e masculino mundo da Literatura.

mia ou cicatrizes de cesárea, queda da felicidade matrimonial e redução de rendimentos.

Curiosamente, ninguém sugere que obstetras sejam obrigados a ler textos para mulheres grávidas sobre os perigos que elas têm pela frente e depois enviá-las para casa para pensar por 24 horas antes de decidirem se querem prosseguir com a gravidez.

4. Acontecem abortos demais

Fala-se frequentemente que acontecem abortos demais, mas como elas sabem qual é a quantidade certa? Isso não depende de quais são os motivos das mulheres? Se as mulheres estão interrompendo gestações porque elas não têm conhecimento suficiente sobre sexo ou poder em seus relacionamentos, ou sobre bons métodos contraceptivos e engravidam sem querer, certamente estão acontecendo abortos demais. E se há mulheres que abortam gestações desejadas porque são pobres demais para criar aquele filho, ou sentem medo de serem humilhadas, ou não têm apoio de suas famílias ou parceiro, isso também representa um número excessivo. O mesmo vale para o caso de uma mulher que fez um aborto que não queria porque alguém a constrangeu a isso, embora este exemplo funcione para ambos os lados: mulheres também são constrangidas a terem os filhos.

Às vezes, o que as pessoas querem dizer quando falam que há abortos demais é que precisamos ajudar meninas e mulheres a se responsabilizarem por sua sexualidade e terem mais opções na vida. De acordo com o Guttmacher Institute, em 2011 houve uma queda de 13% nos abortos desde 2008, principalmente por causa de um melhor acesso a métodos contraceptivos e de longa duração como o DIU.[244] Essa é uma notícia muito boa. Mas,

---

244 Paul Vitello, "Religious Leaders Call for New Efforts to Lower the City's 'Chilling' Abortion Rate", *The New York Times*, 6 de janeiro de 2011

geralmente, o que as pessoas querem dizer é que as mulheres são muito despreocupadas com sexo e contracepção. Quando Naomi Wolf escreve sobre os abortos do tipo "ai, mas era um Chardonnay tão bom" feitos por suas amigas, ela está dizendo que as mulheres engravidam acidentalmente porque são hedonistas e superficiais. É difícil ser taxativo quanto à imoralidade do aborto, insistir que o número ideal de abortos é zero, como sustenta Will Saletan da revista *Slate*, sem culpar individualmente a mulher que se meteu numa confusão e agora quer fazer uma coisa pior para resolver.[245] Nessa versão, há abortos demais porque as mulheres são irresponsáveis e o que elas precisam é de um belo sermão. Porque sermões sempre ajudam.

No entanto, de outra perspectiva, há *pouquíssimos* abortos. O arcebispo de Nova York, Timothy Dolan, lamenta que cerca de 40% das gestações na cidade de Nova York são interrompidas.[246] Mas e se não for por causa dos números excepcionais de gestações indesejadas nos cinco *boroughs*[247] da cidade, ou porque as mulheres de Nova York são particularmente negligentes, egoístas e apreciadoras de Chardonnay? Talvez isso reflita o fato de que o aborto é mais comum nas cidades, principalmente entre mulheres pobres, negras, solteiras, presentes em grande número em Nova York, e o fato de que a cidade de Nova York

---

245 William Saletan, "Safe, Legal, and Never", *Slate*, 26 de janeiro de 2005, slate.com/articles/health_and_science/human_nature/2005/01/safe_legal_and_never.html.
246 Stanley K. Henshaw e Rachel K. Jones, "Unmet Need for Abortion in the United States", Guttmacher Institute, 20 de setembro de 2007, paa2008. princeton.edu/papers/80673.
247 N. do T.: Isto é, Manhattan, Bronx, Queens, Brooklyn e Staten Island, as maiores divisões administrativas da cidade de Nova Iorque. A palavra borough inexiste em português nesse sentido específico, mas deriva da mesma raiz de "burgo", cuja origem é remotíssima, embora em quase todas as línguas nas quais apareça se refira a povoados ou habitações fortificados. Em inglês, o termo parece ter chegado da língua gótica, tanto que em alemão moderno "burg" é a palavra para "castelo".

tem muitos profissionais que realizam abortos, bom transporte público para acessá-los e não tem maiores restrições, além de o estado de Nova York fornecer cobertura pelo Medicaid. Os gastos extras que podem dobrar os custos – transporte, babá, salários perdidos, pernoites – raramente se aplicam. Talvez se fosse mais fácil conseguir um aborto nos estados do Missouri ou Mississippi, suas taxas fossem próximas das taxas de Nova York. Um estudo de 2007 descobriu que, em 2000, 83 mil mulheres teriam feito abortos se eles fossem cobertos pelo plano de saúde universal. Em outras palavras, a taxa de aborto seria 6% mais alta.[248] Uma revisão de 38 estudos de 2009 descobriu que cerca de um quarto das mulheres que teriam feito abortos se este fosse coberto pelo Medicaid tiveram filhos porque esta cobertura não estava indisponível.[249]

Se o aborto fosse gratuito e todas as mulheres tivessem fácil acesso aos profissionais, quantos abortos teriam sido feitos? Na cidade de Nova York, existem mulheres que só conseguem fazer abortos porque o New York Abortion Access Fund – NYAAF (Fundo de Acesso ao Aborto de Nova York) ajuda-as a pagar o procedimento. Elas não são pobres o bastante para receberem o Medicaid, ou são pobres, mas não se enquadram por outra razão. A NYAAF tenta ajudar todas que ligam para sua linha direta, embora geralmente não cubram todos os custos do procedimento. Mas a NYAAF é uma organização pequena formada somente por voluntários: e o que acontece às mulheres que nem sabem que ela existe? Relatos de mulheres que tomam pílulas

---

248 Stanley K. Henshaw et al., "Restrictions on Medicaid Funding for Abortions: A Literature Review", Guttmacher Institute, junho de 2009, guttmacher.org/pubs/MedicaidLitReview.pdf.
249 Akiba Solomon, "9 Reasons to Hate Anti-Abortion Billboards That Target Black Women", Color Lines, 25 de fevereiro de 2011, colorlines.com/archives/2011/02/nine_reasons_to_hate_anti-abortion_billboards_that_target_black_women–and_one_reason_to_feel_the_lo.html.

ou ervas para provocar o aborto sugerem que mesmo na capital do aborto dos Estados Unidos há uma necessidade que não está sendo suprida.

5. O aborto é racista

Em fevereiro de 2011, um *outdoor* com altura equivalente a um edifício de três andares apareceu no moderno bairro do Soho em Nova York. Exibindo uma garotinha negra em um simpático vestido rosa, o outdoor proclamava "O lugar mais perigoso para um afro-americano é no útero".[250] No ano anterior, *outdoors* em Atlanta mostravam um menino negro com o slogan "As crianças negras são uma espécie ameaçada". Criações do *Life Always* (Vida sempre), um grupo antiaborto do estado do Texas, estes cartazes, e outros similares espalhados pelo país comparando o aborto à escravidão, geraram tanta indignação por parte de mulheres negras que foram rapidamente retirados. Mas a acusação de que o aborto é racista é um lugar comum no movimento pró-vida, para quem o *Planned Parenthood* perpetua o genocídio de pessoas negras, e Margaret Sanger, sua fundadora, era uma eugenista envolvida com nazistas.

Se o útero é o lugar mais perigoso para afro-americanos, as mulheres negras – e não aqueles que lucram com o racismo e o perpetuam – são as pessoas mais perigosas para suas comunidades, e o aborto é uma ameaça maior que a pobreza, encarceramento em massa, AIDS, moradias em ruína, escolas inferiores, parca assistência médica, discriminação no trabalho, violência, mortalidade infantil e materna, e todos os demais problemas que afetam os afro-americanos. Isso torna as mulheres negras, vítimas do racismo, as verdadeiras racistas. Dito

---

[250] Loretta Ross, "Re-enslaving African-American Women", *On the Issues*, 24 de novembro de 2008, ontheissuesmagazine.com/2008fall/cafe2/article/22.

assim não faz sentido nenhum. Mas também não faz muito sentido comparar o aborto ao racismo. Seriam as mulheres negras proprietárias de escravos que lucram com o trabalho forçado de seus embriões e fetos? Elas poderiam vender seus fetos e embriões para outras mulheres negras proprietárias de escravos para aumentarem a produção em suas monoculturas uterinas? Essa metáfora ignora a subjetividade das mulheres negras; mais uma vez, as mulheres são recipientes, um lugar – nesse caso específico, um lugar hostil.

Esse imaginário do aborto como escravidão ou genocídio permite que os opositores ao aborto banquem os antirracistas sem precisar aprender nada sobre as vidas de mulheres negras ou levantar um dedo para corrigir o gigantesco legado permanente da escravidão e da segregação. Basta humilhar mulheres negras para que elas tenham mais filhos do que elas sejam capazes de carregar ou cuidar, e tudo ficará bem.

"Eles dizem às mulheres afro-americanas que agora somos responsáveis pelo genocídio do nosso próprio povo", escreveu Loretta Ross sobre o *Genocide Awareness Project* (Projeto de conscientização do genocídio) uma campanha orientada para campi de faculdades.

> Agora somos acusadas de 'linchar' nossos filhos em nossos úteros e praticar supremacia branca em nós mesmas. As mulheres negras estão mais uma vez sendo culpadas pelas condições sociais de nossas comunidades e demonizadas por aqueles que alegam que só querem salvar nossas almas (e as almas de nossos filhos que ainda nem nasceram). Essa é a cara que uma mentira tem.[251]

---

251 Loretta Ross, "Re-enslaving African-American Women", *On the Issues*, 24 de novembro de 2008, ontheissuesmagazine.com/2008fall/cafe2/article/22.

Ross, uma importante ativista e pensadora afro-americana nos temas de justiça reprodutiva e raça, nos lembra que as mulheres negras têm uma longa tradição de ativismo em direitos reprodutivos e há muito já tomam medidas para controlar sua fertilidade: "Quando os métodos de controle de fertilidade se tornaram disponíveis e acessíveis, as mulheres afro-americanas já os defendiam e usavam essas estratégias com muito mais frequência do que as mulheres brancas".[252] As mulheres negras sempre fizeram mais abortos *per capita* do que as mulheres brancas, inclusive os ilegais, mais perigosos e fatais. Entretanto, as mulheres negras não têm uma taxa de aborto alta por estarem inclinadas ao extermínio de crianças negras, mas por terem menos acesso a bons métodos contraceptivos e assistência médica, e portanto, terem mais gestações indesejadas.

Margaret Sanger era racista? Não. Ela compartilhava as ideias eugenistas que eram normais entre os intelectuais, cientistas, políticos e pessoas comuns nas décadas de 1920 e 1930, incluindo aqueles que eram contrários ao controle de natalidade porque ele baixava a taxa de fecundidade dos brancos. Por mais repreensível que ela possa parecer nos dias de hoje, pedindo a esterilização dos "tipos disgênicos", ela não acreditava na superioridade branca ou na inferioridade negra. Isso estava claro para seus contemporâneos, que compreenderam, além disso, que sua motivação era libertar as mulheres do fardo de suas gestações indesejadas, o que era algo que as próprias mulheres, incluindo as pobres e negras, desesperadamente buscavam. É por isso que Sanger e a organização que ela fundou, que depois se tornou a *Planned Parenthood*, teve o apoio de proeminentes líderes negros como W.E.B. Dubois,

---

252 Loretta Ross, "African-American Women and Abortion", in Rickie Solinger (ed.), *Abortion Wars: A Half Century of Struggle 1950-2000*, Berkeley: University of California Press, 1998, p. 161.

o fundador da NAACP (Associação Nacional para o Progresso de Pessoas de Cor); Mary McLeod Bethune, a fundadora do *National Council of Negro Women* (Conselho Nacional de Mulheres Negras); o reverendo Adam Clayton Powell, da poderosa Igreja Batista Abissínia do Harlem; Martin Luther King Jr.; e Coretta Scott King. Quando Martin Luther King aceitou o prêmio Margaret Sanger da *Planned Parenthood* em 1966, ele comparou a luta de Sanger para o controle de natalidade com movimento dos direitos civis: "Ela inaugurou um movimento que obedece a uma lei superior para preservar a vida humana sob condições humanas".[253]

Você acha que o Dr. King diria isso sobre alguém que queria exterminar os negros?

6. Os opositores ao aborto nunca puniriam uma mulher

É isso que eles sempre dizem: as mulheres são "a outra vítima" do aborto. Somente os profissionais de saúde deveriam ser acusados de ter cometido um crime. Esta posição seria vista como uma novidade para os muitos países em que as mulheres estão presas por interromperem suas gravidezes. Se os opositores ao aborto de El Salvador não se incomodam com uma proibição que envia dezenas de mulheres para a prisão por até 30 anos por "homicídio qualificado", bem como por abortos espontâneos e natimortalidade com suspeita de terem sido causadas por abortos, por que eles se oporiam a leis similares no estado de Luisiana? Se a Nicarágua pode confinar uma vítima de estupro de 12 anos de idade em um hospital "sob proteção do Estado"

---

253 Michelle Goldberg, "Awakenings: On Margaret Sanger", *The Nation*, 27 de fevereiro em 2012.

até que ela dê à luz, por que isso não poderia acontecer em algum momento no estado de Dakota do Sul?[254] No momento, nos Estados Unidos, levar mulheres às barras do tribunal por causa de um aborto parece um exagero, eu admito.[255] Há pouco fôlego para isso no âmago do movimento pró-vida. Mas as bases estão plantadas. Mulheres foram presas por abortos autoinduzidos em diversos estados, mesmo que poucas tenham sido condenadas.[256] Centenas foram detidas e outras presas por uso de drogas ou outro tipo de comportamento durante a gravidez, mesmo que nenhuma consequência ruim tenha acontecido, e mesmo que a lei tenha sido criada claramente com outro propósito (proteger crianças vivas de laboratórios de produção de metanfetamina, por exemplo).[257]

---
254 Andrea Barron, "Nicaragua's Anti-Abortion Law and US Extremists", *The Nicaragua Dispatch*, 27 de novembro de 2013.
255 N. do E.: No caso brasileiro, o aborto é tratado como matéria criminal, o qual se encontra disciplinado entre os artigos 124 e 128 do Código Penal. Além de ser considerado crime doloso contra a vida, tanto a gestante que consentir com o aborto quanto aquele que o fizer, mesmo que profissional e com o devido consentimento de gestante mentalmente capaz, são punidos com penas que variam, respectivamente, de um a três anos e de um a quatro anos, podendo chegar a dez anos para o agente se a condição mental da gestante for posta em causa. Ainda há a possibilidade da pena do autor do aborto consentido ser aumentada em um terço ou dobrada se, respectivamente, a gestante ficar lesionada ou morrer por qualquer motivo, inclusive sem a culpa de quem o fizer. Lembrando que o aborto só é permitido no Brasil nas hipóteses da necessidade de salvar a vida da gestante ou em caso de gravidez decorrente de estupro, o que muitas vezes pode não ser comprovado, obrigando as mulheres a seguirem com a gravidez ou a recorrerem a um aborto ilegal em clínica clandestina ou à base do uso de medicamentos ou práticas perigosas para sua vida e saúde – apenas no caso de constatada anencefalia, por força do julgamento da Ação de Descumprimento de Preceito Fundamental (ADPF) nº 54 do Distrito Federal, o Supremo Tribunal Federal (STF) decidiu se tratar de mera interrupção da gravidez, o que por sua vez é legal.
256 Lynn M. Paltrow e Jeanne Flavin, "Arrests of and Forced Interventions on Pregnant Women in the United States, 1973-2005: Implications for Women's Legal Status and Public Health", *Journal of Health Politics, Policy and Law 28*, n. 2, 15 de janeiro de 2012, p. 299-343.
257 Ada Calhoun, "The Criminalization of Bad Mothers", *The New York Times*, 25 de abril de 2012.

Por décadas, o movimento antiaborto empenhou-se em consagrar na lei a ideia de que o embrião e o feto são pessoas. Eles conseguiram a aprovação da Lei da Violência contra Vítimas Nascituras,[258] que tornou a morte de embriões e fetos um crime específico, diferente do dano causado à mulher grávida, além de versões dessa lei em diversos estados. Na primavera de 2014, apesar das persistentes objeções de grupos de mulheres e organizações médicas, a legislatura do estado do Tennessee aprovou com apoio bipartidário, e assinatura do governador republicano moderado, uma lei que submete mulheres que usem drogas e cujas gestações tenham desfechos problemáticos a penas criminais de até 15 anos de prisão.[259]

Em 2007, a adolescente de 16 anos Rennie Gibbs foi indiciada por homicídio por motivo torpe no estado do Mississippi, pelo fato de ter tido um natimorto com 36 semanas. Não havia provas que associassem seu uso de drogas à morte do bebê (grande pista: o cordão umbilical estava enrolado em seu pescoço), e 25 anos de pesquisas não foram suficientes para encontrar provas de que o uso de cocaína causa natimortalidade. Durante sete anos, Gibbs enfrentou a possibilidade de passar a vida na prisão e, quando o juiz finalmente abandonou as acusações, o promotor responsável pelo caso contou aos repórteres que tinha planos de tentar novamente, dessa vez com a acusação de homicídio culposo.[260]

---
258 N. do T.: Lei para os Nascituros Vítimas de Violência.
259 Blake Farmer, "Tennessee Bill Could Send Addicted Moms to Jail", *NPR*, 21 de abril de 2014, npr.org/blogs/health/2014/04/17/304173789/tennessee--bill-could-send-addicted-moms-to- jail.
260 Nina Martin, "A Stillborn Child, a Charge of Murder, and the Disputed Case Law on 'Fetal Harm'", *ProPublica*, 18 de março de 2004, propublica.org/article/stillborn-childcharge-of-murder-and-disputed-case-law-on-fetal--harm. Consultar também Laura Huss, "Mississippi Murder Charge Against Pregnant Teen Dismissed", **National Advocates for Pregnant Women**, 4 de abril de 2014, advocatesforpregnantwomen.org/blog/2014/04/mississippi_murder_charge_agai.php

À medida que o aborto vai se tornando restrito e o embrião e o feto vão sendo considerados como pessoas em mais áreas da lei, torna-se exponencialmente mais difícil dizer que a conduta de uma mulher durante sua gravidez não deve estar sujeita ao escrutínio legal. Por que é admissível que uma mulher interrompa uma gravidez em uma clínica quando ela não pode fazer a mesma coisa com um autoaborto em casa, e por que é legal matar embriões e fetos no aborto se quando eles morrem em casos de violência doméstica ou em um acidente de carro envolvendo álcool trata-se de crimes graves? Um médico realiza um aborto; um namorado, a pedido da mulher, bate na barriga dela até que ela tenha um aborto espontâneo. Do ponto de vista do embrião e do feto, qual é a diferença?

CAPÍTULO 6

A que realmente se opõem os opositores ao aborto?
(Dica: não é só ao aborto)

Em teoria, a oposição ao aborto não precisa necessariamente estar ligada ao antifeminismo, à vexação da sexualidade ativa de meninas e mulheres solteiras, ao medo do declínio demográfico branco, às ideias conservadoras sobre o casamento e a sexualidade, ou à misoginia pura e simples. Entretanto, no mundo real, é impossível ignorar essas conexões. O movimento antiaborto está incontornavelmente ligado a religiões patriarcais: a Igreja Católica, o protestantismo evangélico e fundamentalista, o mormonismo. É daí que as organizações da oposição tiram sua força, seu financiamento, seu poder político e suas bases de apoio. À medida em que o movimento se fundiu progressivamente com a direita política, ele ajudou a mover toda a discussão política para a extrema direita em uma variada gama de questões relacionadas a sexo, mulheres, pobreza, raça, assistência médica e o papel do governo. Parece um movimento com uma questão única – *proteger o nascituro!* –, mas olhando mais de perto percebe-se que é muito mais do que isso.

Política

Do início até meados da década de 1980, os eleitores republicanos eram tão propensos quanto os democratas a apoiar a contracepção e os direitos relativos ao aborto – em alguns estados até mais, porque os católicos da classe operária eram democratas ferrenhos.[261] Foram os legisladores estaduais democratas

---

261 Lydia Saad, "Republicans', Dems' Abortion Views Grow More Polarized",

que mantiveram ilegais os medicamentos contracepcionais no estado de Connecticut até 1965, quando a Suprema Corte finalmente derrubou a lei.[262] Isso mudou na medida em que o Partido Republicano mobilizou os conservadores religiosos como parte de sua estratégia para conquistar os católicos e o Sul branco. Hoje, o Partido Republicano não abriga politicamente apenas o movimento antiaborto como também a oposição a basicamente qualquer coisa que esteja na lista de pendências dos direitos das mulheres: acesso amplo a contracepção, educação sexual abrangente; leis de remuneração igualitária; casamento entre pessoas do mesmo sexo; a Violence Against Women Act (Lei da Violência Contra a Mulher); o CEDAW (Convenção sobre a eliminação de todas as formas de discriminação contra as mulheres); baixa médica remunerada; o aumento do salário mínimo; e, claro, a Lei de Proteção e Cuidado ao Paciente. Como todos os antifeministas, eles alegam venerar a maternidade. Mas onde está o protesto dos republicanos sobre a falta de assistência médica infantil acessível, ou sobre as muitas formas de discriminação laboral contra mulheres grávidas e mães?

Não é de se estranhar que o partido tenha um problema com as mulheres, mesmo entre seus próprios quadros. Em 2013, as mulheres republicanas eram somente 23% das mulheres no Congresso, e um terço das mulheres em legislaturas estaduais. (Elas se saem melhor nos governos dos estados: em 2013, 4 das 5 governadoras estaduais eram republicanas). Embora existam muitos democratas sexistas, só os políticos republicanos são responsáveis por afirmações bizarras sobre estupro, ou que afirmam que a cobertura de contraceptivos pela Lei de Proteção

---

Gallup, 8 de março de 2010, gallup.com/poll/126374/republicans-dems-abortion-views-grow-polarized.aspx.
262 N. do E.: A Autora se refere à mudança decorrente do caso decorrente do caso *Griswold vs. Connecticut*.

e Cuidado ao Paciente insulta mulheres e insinua que sejam grandes vagabundas dependentes da generosidade do governo. O candidato a governador do Texas, Greg Abbott, fez campanha contra a expoente dos direitos ao aborto Wendy Davis, juntamente com o músico de rock Ted Nugent, bastante conhecido por seus ataques machistas e obscenos a políticas (ele chamou Hillary Clinton de "vadia tóxica", "puta de quinta categoria", e "cadela imprestável"), e por chamar o presidente Obama de "mestiço subumano".[263] Apesar das sessões de treinamento destinadas a ensinar os republicanos homens a não ofenderem mulheres, eles simplesmente não conseguem se controlar.

Os republicanos parecem estar bem alheios às muitas contradições em que a oposição ao aborto os envolve. Isto posto, o partido que afirma querer menos regulações, aprova regulações cujo único propósito é fechar clínicas de aborto. O partido que afirma se importar com bebês corta programas de governo que beneficiam mulheres grávidas, bebês e crianças, incluindo crianças gravemente doentes e com deficiências, que ele quer forçar as mulheres a suportar sozinhas. O partido que afirma que as pessoas não precisam que o governo lhes diga como viver pensa que não se pode confiar nas mulheres quanto à decisão de continuar ou não com uma gravidez. E, claro, o partido que afirma se importar com a "vida" está estreitamente alinhado à Associação Nacional de Rifles (*National Rifle Association* – NRA). Na sua lógica, as armas não matam as pessoas, mas as mulheres grávidas sim.

---

263 Adele M. Stan, "Why Wendy Davis' Opponent Is Stumping with Misogynist Ted Nugent", *RH Reality Check*,
19 de fevereiro de 2014, rhrealitycheck.org/article/2014/02/19/wendy-davis--opponent-stumping-misogynist-ted-nugent/.

Contracepção e educação sexual

Os opositores adoram comparar o aborto ao Holocausto, mas, se a pílula pudesse ter evitado Auschwitz, quem não a aceitaria? De acordo com o Instituto Guttmacher, em 2010, serviços de assistência à família financiados com dinheiro público evitaram 2,2 milhões de gestações não intencionais, que poderiam ter levado a cerca de 760 mil abortos.[264] (Adicione-se a isso as incontáveis gestações evitadas por controle de natalidade que as mulheres pagam diretamente ou por meio de seguro de saúde.) O aumento do uso de melhores anticoncepcionais – e não as restrições de acesso ao aborto – levou a uma queda de 13% nos abortos entre 2008 e 2011.[265] A contracepção moderna funciona muito bem: os dois terços das mulheres que a usam de maneira consistente representam somente 5% dos abortos.[266] Mesmo assim, nenhuma organização antiaborto importante apoia a disponibilização mais ampla dos contraceptivos, menos ainda a educação de jovens para o seu uso: nem o *Feminists for Life*, o *National Right to Life*, ou o *Susan B. Anthony List* (*SBA List*); muito menos a *American Life League*, o *Americans for Life*, ou a *Pro-Life Action League*, (Feministas pela vida; Direito nacional à vida; Lista de Susan B. Anthony; Liga norte-americana da vida; Norte-americanos pela vida; Liga de ação pró-vida) isso para não falar do Conferência dos Bispos Católicos dos Estados Unidos, do *Priests for Life* (Padres pela vida), e do *Sisters for Life*

---

264 Jennifer J. Frost, Mia R. Zolna, e Lori Frohwirth, "Contraceptive Needs and Services: 2010", Guttmacher Institute, julho de 2013, guttmacher.org/pubs/win/contraceptive-needs-2010.pdf.
265 Rebecca Wind, "U.S. Abortion Rate Hits Lowest Level Since 1973", Guttmacher Institute, 3 de fevereiro de 2014, guttmacher.org/media/nr/2014/02/03/index.html?utm_source=feedburner&utm_medium=feed&utm_campaign=Feed%3A+Guttmacher+(New+from+the+Guttmacher+Institute).
266 Frost, Zolna, e Frohwirth, "Contraceptive Needs".

(Irmãs – ou freiras – pela vida). As organizações antiaborto são amplamente opositoras à pílula ou silenciosas sobre o assunto. Até mesmo os *Democrats for Life of America* (Democratas pela Vida dos Estados Unidos) evitam o tema.

É difícil encontrar um especialista em saúde pública que negue o fato de que a forma mais eficaz de prevenir o aborto é o uso de contraceptivos confiáveis, mas os radicais antiaborto conseguem encontrar formas de contestar essa obviedade. Eles argumentam que a pílula e a contracepção de emergência são "abortivas", "pesticidas de bebês" e "pílulas assassinas" que evitam a implantação de óvulos fecundados, independente da quantidade de estudos que mostra que esses medicamentos não funcionam dessa maneira. (Pelo seu cálculo, o número real de abortos é praticamente infinito – as milhares de mulheres que tomam anticoncepcionais podem estar fazendo "abortos" todos os meses.) Eles argumentam que a contracepção não é eficaz (quer dizer então que, no fim das contas, a contracepção não mata os bebês?), mas também argumentam que a raiz do problema está na "mentalidade da contracepção", o padrão contemporâneo do sexo por prazer e da intimidade sem medo da gravidez. Em outras palavras, estão dizendo que a contracepção – infelizmente – funciona. Eles argumentam que o aborto, assim como nossa baixa taxa de fecundidade, acontece porque as pessoas odeiam crianças. (Ter uma família pequena significa que você não gosta de crianças?) Eles argumentam que a contracepção coloca as mulheres à mercê dos homens, porque elas não têm nenhum motivo aceitável para rejeitar o sexo. (E que tal, "Não quero fazer sexo com você hoje, Charlie"?) Mas eles também argumentam que os anticoncepcionais aumentam a libido da mulher.

É verdade que as pessoas fazem sexo sem querer ter um bebê. É difícil defender que isso seja uma inovação moderna. Mesmo em tempos em que o parto era frequentemente fatal, quando números espantosos de mulheres solteiras e casais pobres abandonavam seus recém-nascidos quase mortos na porta de orfanatos, quando a sífilis não tinha cura e a gravidez fora do casamento poderia significar a expulsão de casa ou ser forçada a um casamento indesejado, ainda assim, as pessoas faziam bastante sexo dentro e fora do casamento. Uma vez que as pessoas não vão parar de fazer sexo, e não vão começar a querer ter dez filhos, a única forma de diminuir a taxa de aborto seria cobrir o país de anticoncepcionais. Mas isso significaria aceitar que a vida moderna veio para ficar.

Claro, não é difícil encontrar indivíduos que se opõem ao aborto e que apoiam a contracepção – algumas pesquisas até sugerem que a maioria das pessoas que pensam que o aborto é "moralmente errado" também acredita que a contracepção é "moralmente aceitável".[267] O importante especialista em ética e evangélico David Gushee é explícito em relação ao financiamento público de contraceptivos. O governador do estado da Louisiana, Bobby Jindal, um católico praticante e antiaborto, solicitou que a venda das pílulas anticoncepcionais fosse regulada. Mas, dado o papel proeminente da Igreja Católica e das igrejas protestantes de direita no movimento antiaborto, as vozes que dizem que os contraceptivos são moralmente aceitáveis têm pouca chance de alterar o discurso vigente.

Em 2012, a NAE – *National Association of Evangelicals* (Associação Nacional de Evangélicos), audaciosamente incluiu o "acesso facilitado a serviços e informações sobre contracepção"

---

[267] Frank Newport, "Americans, Including Catholics, Say Birth Control Is Morally OK", Gallup, 22 de maio de 2012, gallup.com/poll/154799/americans-including-catholics-say-birth-control-morally.aspx.

entre as habituais estratégias antiaborto, como consentimento parental e períodos de espera. O grupo foi alvo de duros ataques de outros cristãos conservadores e, desde então, se concentrou em apoiar os direitos de todos os empregadores a se recusarem a oferecer cobertura de métodos contraceptivos a seus funcionários.[268]

Com efeito, na medida em que evangélicos brancos se aliam progressivamente à Igreja Católica contra o aborto, alguns também estão se voltando contra os métodos anticoncepcionais. Não são só excêntricos como a família Duggar do programa de televisão *19 Kids and Counting* (19 filhos e ainda não acabou), ou as famílias Quiverfull que praticam extrema submissão das esposas aos maridos e produzem tantos filhos quanto possível para criar mais soldados para Cristo. "Os cristãos podem usar contraceptivos?", questiona Albert Mohler, presidente do Seminário Teológico Batista do Sul. Além da "mentalidade contraceptiva" e o "debate furioso" a respeito da imaginária natureza abortiva da pílula, há também a ruína cultural:

> Deveríamos analisar em detalhe o argumento moral católico conforme aparece em *Humanae Vitae*. Evangélicos podem perceber-se em surpreendente concordância com muitos dos argumentos encíclicos. Conforme o Papa advertiu, o uso indiscriminado da pílula provocou "graves consequências", incluindo a infidelidade conjugal e a galopante imoralidade sexual. Na realidade, a pílula permitiu o abandono quase total da moralidade sexual na cultura em geral. Uma vez que o ato sexual foi separado da probabilidade de gravidez, a estrutura tradicional da moralidade sexual entrou em colapso.[269]

---

268 Robert Pear, "Obama Reaffirms Insurers Must Cover Contraception", *The New York Times*, 20 de janeiro de 2012.
269 Albert Mohler, "Can Christians Use Birth Control?", 8 de maio de 2006,

Por fim, Mohler percebe que a Igreja Católica vai longe demais. Casais casados podem usar contraceptivos, contanto que evitem os "abortivos", ou, em outras palavras, limitando-se aos métodos que eram disponíveis nos anos 1950. Se a camisinha romper ou o diafragma escorregar, nem pense em tomar a pílula do dia seguinte.

Se líderes antiaborto se opusessem somente ao aborto, por que estariam sempre tão ávidos em alargar sua definição para incluir os métodos de contracepção mais eficazes e populares? Por que se agarram à ideia de que a pílula provoca o aborto? Por que não acolhem os estudos recentes que mostram que a contracepção de emergência previne a ovulação, não a implantação? O fato de que eles se prendem em argumentos tão frágeis sugere que aquilo que eles realmente desaprovam é o sexo sem um risco significativo de gravidez e as mudanças sociais ligadas a isso. É possível perceber que Mohler não dá à contracepção o crédito de nada de bom que ela possa proporcionar: mais anos de educação para as mulheres, bem como melhor saúde; taxa de mortalidade materna mais baixa e um maior comprometimento com carreiras profissionais; menos casamentos precoces e apressados, menos tensão para os casais (e melhor sexo); mais atenção e recursos para cada criança. Para Mohler, os últimos 50 anos foram uma grande catástrofe moral. A contracepção torna as pessoas mais felizes, saudáveis, educadas e prósperas. Isso é terrível!

Ao invés de se unir aos pró-escolha para reivindicar o acesso mais amplo aos métodos anticoncepcionais mais baratos, os opositores ao aborto usam sua considerável influência política para cortar fundos estaduais e federais para o planejamento familiar para mulheres de baixa renda, proibir a discussão sobre

---

albertmohler.com/2006/05/08/can-christians-use-birth-control/.

isso nas aulas de educação sexual (exceto em referência às taxas de falha), isentar inclusive negócios seculares comuns de sua cobertura sob a Lei de Proteção e Cuidado ao Paciente se o proprietário se opuser, e aprovar leis que permitem aos farmacêuticos se recusar a assinar receitas para este fim. Em 2011, a Câmara dos Representantes, liderada pelos republicanos, votou – 240 votos a favor e 185 contra – para acabar com o financiamento do antes não-controverso programa de planejamento familiar *Title X*, que atende cerca de cinco milhões de mulheres e homens de baixa renda por ano.[270] Os republicanos afirmaram que sua oposição se baseia no fato de que praticamente a quarta parte do dinheiro vai para a *Planned Parenthood*, que fornece assistência ao aborto em algumas de suas clínicas, apesar de essas verbas por lei serem vetadas para o financiamento dos serviços de aborto.[271] O Senado enterrou os planos da Câmara, mas o Partido Republicano não desistiu. Em 2014, a Câmara, controlada pelos republicanos, tentou cortar o financiamento do *Title X* em dez milhões de dólares. Enquanto isso, depois de conseguir excluir a cobertura ao aborto da Lei de Proteção e Cuidado ao Paciente, o Congresso deslocou-se mais à direita e tentou enfraquecer a cobertura de contraceptivos exigindo que a chamada "cláusula da consciência" fosse incluída na legislação da cobertura preventiva obrigatória, uma cláusula tão ampla que poderia cobrir praticamente qualquer empregador.

Quando republicanos antiaborto manifestam-se sobre a contracepção, suas propostas são pouco realistas, quando não desonestas. "Nós, os defensores pró-vida, precisamos liderar

---

270 https://www.politico.com/story/2011/02/house-defunds-planned-parenthood-049830.
271 Aimee Miles, "A Guide to GOP Proposals on Family Planning Funds", *Kaiser Health News*, 9 de março de 2011, kaiserhealthnews.org/stories/2011/february/18/planned-parenthood-title-10.aspx.

os esforços do *Title X*", incitou a lobista republicana Juleanna Glover em um editorial com ares de desespero no *New York Times*. Sua sugestão de reforçar o *Title X*, mas proibir os fundos de "qualquer grupo que realize abortos" (ou seja, *Planned Parenthood*), pode soar como uma concessão razoável, mas é pura fantasia.[272] Em primeiro lugar, não existe nenhuma força antiaborto politicamente organizada e poderosa que seja a favor da contracepção. Haveria por exemplo os entusiastas da contracepção do Partido Republicano como Nelson Rockefeller, Bob Packwood, o Richard Nixon que assinou o *Title X* e o George H. W. Bush, que era tão favorável à contracepção como congressista que foi apelidado de "Camisinha"? Aquele partido não existe mais, foi suplantado por um partido submisso ao direito religioso e outros extremistas religiosos que consolidaram seus poderes nas vitórias eleitorais do *Tea Party*[273] no começo de 2010. Em segundo lugar, não há nenhuma rede alternativa de clínicas existentes para substituir as do *Planned Parenthood*. Quando o Texas fechou cerca de 40 clínicas do *Planned Parenthood* de seu Programa de Saúde da Mulher do Texas em 2011, pedidos de reembolso de pílulas anticoncepcionais caíram 38% para mulheres de baixa renda, e os pedidos de exames de rotina caíram 23%.[274] Até 2013, reportou o *Austin Chronicle*, legisla-

---

272 Juleanna Glover, "Republicans Must Support Public Financing for Contraception", *The New York Times*, 27 de dezembro de 2012.
273 N. do E.: *Tea Party*, ao pé da letra, Partido do Chá, não é propriamente um partido, mas uma ala radical do Partido Republicano cujo nome faz alusão à famosa Revolta do chá, um episódio da Revolução Americana. Na ocasião, os então colonos, disfarçados de índios, invadiram um navio e atiraram caixas de chá da Companhia das Índias Orientais ao mar como forma de protesto contra os tributos que a Coroa Britânica impunha às então treze colônias. O atual Tea Party compreende o episódio como uma revolta contra o "Estado grande" e, a partir daí, reivindica seu legado como defensor de uma agenda que mistura Estado mínimo e conservadorismo moral, embora muitos dos seus membros apresentem pautas antissistêmicas mais gerais.
274 Becca Aaronson, "Claims Drop Under State-Run Women's Health Program", *Texas Tribune*, 13 de dezembro de 2013.

dores republicanos cortaram dois terços do orçamento estadual para planejamento familiar o que resultou no fechamento de 76 clínicas de planejamento familiar (incluindo as que não são da *Planned Parenthood*). O número de mulheres atendidas foi reduzido em 77% em comparação a 2011.[275] É difícil acreditar que esses conservadores que acenam com bandeira branca aos pró-escolha no que se refere à contracepção estejam realmente fazendo uma tentativa genuína de concessão e não um gesto retórico cínico.

O mesmo padrão vale para a educação sexual. Os opositores ao aborto promovem uma educação sexual de defesa da abstinência exclusiva, apesar das fortes evidências de que ela não tem efeitos positivos a longo prazo. Esse tipo de educação pode adiar o sexo para jovens adolescentes, mas não por muito tempo e, quando esses jovens iniciam a vida sexual, eles têm uma menor probabilidade de usar camisinhas ou outros métodos contraceptivos.[276] O estado do Texas possui a terceira maior taxa de gravidez na adolescência, mas o governador Rick Perry, fervoroso antiaborto, impediu o seu Departamento de Saúde de solicitar o recebimento de milhões de dólares em fundos federais direcionados à prevenção de gravidez na adolescência por meio do uso de contraceptivos em paralelo com a educação focada em abstinência sexual. No entanto, em 2013, o estado do Texas gastou 1,2 milhão de dólares em fundos públicos para promover a abstinência antes do casamento. (Sim, o governo federal ainda financia educação sexual para a abstinência exclusiva, apesar da oposição declarada do presidente Obama à educação sexual que não inclua informações sobre a contracep-

---

275 Jordan Smith, "Texas Family Planning (Still) Costs More, Serves Fewer Women", *Austin Chronicle*, 19 de novembro de 2013.
276 Guttmacher Institute, "Facts on American Teens' Sources of Information About Sex", fevereiro de 2012, guttmacher.org/pubs/FB-Teen-Sex-Ed.html.

ção.)²⁷⁷ O site *Our Town 4 Teens* não contém nenhuma menção sobre métodos anticoncepcionais ou informações sobre saúde sexual. Além disso, desde 1998, o estado do Texas exige permissão parental para adolescentes obterem receitas para anticoncepcionais em clínicas financiadas pelo estado. (Utah é o único estado com uma regulação semelhante.)²⁷⁸ Esse parece ser um estado que se importa mais com a prevenção de abortos causados por gestações indesejadas ou um estado que usa o medo da gravidez em uma tentativa vã de evitar que mulheres e meninas façam sexo punindo-as e obrigando-as a levar a gravidez a termo caso elas o façam?

Para o movimento organizado antiescolha, a contracepção e uma educação sexual realista não são soluções para o problema do aborto. São todos aspectos de um mesmo desastre moral e social. Segundo a líder da *Lista Susan B. Anthony*, Marjorie Dannenfelser, "A questão de fundo é que perder a conexão entre sexo e ter filhos causa problemas".²⁷⁹

E qual o maior desses problemas? Mulheres fazendo muito, muito sexo. Pense nos ataques de Rush Limbaugh contra Sandra Fluke. Depois que a estudante de direito da Universidade de Georgetown foi barrada em um painel de parlamentares constituído somente por homens em uma cobertura obrigató-

---

277 National Abstinence Education Association, "HHS Releases List of Successful Grantees for New Competitive Education Program", 1º de outubro de 2012, abstinenceworks.org/news/109-hhs-releases-list-of-successful-grantees-fornew-competitive-abstinence-education-program; Sarah Kliff, "Under Obama Administration, Abstinence-Only Education Finds Surprising New Foothold", *The Washington Post*, 8 de maio de 2012, washingtonpost.com/blogs/wonkblog/post/under-obama-administration-abstinence-only-education-finds-surprising-new-foothold/2012/05/08/gIQA8fcwAU_blog.html.
278 Heather Boonstra e Elizabeth Nash. "Minors and the Right to Consent to Health Care", *The Guttmacher Report on Public Policy 3*, n. 4, 2000, p. 4-8.
279 Nick Sementelli, "Logical Fallacies and Radical Policies", *Faith in Public Life*, 8 de junho de 2011, faithinpubliclife.org/blog/logical_fallacies_and_radical/.

ria sobre a contracepção na Lei de Proteção e Cuidado ao Paciente em fevereiro de 2012, ela testemunhou a favor da medida para um painel parlamentar do Partido Democrata. Apesar de seus exemplos de pessoas específicas prejudicadas pela recusa de Georgetown em oferecer contraceptivos fossem discretos – dois cônjuges, uma lésbica que precisava da pílula para controlar sua síndrome do ovário policístico, uma vítima de estupro –, Limbaugh a chamou de vagabunda e prostituta:

> O que isso diz sobre a estudante universitária mista [sic] que se posiciona diante de um comitê de parlamentares e basicamente diz que deve ser paga para fazer sexo? O que isso faz dela? Faz dela uma vagabunda, certo? Faz dela uma prostituta. Ela quer ser paga para fazer sexo. Ela faz tanto sexo que não consegue pagar pela contracepção. Ela quer que eu e você e todos os contribuintes paguem para que ela faça sexo.[280]

Limbaugh, que foi casado quatro vezes e não tem filhos, deve estar acostumado com contraceptivos, mas aparentemente pensa que uma mulher precisa tomar a pílula cada vez que fizer sexo. (Depois de atacar Fluke 46 vezes em três dias, ele finalmente se desculpou por sua "escolha de palavras insultuosas" por ter comparado a cobertura de anticoncepcionais com tênis financiados com dinheiro público para estudantes que querem correr para ficar em forma.)[281] Suas fantasias sobre o comportamento libidinoso facilitado pelo uso da pílula – em um dado momento ele insistiu para que Fluke publicasse seus vídeos de sexo na Internet – vão na mesma linha de sua associação li-

---
280 Bob Garfield, "Rush Limbaugh, You Elite Liberal Feminist!", *The Guardian*, 3 de março de 2012.
281 Rush Limbaugh, "A Statement From Rush", RushLimbaugh.com, 3 de março de 2012, rushlimbaugh.com/daily/2012/03/03/a_statement_from_rush.

vre bizarra sobre o aborto. Quando um participante perguntou como acabar com o aborto, a resposta de Limbaugh foi uma deflagração da violência contra mulheres errantes com o icônico símbolo da resistência masculina ao Estado-babá: "exigir que cada [aborto] aconteça com uma arma".[282] Ele não foi a primeira pessoa a fazer essa associação. O adesivo de campanha de 2013 do deputado republicano do Texas, Steve Stockman, dizia: *Se bebês tivessem armas, eles não seriam abortados. Vote pró-vida!* Na Marcha pela Vida de 2013 na cidade de Washington, vi um cartaz feito a mão com os seguintes dizeres: *Os bebês em gestação no útero devem aprender defesa pessoal e lutar pelo seu espaço pois os úteros são seus lares por direito durante 9 meses.*

Os comentaristas em geral costumam ignorar Limbaugh, mas as ideias que ele expressa sobre a contracepção não são tão incomuns, nem tão ineficazes. Em 2011, a *Planned Parenthood* teve que parar de fornecer contraceptivos para mulheres de New Hampshire quando o conselho executivo federal, formado somente por homens, rejeitou cerca de 1,8 milhão de dólares em fundos estaduais e federais. "Sou contra o aborto", disse o membro do conselho Raymond Wieczorek. "Sou contra fornecer preservativos às pessoas. Se você quer fazer uma festa, faça a festa, mas não me peça para pagar por ela".[283] Os benefícios dos contraceptivos para a saúde da mulher, os custos financeiros de gestações indesejadas, parto e crianças, mesmo o sofrimento de mulheres que precisam da pílula para controlar doenças, como a desafortunada amiga de Fluke, todas essas

---

282 Conor Friedersdorf, "Rush Limbaugh: 'You Know How to Stop Abortion? Require That Each One Occur with a Gun'", *The Atlantic*, 17 de janeiro de 2013.
283 Jason McLure, "New Hampshire Planned Parenthood Stops Providing Birth Control", *Reuters*, 8 de julho de 2011, reuters.com/article/2011/07/08/us-planned- parenthood-new-hampshire-idUSTRE7675Z820110708.

preocupações razoáveis de políticas públicas não eram nada em comparação com a oportunidade de mostrar o dedo do meio às mulheres: *façam sexo com o seu dinheiro, vagabundas*. (Nem é preciso dizer que estes ataques a medicamentos e apetrechos para mulheres relacionados ao sexo nunca se estenderam ao viagra.) A própria Fluke continua a simbolizar o declínio moral dos Estados Unidos. Na *Values Voter Summit*[284] de 2013, Gary Bauer, na altura chefe do *Family Research Council* (Conselho de Pesquisa da Família), atacou o presidente Obama por telefonar para Fluke para parabenizá-la por seu depoimento: "Ainda lembro de quando presidentes faziam chamadas pessoais para astronautas para dizer quão orgulhosos se sentiam, mas claro, o programa espacial está na lata do lixo, jogado lá por Barack Obama... Agora vivemos em uma era em que um presidente louva uma promíscua estudante de uma faculdade mista porque ela pensa que *você* precisa comprar as pílulas anticoncepcionais dela. Isso, meus amigos, é a definição de uma civilização em decadência".[285] A modernidade costumava significar homens corajosos usando a ciência para conquistar o espaço; agora significa "estudantes de faculdades mistas" vulgares usando a ciência – e seus impostos – para satisfazer sua luxúria.

A prova de que as objeções à contracepção dos opositores ao aborto vão além de sentimentos protecionistas em relação aos zigotos é que eles não fazem qualquer esforço para promover métodos contraceptivos que, eles terão que admitir, não têm qualquer relação com o bloqueio da implantação do óvulo fecundado: camisinha, diafragma, capuz cervical, esponja esper-

---

[284] N.T: Conferência política anual realizada em Washington, DC para ativistas conservadores norte-americanos e autoridades eleitas de todos os Estados Unidos.
[285] RWW Blog, "Bauer: Praising a 'Promiscuous Co-Ed' Like Sandra Fluke Is a Sign of 'Civilization Decline'", 11 de outubro de 2013, youtube.com/watch?v=pT_N0yF5goY.

micida, ligação de trompas, vasectomia, coito interrompido. Imagine se o National Right to Life Committee[286] apoiasse as camisinhas Trojan ou as esponjas Today (*segurança para você... e para o óvulo fecundado!*). Os opositores ao aborto também condenam ou se calam a respeito de muitos tipos de prazer sexual que não envolvem ejaculação na vagina – apesar de que esses também podem servir como contraceptivos, e assim funcionaram durante séculos. Quando Jocelyn Elders, cirurgiã geral dos EUA durante a administração de Bill Clinton sugeriu que a masturbação fazia parte da "sexualidade humana e... talvez devesse ser ensinada", ela perdeu o emprego.[287] Por que os opositores ao aborto estão tão determinados em confinar o sexo à relação que envolve penetração pênis-vagina – que não somente pode ocasionar gestações indesejadas, mas também, para muitas mulheres, não é tão satisfatória?

Se o movimento contra o aborto legal não fosse fundamentalmente uma expressão de doutrinas religiosas, além de atitudes específicas contra as mulheres e o sexo, encontraríamos políticos antiaborto buscando votos para apoiar a contracepção como um denominador comum. Afinal, a maioria das pessoas vê a contracepção como algo positivo. Quase todas as mulheres que alguma vez fizeram sexo já a usaram em algum momento. Em contraste, somente 2% das mulheres católicas praticam planejamento familiar natural, o único método contraceptivo permitido pela Igreja, e não é de se admirar: apesar dos muitos dias sem sexo e a alta taxa de falha, quem é que gostaria de começar o dia examinando muco cervical?[288]

---

286 N.T: Comitê Nacional de Direito à Vida.
287 Paul Richter e Marlene Cimons, "Clinton Fires Surgeon General over New Flap", *Los Angeles Times*, 10 de dezembro de 1994.
288 Rachel K. Jones e Joerg Dreweke, "Countering Conventional Wisdom: New Evidence on Religion and Contraceptive Use", Guttmacher Institute, abril de 2011, guttmacher.org/pubs/Religion-and-Contraceptive-Use.pdf.

Pobreza

Pela lógica, os opositores ao aborto deveriam se importar com a pobreza. Os menos punitivistas entre eles se aproveitam do fato de que quase três quartos das mulheres que buscam abortos citam questões econômicas entre as justificativas para a decisão.[289] Não estou certa de que essa estatística signifique que, se tivessem mais dinheiro, as mesmas mulheres teriam tido aqueles filhos. As entrevistadas tiveram a possibilidade de escolher múltiplos motivos para a pergunta de por que elas estavam fazendo um aborto, e a pobreza era raramente a única citada. Praticamente a mesma quantidade de mulheres apresentou motivos como "ter um bebê mudaria dramaticamente minha vida" interferindo na educação, trabalho ou responsabilidades com os cuidados. Quase metade disse que não queria ser mãe solo. Seria mais preciso dizer que mulheres pobres têm mais gestações não planejadas e inoportunas. Elas fazem mais abortos, mas também têm mais filhos.

Então o que os opositores ao aborto estão fazendo para possibilitar que estas mulheres prossigam com suas gestações e criem esses bebês? Praticamente nada. Na verdade, há uma relação inversa entre o apoio para a restrições ao aborto e o apoio para programas que ajudem mulheres grávidas, bebês e crianças de baixa renda. Durante uma suspensão arquitetada pelo Partido Republicano no outono de 2013, o programa governamental de alimentação WIC – *Women Infants and Children* (Mulheres, bebês e crianças), que atende 8,9 milhões de mulheres e crianças com menos de 5 anos, viu-se em meio à turbulência.[290] Na

---
[289] Lawrence B. Finer et al., "Reasons U.S. Women Have Abortions: Quantitative and Qualitative Perspectives", *Perspectives on Sexual and Reproductive Health 37*, n. 3, 2005, p. 110-18.
[290] Clare O'Conner, "Government Shutdown: 9 Million Moms and Babies at Risk as WIC Program Halts", *Forbes*, 2 de outubro de 2013.

medida em que os fundos de reserva acabaram, alguns estados recusaram novas inscrições ou se recusaram a imprimir mais cupons. (O comentarista conservador antiaborto e conselheiro republicano Bill Kristol chegou a dizer, "Não acho que seja o fim do mundo".)[291] Contraponha isso com o cuidado especial demonstrado durante a suspensão com os funcionários civis do Pentágono, muitos dos quais rapidamente voltaram de suas licenças, ou com a academia de ginástica do Congresso, que continuou aberta.

Seja por conta de fome, moradia, serviços sociais ou educação, se beneficia famílias pobres, o partido antiaborto quer cortar. Aumentar o salário mínimo? Isso prejudicaria os lucros. Aumentar benefícios de desemprego? O quê? E deixar os preguiçosos na rede de segurança que Paul Ryan alega estar se transformando em uma "rede de descanso"?[292] Os republicanos antiaborto vêm tentando se livrar da Lei de Proteção e Cuidado ao Paciente desde o minuto em que ela foi aprovada. No começo de 2014, 24 estados se recusavam a expandir suas verbas do *Medicaid* para cobrir aqueles que fazem um esforço a mais para se qualificar sob as próprias regras do estado ("a mais" pode ser praticamente nada – 11 dólares por dia em alguns estados). Aqui estava uma grande oportunidade de tornar a vida um pouco menos precária para milhões de pessoas, e mais barata, também: a expansão seria completamente paga pelo governo federal por três anos, após isso o estado teria que contribuir com somente 10% da conta, no máximo. Dois terços das mães solteiras e negras sem plano de saúde do país, e 60%

---

[291] Alex Pyke, "Top Conservative: Not 'The End of the World' for Women and Infants Losing Food During Shutdown", *Think Progress*, 2 de outubro de 2013, thinkprogress.org/economy/2013/10/02/2716921/bill-kristol-shutdown-wic/.
[292] Paul Krugman, "The Hammock Fallacy", *The New York Times*, 6 de março de 2014.

dos trabalhadores pobres sem plano de saúde vivem nesses estados – uma tempestade perfeita (ou seja, fatores que se combinam para reforçarem-se uns aos outros) entre raça, classe e gênero.[293] Em todos os casos, foram governadores ou legisladores republicanos que rejeitaram a expansão. Então aqui vai algo mais importante que fetos, bebês e mães: atingir diretamente Barack Obama.

Os conservadores antiaborto não podem admitir abertamente que eles basicamente abandonaram mães e crianças. As igrejas e instituições de caridade, eles afirmam, vão ajudá-las sem burocracia e sem peso para o contribuinte. Enquanto isso, vamos fechar essas clínicas! Mas a filantropia não pode resolver o problema básico das mulheres de baixa renda, da mesma forma como não consegue resolver a falta de moradia, a fome ou a dependência de drogas. Muito menos o movimento antiaborto. A *Nurturing Network* (Rede Nutrir), fundada em 1985 pela executiva que se transformou em mãe educadora domiciliar e ativista antiaborto Mary Cunningham Agee, afirma que sua rede de dezenas de milhares de voluntários ajudou 24 mil mulheres grávidas em 29 anos, "em todos os 50 estados e 30 países do exterior", a maioria estudantes e trabalhadoras de classe média. Isso é menos do que mil mulheres por ano, e a Nurturing Network é uma das maiores iniciativas do gênero.[294] Oferecer apoio real e assistência médica de qualidade para mulheres grávidas e recém-mães em necessidade exigiria um esforço considerável das únicas entidades com poder e recursos suficientes para fazer o trabalho – os governos federal e estaduais.

---

293 Sabrina Tavernise e Robert Gebeloff, "Millions of Poor Are Left Uncovered by Health Laws", *The New York Times*, 2 de outubro de 2013.
294 The Nurturing Network, "About Us", nurturingnetwork.org/aboutus.html.

É verdade que a Igreja Católica faz *lobby* no Congresso por gastos sociais em nome dos pobres, assim como alguns pequenos grupos evangélicos liberais como o Sojourners, e alguns democratas – liberais em outras áreas – que se opõem ao aborto legal. Mas o movimento antiescolha como um todo juntou no seu bolo os elementos mais reacionáriois do Partido Republicano, que pretendem cortar até mesmo esses programas inadequados. Em 2013, diante da paralisação do governo norte-americano que arriscava mandar para a pobreza milhares de famílias que estavam no limite, a Conferência dos Bispos Católicos dos Estados Unidos fez com que os republicanos da Câmara impusessem a expansão das objeções de "consciência" aos contraceptivos como condição para que aprovassem a manutenção do governo em funcionamento.[295] Resultado: paralisação. Nada é mais importante do que salvar bebês – exceto dificultar o acesso das mulheres aos contraceptivos. Quando o Papa Francisco criticou publicamente a hierarquia eclesiástica por ser "obcecada" com gays e aborto, o mundo inteiro aplaudiu.[296]

Homens

Pela lógica, os opositores ao aborto deveriam querer aumentar o peso da responsabilidade dos homens que engravidam mulheres que não sejam suas esposas ou que abandonam suas esposas quando elas estão grávidas. Afinal, se o objetivo é prevenir o aborto, faz sentido dar aos homens uma parcela maior da prevenção de gestações indesejadas do que a que eles têm

---

295 Adele M. Stan, "At Any Cost: How Catholic Bishops Pushed for a Shutdown – and Even a Default – Over Birth Control", *RH Reality Check*, 6 de outubro de 2013, rhrealitycheck.org/article/2013/10/06/at-any-cost-how-catholic- bishops-pushed-for-a-shutdown-and-even-a-default-over-birth-control/.
296 Laurie Goodstein, "Pope Says Church Is 'Obsessed' with Gays, Abortion and Birth Control", *The New York Times*, 19 de setembro de 2013.

no momento. Isso faz sentido tanto se o objetivo for reduzir as gestações indesejadas quanto se for promover hábitos sexuais restritivos. As mulheres não conseguem fazer isso sozinhas: casadas ou não, os homens podem simplesmente ir embora, como eles têm feito desde os primórdios da história. Para ser um empecilho eficaz, as consequências da gravidez deveriam pesar para ambos os parceiros. (Na verdade, como a gravidez indesejada e o parto são por si só experiências bastante dolorosas, a sociedade deveria punir os homens mais severamente do que as mulheres, para equalizar suas motivações.) Mas os opositores ao aborto pedem a expulsão de meninos de escolas católicas e academias cristãs como fazem com suas namoradas grávidas? Eles protestaram quando a San Diego Christian College demitiu Teri James por engravidar sem ser casada – e ofereceu um emprego ao seu noivo, aquele que a engravidou? (Ele disse que não, obrigado, e agora eles são casados.)[297] Eles pedem para que as aulas sobre abstinência exclusiva compare os rapazes que fazem sexo com chiclete mastigado ou escovas de dente gastas? Não, essa humilhação é só para as meninas. Eles organizam cerimônias edipianas em que os rapazes prometem suas virgindades às suas mães, como as meninas fazem com seus pais? Não se engane. O movimento antiaborto pode deplorar todo sexo fora do casamento, mas, na prática, sua mensagem é que meninos serão sempre meninos.

Por que o movimento não usa um pouco de sua influência política para aprovar leis forçando homens que engravidam mulheres a dar apoio durante a gravidez, por exemplo, casa, comida, roupas, despesas médicas? Afinal, os opositores ao

---

297 Katherine Bindley, "Teri James, Pregnant Woman Allegedly Fired for Premarital Sex, Sues Christian School", *Huffington Post*, 1º de março de 2013, huffingtonpost.com/2013/03/01/teri-james-pregnant-woman-fired-premarital-sex-christian-school_n_2790085.html

aborto são aqueles que pensam que é um bebê mesmo que se trate de uma única célula, então qual é a justificativa para começar a pagar pensão só depois do parto? A falta de interesse em corresponsabilizar os homens que engravidam mulheres pelo cuidado com o nascituro – e o bebê nascido! – é outra pista de que a principal preocupação dos opositores ao aborto não é garantir o bem-estar do embrião e do feto, mas controlar e punir o comportamento de mulheres, e somente mulheres.

Violência contra mulheres

Pela lógica, os opositores ao aborto deveriam se preocupar *muito* com a violência doméstica – afinal, eles alegam que mulheres são frequentemente intimidadas por maridos, namorados e cafetões para fazerem abortos que elas não querem fazer. A gravidez é um momento em que as mulheres têm maiores chances de serem atacadas por seus parceiros, mas onde estavam os opositores ao aborto no inverno de 2012-2013, quando os republicanos se recusaram a renovar a VAWA – The Violence Against Women Act of 1994 (Lei da Violência Contra a Mulher)[298], porque esta incluia proteções para os indígenas norte--americanos, imigrantes ilegais e pessoas que são lésbicas, gays, bissexuais e transsexuais? Com efeito, cinco importantes bispos, chefes do comitê da US-CCB, vieram a público manifestar--se contra a VAWA porque continha expressões como "orientação sexual" e "identidade de gênero" e não incluía objeções de consciência, isentando pessoas que atendem vítimas de tráfico sexual da obrigação de oferecer contracepção de emergência e aborto a essas vítimas.[299]

---

298 N. do E.: Lei de proteção às mulheres que acabou não sendo renovada, em 2012, por intervenção de parlamentares conservadores.
299 Lauren Markoe, "Catholic Bishops Oppose Violence Against Women Act over Sexual Orientation Provisions", *Sojourners*, 8 de março de 2013, sojo.

É verdade que muitas pessoas, congregações e organizações católicas fazem muito para ajudar mulheres agredidas. Freiras católicas fazem um ótimo trabalho, apesar da investigação do Vaticano sobre a LCWR – *Leadership Conference of Women Religious* (Conferência de liderança de mulheres religiosas)[300] por independência excessiva e "feminismo radical".[301] Mas a violência contra as mulheres é um problema muito grande para ser resolvido por instituições beneficentes locais. Onde estão as reivindicações por moradias acessíveis, renda complementar, empregos ou uma vasta rede de abrigos onde mulheres grávidas e recém-mães possam se proteger de seus abusadores? Em vez disso, leis de homicídio fetal – aprovadas na década de 1990 sob o incentivo de opositores ao aborto que afirmaram querer proteger as mulheres da violência, quase sempre das mãos de seus parceiros homens – estão sendo usadas contra as próprias mulheres grávidas.

Padres católicos e pastores evangélicos pregam contra o aborto o tempo todo – o *Respect Life Sunday* (Domingo de respeito à vida) é um evento frequente no calendário católico.

---

net/blogs/2013/03/08/catholic-bishops-oppose-violence-against-women-act-over-sexual-orientation-provisio.
300 N. do E.: A associação é a maior organização de freiras norte-americanas, reunindo líderes de congregações católicas dos Estados Unidos. Fundada em 1956, a conferência inclui mais de 1500 membros, que incluíam aproximadamente 80% das 48.000 mulheres religiosas nos Estados Unidos (dado de 2015). A conferência descreve sua missão como auxiliar seus membros a "realizar colaborativamente seus serviços de liderança para promover a missão do Evangelho no mundo atual". A organização canonicamente aprovada colabora na Igreja Católica e na sociedade em geral para influenciar a mudança sistêmica, estudando tendências e assuntos significativos dentro da igreja e da sociedade, utilizando sua voz corporativa em solidariedade com pessoas que experimentam qualquer forma de violência ou opressão, e criando e oferecendo materiais de recursos sobre habilidades de liderança religiosa. Disponível em: https://lcwr.org/about.
301 Michelle Boorstein e Elizabeth Tenety, "American Nuns Stunned by Vatican Accusation of 'Radical Feminism', Crackdown", *The Washington Post*, 24 de agosto de 2011.

Entretanto não há nenhum Domingo de Respeito às Mulheres, apesar de a violência contra a mulher ser um evento frequente na vida de milhões, certamente mais frequente que o aborto – acontecimento raro para a maioria das mulheres. De fato, desde que a Igreja Católica desafia as estatísticas que sugerem que as mulheres católicas são tão propensas a fazer abortos como as não católicas alegando que elas não são frequentadoras ativas da igreja, a gente começa a se questionar por que os padres precisam passar sermões sobre esse tema aos seus paroquianos com tanta frequência.

Observe também que a Igreja Católica se opõe ao divórcio, assim como alguns evangélicos. O autor de *bestsellers* e pastor Rick Warren, que prega submissão das esposas aos maridos, sustenta que a Bíblia permite o divórcio somente pela deserção e infidelidade sexual; violência doméstica não conta. (Depois que a história chegou à imprensa quando ele foi convidado a dar o sermão na posse do presidente Obama em 2008, páginas relevantes foram removidas do site de sua igreja.) Warren está longe de estar sozinho. Igrejas evangélicas/fundamentalistas conservadoras geralmente desencorajam mulheres de se divorciarem de parceiros abusivos e, ao invés disso, as incentiva a buscar aconselhamento pastoral, que pressiona as mulheres a continuar no casamento (talvez elas não tenham sido subservientes o bastante?), tornando-as vulneráveis a mais abuso. Como é de se esperar, mulheres religiosas têm mais propensão a permanecerem em relacionamentos abusivos, e permanecerem por mais tempo do que as mulheres não religiosas, mesmo quando ao final elas efetivamente vão embora. Fica difícil argumentar que os cristãos que se opõem ao aborto são tão amigos das mulheres quanto são dos homens e dos óvulos fecundados.

Assassinato

Pela lógica, se o aborto é realmente o assassinato de mais de um milhão de crianças por ano, nenhuma causa deveria ser mais importante do que a proibição do aborto. De certa forma, o Papa Francisco estava errado em criticar os bispos por estarem concentrados com tanto afinco e severidade no aborto: o assombro é que poucos norte-americanos que dizem pensar que o aborto é assassinato façam algo concreto para pará-lo. Imagine se mais de 1 milhão de crianças nascidas fossem assassinadas por seus pais anualmente (evidentemente, é difícil imaginar as circunstâncias em que uma carnificina anual como essa aconteceria). Na hora de decidir em quem votar, interromper a matança não seria mais importante do que o financiamento de estradas, os impostos sobre propriedade ou saber se um candidato traiu ou não a sua esposa?

Políticos antiaborto, por sua vez, também colocam todo tipo de coisas no topo dessa lista. Em 2010, um grande número de republicanos antiescolha prometeu se concentrar em empregos, empregos, empregos, e não no aborto – logo, atrair empresas para seus estados com isenções de imposto era mais importante do que prevenir o assassinato de crianças. Quando concorreu à recleição em 2006, a ex-deputada republicana Marilyn Musgrave, hoje vice-presidente de assuntos governamentais da Susan B. Anthony List, disse a uma multidão de apoiadores, "Diante dos problemas que enfrentamos hoje, não acredito que exista nada mais importante do que o problema do casamento".[302] Se a proibição do aborto é menos importante do que manter Adam e Ivo longe do altar, o aborto não pode ser tão terrível. Na verdade, em 2007, os bispos católicos emitiram uma declaração

---

302 Greg Giroux, "Musgrave's Priorities at Issue in Increasingly Close Colo. 4 Race", *The New York Times*, 28 de setembro de 2006.

permitindo que seus fiéis votassem em candidatos pró-escolha contanto que o fizessem por outros motivos sérios.[303] Que questão poderia suplantar o assassinato anual legal de mais de 1 milhão de crianças?

Interesse próprio

Pela lógica, os opositores ao aborto não deveriam argumentar sobre os danos que o aborto supostamente causa às mulheres. Interromper uma gravidez deveria ser igualmente ruim mesmo se deixasse as mulheres em melhores condições, como normalmente deixa – e por isso seus opositores o caracterizam como um ato "egoísta". Agarrar-se a alegações desacreditadas de que o aborto provocará câncer em uma mulher, a deixará louca e arruinará sua vida, somente faz com que os opositores ao aborto pareçam desesperados e enganadores. Se fossem honestos, diriam que sim, obviamente o aborto poderá dar a você uma vida melhor. O aborto permitirá que você tenha filhos quando estiver pronta para isso, e este objetivo, alcançado de outra maneira, seria maravilhoso. Se tiver esse bebê, você terá que passar aperto por muitos anos, ficar presa a um trabalho que só te enche o saco, perder o respeito da sua comunidade, ficar presa a um homem que você não suporta, talvez nunca alcançar a vida que queria – e, não vamos nos esquecer que a gravidez e o parto carregam riscos por si mesmos. Por mais difícil que sua vida possa se tornar, e talvez as vidas daqueles que você ama também, você pode encontrar conforto no fato de que fez a coisa certa.

---

303 Conferência Norte-Americana de Bispos Católicos, "Forming Consciences for Faithful Citizenship", usccb.org/issues-and-action/faithful-citizenship/upload/forming-consciences-for-faithful-citizenship.pdf.

O fato de que os opositores ao aborto tentam persuadir mulheres de que ter filhos acidentais e indesejados é bom para *elas* – para sua saúde física e mental, sua felicidade, seus relacionamentos, seu futuro –, quando na verdade, pelo que conhecemos dos países onde os opositores ao aborto fazem e implementam as leis, eles se oporiam igualmente à interrupção de uma gravidez que poderia deixar a mulher grávida cega ou paralisada, mostra que, lá no fundo, eles sabem que tratar o aborto como assassinato não é convincente, tal como o verdadeiro assassinato o é. É preciso reforçar com apelos não somente à ética, mas também ao interesse próprio: o aborto vai ferir *você*. Não é dessa forma que argumentamos quando queremos convencer pessoas a não cometer danos graves a outras pessoas. (Não bata em seus filhos – senão ficará sozinho quando for velho.)

Tecnologia de reprodução assistida

Pela lógica, os opositores ao aborto deveriam se opor à fertilização *in vitro* com a mesma intensidade com que se opõem ao aborto. "Bebês" são assassinados o tempo todo em clínicas de fertilidade. Embriões extras ou defeituosos são descartados; quando muitos se implantam no útero, os médicos podem vir a matar alguns para aumentar as chances de desenvolvimento saudável dos demais. Mesmo congelados, os embriões podem se deteriorar com o tempo e eventualmente serem descartados a pedido dos pais. Por que é tão raro ver grandes grupos de pessoas rezando um terço em frente a clínicas de fertilidade ou gritando com as mulheres que as frequentam? Por que os especialistas em fertilidade não precisam usar coletes à prova de balas? Por que os hospitais não lhes negam privilégios de admissão como fazem com os médicos que realizam abortos? A diferença entre uma placa de Petri e um útero não são os embriões, são as intenções da mulher. Uma mulher em tratamento de FIV (fertilização *in vitro*) está cumprindo seu papel tradicional materno, mesmo se ela mate muitos embriões no processo; uma mulher que faz um aborto é vista como se estivesse rejeitando o embrião, mesmo se ela já tiver seis filhos.

Em *The Party of Death*, o escritor conservador Ramesh Ponnuru argumenta que os opositores ao aborto não são hipócritas por fazerem vista grossa à medicina da fertilidade: "por si só, os princípios pró-vida não levam a uma proibição da FIV; eles levam somente a regulações que evitem que as clínicas de fertilidade 'descartem o excesso de embriões' ou implantem muitos para depois abortar alguns fetos".[304] Adoro aquele "somente" – quem precisa gastar tempo analisando quais procedimentos funcionam melhor?, basta um gesto de varinha mágica de comentarista! Sob a influência do Vaticano, a Itália aprovou uma lei em 2004 que Ponnuru deve ter pesquisado com proveito. Ela proibia a doação de óvulos ou espermatozoides, o congelamento de embriões ou o teste para deficiências e doenças, exigia que só poderiam ser colhidos três óvulos por vez, e que todos os embriões resultantes do processo deveriam ser implantados. Os resultados não foram bons: as mulheres não podiam recusar os embriões com probabilidade de não serem saudáveis (paradoxalmente, elas podiam abortá-los depois, uma vez que o aborto era legal) e o fato de se colher um pequeno número de óvulos tinha como resultado fazer as mulheres se submeter a mais ciclos. Os criadores dessas novas regras não parecem ter pensado muito sobre o estresse físico e emocional dessas novas regras para as reais pacientes. Em vez de enfrentar esse regime pesado e humilhante, muitos casais foram para o exterior

---

304 Ramesh Ponnuru, *The Party of Death: The Democrats, the Media, the Courts, and the Disregard for Human Life*, Washington, DC: Regnery Publishing, 2006, p. 156.

buscar tratamentos, mesmo depois que a lei foi modificada, em 2009.³⁰⁵ (Em 2014, a corte constitucional derrubou a proibição de doação de óvulos e espermatozoides, e o governo admitiu que a lei basicamente fracassou).³⁰⁶ Obstáculos semelhantes também seriam colocados aos casais inférteis nos Estados Unidos se os opositores ao aborto pudessem criar os protocolos da FIV, mas eles não estão tentando fazer isso. A FIV é muito popular. E ainda assim, estas são as pessoas que passaram anos tentando evitar a divulgação da pílula do dia seguinte alegando que ela poderia impedir os óvulos fecundados de se implantarem, e quando perderam a batalha gastaram ainda mais anos limitando sua venda, e ainda tentam fazê-lo. Portanto, um óvulo fecundado (real ou imaginário) em uma mulher = bebê. Um óvulo fecundado em uma placa de Petri = é complicado.

Religião

Parece óbvio demais mencionar que as igrejas evangélicas que se opõem mais vigorosamente ao direito ao aborto também negam igualdade às mulheres. Com algumas exceções, elas não ordenam mulheres e, mesmo quando o fazem, a liderança está solidamente nas mãos de homens, assim como as interpretações oficiais das tradições e textos sagrados. Talvez, como já era de se esperar, tendo em conta a obsessão da Bíblia com as prostitutas, adúlteras, sedutoras, mulheres que mentem sobre estupros, e mulheres desobedientes – a começar por Eva – essas religiões veem a sexualidade e a vontade da mulher como po-

---

305 Paolo Setti, Emanuele Levi e Pasquale Patrizio, "The Italian Experience of a Restrictive IVF Law: A Review", *Journal of Fertilization In Vitro 2*, n. 109: s/p.
306 Associated Press, "Italy Court Overturns Ban on Egg or Sperm Donation", *The Washington Times*, 9 de abril de 2014.

tencialmente poluentes e perigosas, e colocam muita ênfase na virgindade e na castidade da mulher. Quando seus líderes tentam mostrar empatia com as mulheres, é colocando-as no lugar do Outro: vítimas que precisam de ajuda, infames que precisam de orientação, mártires que se sacrificam pelos filhos e pela família, ou a heroína ou santa que consegue superar seu rígido papel ao cumpri-lo, como a Virgem Maria ou Teresa de Ávila ou, no que se refere a esse tema, muitas enérgicas esposas de pastores. O Papa Francisco recentemente sugeriu que a Igreja precisava de uma "teologia da mulher".[307] Os homens são apenas pessoas – não é preciso existir uma teologia especial para todo o sexo masculino.

A hostilidade religiosa com o feminismo não é novidade: hoje é o aborto, ontem foi a Emenda da Igualdade de Direitos, décadas atrás eram os cabelos chanel e o sufrágio das mulheres. Mas o cristianismo antifeminista de hoje, como o judaísmo ultraortodoxo e o islamismo fundamentalista, é provavelmente mais intenso, porque está mais claramente do lado perdedor da história. Além de ser mais confuso e cínico. Apesar da suspeita geral com as mães trabalhadoras, mulheres ambiciosas, liderança feminina e papéis de gênero não tradicionais, a direita cristã se mostrou bastante entusiasmada quando Sarah Palin[308], mãe de cinco filhos incluindo um bebê com síndrome de Down, concorreu à vice-presidência. Seu valor como candidata carismática de destaque – uma mulher, também, tomem essa, democratas! – era maior do que qualquer coisa que se poderia ganhar atacando seu casamento aparentemente igualitário e as

---

307 S.J. Antonio Spardo, "A Big Heart Open to God", *America Magazine*, 30 de setembro de 2013.
308 Sarah Louise Palin (1964 -) é uma política republicana, ex-governadora do Alasca e candidata à vice-presidente em 2008 na chapa de John McCain. Palin era conhecida pelas posições radicais e extremistas de direita, sobretudo no que diz respeito ao porte de armas.

dimensões masculinas de suas ambições. Mesmo Phyllis Schlafly[309], que passou toda sua vida atacando mães trabalhadoras apesar de ter ela própria uma carreira bem ativa e rentável, não tinha nada de mau para falar sobre Palin. Imagine o que ela teria dito se Palin fosse uma democrata!

Obviamente, há pessoas laicas que se opõem completamente ao aborto legal. Mas elas não conduzem o movimento. É difícil ajustar a convicção de que uma mulher deve ser obrigada a aceitar e suportar todos os filhos que conceber, independente de qualquer coisa, com a crença de que, para a maioria das pessoas laicas, ela deveria decidir por conta própria o rumo da sua vida. Como se espera que ela consiga fazer isso passando por gestações indesejadas, partos e sendo obrigada a criar esses filhos depois? Pessoas laicas podem acreditar que o aborto é errado, eles podem até pensar que as mulheres que fazem abortos são vagabundas ou piores que isso, mas eles não têm a visão de mundo validada como divina e que define oficialmente as mulheres em termos de deveres conjugais, domésticos e maternos, tornando o aborto o elemento chave para a decadência e depravação dos tempos modernos.

Talvez seja um bom momento para destacar que a maioria das igrejas protestantes tradicionais, bem como o judaísmo reformado e conservador, são pelo menos moderadamente pró-escolha, apesar de dificilmente propagarem sua posição aos quatro ventos. Seu silêncio sobre o assunto dá uma impressão dúbia de que a "fé" por si só é hostil aos direitos reprodutivos. Seja como for, se você quer entender por que há tão pouca resistência organizada ao aborto legal na França, Alemanha, Grã-Bretanha e Escandinávia, o nível mais baixo de religiosidade e

---

309 Phyllis McAlpin Stewart Schlafly (1924 – 2016) foi uma advogada constitucionalista, ativista conservadora, escritora, palestrante e fundadora do *Eagle Forum*. Schlafly era conhecida por suas firmes posições políticas e sociais, sua oposição ao feminismo.

o papel muito menor que a religião desempenha na vida nacional oferecem grande parte da resposta.

Entre os estados norte-americanos, há uma correlação entre a religiosidade branca, o poder do Partido Republicano, restrições ao aborto e o status da mulher. Os dez estados em que o status da mulher é o mais alto (medido por segurança econômica, liderança e saúde) são fortemente democratas, com fortes culturas laicas (por ordem: Maryland, Havaí, Vermont, Califórnia, Delaware, Connecticut, Colorado, Nova York, Nova Jersey e Washington). Os dez estados onde o status das mulheres é mais baixo são solidamente republicanos, e neles as igrejas exercem muito poder cultural e político (Geórgia, Indiana, Dakota do Sul, Arkansas, Texas, Mississippi, Alabama, Oklahoma, Utah e Luisiana).[310]

***

Se você comparar os estados pelo número de restrições ao aborto, a imagem é praticamente um espelho invertido: os principais estados em relação ao status da mulher, onde a religião tem um papel relativamente pequeno na vida política, são os que possuem poucas restrições ao aborto. Os estados da parte de baixo da lista, onde a religião contagia a política, possuem muitas. Conforme a cientista política Jean Reith Schroedel resume em seu engenhoso estudo *Is the Fetus a Person?* (O feto é uma pessoa?), "o status da mulher é consistentemente mais baixo em estados antiaborto do que em estados pró-escolha, indicando que os legisladores dos primeiros estão mais interessados em atacar os direitos das mulheres do que em proteger a vida fe-

---

310 Anna Chu e Charles Posner, "Mapping the State of Women in America", *Center for American Progress*, 25 de setembro de 2013, americanprogress.org/issues/women/news/2013/09/25/75188/mapping-the-state-of-women-in-america/

tal".³¹¹ Reith mostra que os estados antiescolha também fazem pouco para garantir a saúde e o bem-estar de fetos e bebês (assistência pré-natal, medicamentos e outros tipos de assistência a mulheres grávidas), sem falar em crianças e famílias, além de estarem lá embaixo no que se refere aos indicadores de educação, assistência infantil, acesso a cupons de alimentos, *Medicaid* e assistência social. Seria uma coincidência que esses estados – hostis ao aborto, aos direitos das mulheres e ao fornecimento de algum apoio social a famílias – estejam cheios de devotos cristãos de direita?

Se seu objetivo é proteger os fetos, sem falar nas crianças que eles irão se tornar, não faz sentido privar as mulheres das condições para dar uma vida decente aos seus filhos, mantendo milhões de pessoas em estado de pobreza ou quase isso. Só faz sentido se o que realmente importa para você é manter as mulheres no lugar reservado a elas pelos cristãos de direita – relativamente impotentes, mas protegidas por seus maridos e famílias se forem afortunadas e bondosas, ou, se não forem, apenas absolutamente impotentes.

---

311 Jean Reith Schroedel, *Is the Fetus a Person? A Comparison of Policies Across the Fifty States*, Ithaca, NY: Cornell University Press, 2000, p. 157.

CAPÍTULO 7
É possível existir um meio-termo sobre o aborto?

Muitas pessoas acreditam que seria bom encontrar uma posição intermédia sobre o aborto. Que sonho seria se toda a questão da gravidez indesejada, fetos e mulheres com suas demandas e necessidades complicadas desaparecessem! "Permitir mas desencorajar" é uma sugestão para quem está em cima do muro, popularizada por Roger Rosenblatt em seu livro de 1992, *Life Itself: Abortion in the American Mind* (A vida em si: Aborto na mente norte-americana), mas, assim como "seguro, legal e raro", é menos uma receita política – mais contracepção?, maiores períodos de espera?, fazer a mulher se sentir mais culpada? – do que uma expressão de desconforto. Independentemente de quantos abortos são feitos e quem os faz e por que, quero que eles ocorram em menor quantidade! Um meio-termo político não necessariamente atingiria a paz cívica, uma vez que enfureceria as pessoas que realmente se importam: opositores aos direitos do aborto continuariam a insistir que qualquer coisa inferior à proibição total é homicídio sancionado pelo Estado, e os apoiadores dos direitos ao aborto continuariam a argumentar que o aumento das restrições viola os direitos da mulher à autodeterminação. Mesmo assim, seria possível existir um acordo que jogasse ambos os grupos para escanteio? Eles continuariam a protestar e se mobilizar, claro, mas a maioria sentiria que se chegou a um bom equilíbrio. Vamos analisar algumas das possibilidades.

Poderíamos estabelecer o limite do aborto legal pela questão do motivo. As pesquisas mostram apoio da maioria para o aborto legal em situações que estão claramente além do controle da mulher: atos sexuais criminosos e problemas de saúde significativos para ela ou o feto. Afora isso, dependendo do motivo, de uma pequena parcela até uma grande maioria de norte-americanos dizem querer que a mulher pague o preço por seus atos. (Não parece ser percebido que outras pessoas – sua família, o bebê – pagarão o preço também.) Por que não limitar o aborto legal a situações em que a maioria das pessoas aprova o motivo da mulher para interromper sua gravidez? Se isso soa muito rígido, para os casos particularmente dolorosos também poderíamos trazer de volta os comitês dos hospitais que costumavam decidir se as circunstâncias das mulheres eram suficientemente horrendas para serem merecedoras de uma dispensa da gravidez – algo como o programa de televisão *Queen for a Day* (Rainha por um dia), em que as mulheres que contam as mais convincentes histórias de suas aflições ganham abortos em vez de máquinas de lavar.

O problema é que, em conjunto, esses motivos amplamente aceitos se aplicam a menos de 10% dos 1,06 milhões de abortos que aconteceram nos Estados Unidos em 2011.

Certamente, muitas dessas mulheres teriam grande dificuldade em provar que são qualificadas. Quem decide se uma ameaça suicida é real ou só uma "maneira de chamar atenção"? Quão "inevitáveis" a morte ou dano permanente precisam ser? Como provar que você engravidou de seu tio, o Rotariano do Ano, sem um teste de DNA do feto abortado ou do bebê nascido? A maioria das vítimas de estupro não denuncia o crime, e parece que a polícia ou os procuradores não levam sua palavra muito a sério quando fazem a denúncia. E a gravidez no contexto de relações abusivas ou de sabotagem do método contraceptivo pelos namorados? Pode não ser estupro aos olhos da lei, mas é certamente coercitivo e, como mencionado anteriormente, não é tão raro quanto se possa imaginar.

A vasta maioria das mulheres que fazem abortos, o faz por motivos sociais, econômicos e pessoais: elas não têm os recursos para serem boas mães ou simplesmente para serem mães. Desta forma, limitar o aborto aos motivos apoiados pela maioria significaria deixar pelo menos 900 mil mulheres – muitas delas já mães, pobres ou de baixa renda, e desproporcionalmente mulheres negras – impossibilitadas de interromper suas gestações legalmente. O que aconteceria a elas? Nos tempos de antes da *Roe*, elas teriam passado por imensas provações para encontrar profissionais clandestinos ou médicos solidários que as declarassem gravemente doentes ou desequilibradas mentalmente para que conseguissem um procedimento legal. Mais uma vez, as mulheres que pudessem pagar viajariam a lugares onde o aborto é legalizado, da maneira como as mulheres irlandesas vão ao Reino Unido ou as polonesas vão à Ucrânia. Mais mulheres tentariam abortar comprando pílulas pela internet ou no mercado negro, ou usando os métodos antigos: ervas venenosas, agulhas de crochê, se jogando escada abaixo.

Não demoraria muito tempo para que a injustiça e o desleixo inerentes a esse sistema, com seus desvios raciais, classistas e sociais e suas inevitáveis tragédias, consternassem os cidadãos comuns. A profissão médica tem sido notavelmente lenta para defender os profissionais que realizam abortos, mas isso pode mudar na medida em que as salas de pronto-atendimento começarem a receber mulheres com abortos autoinduzidos incompletos, e na medida em que médicos entrarem em conflito com as novas regras, uma vez que comecem a ser interpretadas por zelosos procuradores antiaborto. Longe de trazer paz social, chegar a um meio-termo a partir das razões iniciaria a guerra dos abortos outra vez.

Segunda ideia: poderíamos limitar o aborto legal pelo *tempo*. A maioria dos norte-americanos acredita que o aborto deveria ser legal no primeiro trimestre, mas o apoio se encerra rapidamente depois disso.³¹² Os opositores ao aborto ganharam pontos com o público ao focarem em abortos tardios e os retratarem como comuns e bárbaros; essa foi a genialidade do marketing por trás da campanha contra o "aborto com nascimento parcial". Os pró-escolha corretamente contra-argumentam que abortos depois das 20 semanas são muito raros (somente 1,5% do total) e geralmente são realizados por motivos graves.³¹³ Já que os abortos tardios causam tanta comoção, além de serem tão raros, e se permitíssemos o aborto sob demanda no primeiro trimestre e o limitássemos após este período aos motivos considerados mais aceitáveis mencionados anteriormente? Cerca de 9 em cada 10 abortos aconteceriam como acontecem atualmente, nas primeiras 12 semanas de gravidez – talvez mais, porque as mulheres se esforçariam ainda mais para cumprir esse prazo apertado e as clínicas se adaptariam para encaixar as pacientes em seus horários. Apenas um pouco mais de 1 em cada 10 mulheres toparia com uma barreira no caminho e, dentre elas, as mulheres que tivessem motivos médicos conseguiriam interromper suas gestações. Isso soa justo?

Já vimos estados que aprovaram proibições quase totais ao aborto depois das 20 semanas, sob a alegação de que estes fetos podem sentir dor. Em 2013, a Câmara dos Representantes aprovou a *Pain-Capable Unborn Child Protection Act* (Lei de Proteção aos Nascituros Capazes de Sentir Dor),³¹⁴ uma proibição

---

312 Lydia Saad, "Majority of Americans Still Support Roe v. Wade Decision", Gallup, 22 e janeiro de 2013, gallup.com/poll/160058/majority-americans-support-roe-wade-decision.aspx.
313 Guttmacher Institute, "Induced Abortion in the United States", fevereiro de 2014, guttmacher.org/pubs/fb_induced_abortion.html.
314 N. do E.: O Ato de Proteção à Criança não Nascida (também conhecido como Lei de Micah) é uma lei do Congresso dos Estados Unidos para proibir abortos tardios em todo o país depois de 20 semanas após a fertilização, com base no fato de que o feto é capaz de sentir dor durante um aborto a partir

federal (que não passou pelo Senado); em 2014, os senadores republicanos tentaram novamente, e estão certos de que conseguirão aprovar a lei caso o Partido Republicano passe a ter maioria no Senado. (Esta lei, deve-se observar, define penas de prisão de até *cinco anos* para médicos que descumprirem seus severos termos: as únicas exceções são para estupro, incesto ou para salvar a vida da mulher. Que o infortúnio se abata sobre o médico que pecar para proteger sua paciente: para se safar da prisão, ele deveria ter esperado até que ela tivesse um pé na cova, como Michelle Lee, ou talvez dois, como foi o caso de Savita Halappanavar. (Malformação fetal não conta, aliás, mesmo que seja fatal. Os opositores ao aborto decidiram que é mais "misericordioso" forçar uma mulher a continuar grávida, dar à luz e ver seu bebê morrer sob cuidados hospitalares). A maioria dos pesquisadores concorda que os fetos neste estágio não desenvolveram a estrutura neurológica necessária para sentir dor, mas as pesquisas sugerem que muitos norte-americanos aprovariam tal medida, dependendo de como a pergunta fosse formulada.[315] Tendo em conta este sentimento comum, por que não sacrificar a minoria – 1 em cada 10, 1 em cada 100, o que quer que cole – para poder apoiar o direito da vasta maioria de interromper suas gestações nos estágios iniciais?

Tal barganha não está na mesa, e nunca estará. Por um lado, ela exigiria a anulação da decisão *Roe*, que veta o banimento ao aborto de segundo trimestre. As pessoas que propõem essas medidas tão razoáveis sempre deixam essa parte de fora. E uma vez

---

deste ponto da gravidez. O projeto foi apresentado pela primeira vez no Congresso em 2013, sendo aprovado com sucesso na Câmara dos Deputados em 2013, 2015 e 2017, e recebeu a maioria dos votos por duas vezes no Senado, mas não conseguiu atingir os 60 votos necessários para romper a obstrução.
315 William Saletan, "The Politics of Pain", *Slate*, 26 de julho de 2013, slate.com/articles/news_and_politics/frame_game/2013/07/polls_and_fetal_pain_do_americans_support_a_ban_on_abortion_at_20_weeks.html.

que a Suprema Corte tiver revertido a *Roe*, devolvendo o aborto aos estados, não será mais possível voltar atrás. Depois de conseguirem uma vitória de tamanho valor, por que razão os opositores ao aborto devolveriam 90% do que obtiveram pelo bem da paz cívica? Somente os liberais fazem isso. Os opositores ao aborto continuariam a fazer exatamente o que fazem agora: lutar pela proibição do aborto em todos os estados e nacionalmente, aprovando restrições, fechando clínicas, assediando médicos e pacientes, assustando o público com histórias de terror, insistindo que a mais remota mácula do aborto seja removida do financiamento público e dos planos de saúde. Mesmo deixando a *Roe* de lado, em qual assembleia estadual imaginária seria aprovada uma proposta que assegurasse o aborto sob demanda restrito ao primeiro trimestre, e o fizesse preservando e até expandindo o acesso, para que as mulheres não sejam impedidas de fazer aborto no primeiro semestre por causa de sua pobreza ou por viver em determinado lugar? Em locais onde médicos que realizam abortos sofrem ostracismo e são ameaçados e eventualmente até assassinados, como os abortos permitidos no primeiro trimestre e os abortos tardios cuidadosamente aprovados aconteceriam?

Os pró-escolha também não aceitariam a derrota tão facilmente. Os 11% de abortos que acontecem depois do primeiro trimestre incluem os casos mais desesperados e tristes: as meninas novas que não faziam ideia de estarem grávidas ou não tinham coragem de contar aos pais; mulheres de baixa-renda que entraram no segundo trimestre enquanto juntavam dinheiro para pagar a taxa da clínica; mulheres cujos parceiros as abandonaram ao saber da gravidez, deixando-as sem meios de sustentar os filhos que já têm; e, claro, as mulheres cujos fetos possuem malformações físicas ou mentais graves, muitas das quais só podem ser descobertas depois das 20 semanas. Aliás, não são poucas as mulheres que sequer sabem que estão grávidas antes de terem ultrapassado o limite das 12 semanas.[316] Um prazo bem apertado, o bastante para satisfazer as pessoas que ficam chocadas com abortos de segundo trimestre a ponto de transformar em crime a interrupção da gravidez com 13, 16 ou até mesmo 24 semanas, seria um prazo que puniria as mulheres mais necessitadas e socialmente mais isoladas; quanto mais cedo for o limite, maior o número de mulheres que sofreriam.

Deixe-me dar um exemplo de uma paciente de aborto de segundo trimestre. Através de um grupo de voluntários chamado *Heaven*, recebi em meu quarto de hóspedes uma mulher que veio para Nova York fazer um aborto com 19 ou 20 semanas. "Janelle" tinha 25 anos, era negra e vivia em um conjunto habitacional em um bairro muito pobre de outra cidade. Ela era uma pessoa agradável, amigável e afetuosa. Gostei dela. Ela falava com saudade e carinho de seus três filhos, e de sua mãe, que ficou cuidando deles enquanto ela estava fora. Fiquei com a impressão de que Janelle já estava bastante sobrecarregada, mas não era por isso que ela ia interromper a gravidez. O motivo, ela me contou enquanto comíamos espaguete, é que o pai dos filhos a havia deixado por outra mulher e tinha cortado o apoio à família. Janelle tinha trabalhado por pouco tempo, como arquivista em um programa de trabalhos temporários, mas os que querem reformar a previdência social ficariam orgulhosos dela: ela não queria buscar auxílio público. Ela queria se recompor e ganhar a vida ("não quero só um emprego", disse-me com orgulho, "quero uma carreira"). Nem ela nem sua mãe tinham o dinheiro para pagar pelo aborto. Quando ela conseguiu chegar ao fundo de abortos da sua cidade ("foram as únicas pessoas que foram legais comigo", disse ela), já tinha ultrapassado o limite de tempo aceito pelas clínicas locais e

---

316 A. Jenkins, S. Millar e J. Robins, "Denial of Pregnancy: A Literature Review and Discussion of Ethical and Legal Issues", *Journal of the Royal Society of Medicine 7*, n. 104, 2011, p. 286-91.

teria que pagar a quantia astronômica de 1.500 dólares para fazer um aborto na cidade de Nova York. As verbas costumam chegar a poucas centenas de dólares, mas nesse caso ela conseguiu a verba completa, inclusive o transporte.

É difícil saber como Janelle poderia ter feito seu aborto muito mais cedo, e é difícil saber como ela teria lidado com mais um bebê. Mas sua história, que é muito comum, teria persuadido um comitê ou um juiz de que ela merecia um afrouxamento do limite do primeiro semestre? Você mesmo pode até nem sentir muita simpatia por ela. Três filhos aos 25 anos? Contar com o namorado para se sustentar? Mas por que mulheres como Janelle precisariam expor os detalhes mais íntimos de suas vidas para conseguir a aprovação de um juiz, ou de um comitê de figuras importantes, ou de um par de psiquiatras, ou quem quer que o Estado decida nomear para julgá-la? Há milhares e milhares de Janelles, mulheres aprisionadas em situações complicadas que quem vê de fora dificilmente consegue entender (e que dificilmente seriam melhoradas se elas fossem forçadas a ter o bebê). Além de ser cara, complicada, não realista e desumanizadora, a proibição do aborto de segundo trimestre acabaria sendo uma outra forma de dividir as mulheres entre boas e más, santas e putas.

Tal como acontece com a limitação do aborto pelo critério dos motivos, se chegássemos ao acordo de restringir o aborto pelo critério do tempo, veríamos mais mulheres como Janelle sendo forçadas a situações ainda mais complicadas em suas vidas, ou recorrerendo ao aborto ilegal ou autoaborto. E para quê? O aborto de Janelle foi tardio porque ela não tinha dinheiro, mas digamos que ela também precisasse de algumas semanas para fazer um balanço de sua situação. Isso é tão terrível assim? Se é paternalista forçar as mulheres a passarem por períodos de espera, como se elas fossem obrigadas por lei a pensar sobre o que estão fazendo quando elas já tomaram a decisão, há algo de cruel em forçar uma mulher a tomar uma decisão rápida, principalmente tendo em conta a forma como assentamos o aborto sobre um enorme e assustador teste de moralidade e autoestima. Afirmamos nos preocupar com o arrependimento em relação ao aborto. Bem, algumas mulheres precisam de tempo para decidir o que fazer.

E se tivéssemos uma abordagem diferente e, em vez de uma data limite mais precoce para o aborto legal, expandíssemos o acesso *a uma educação sexual mais realista e a métodos contraceptivos*? Pesquisas sugerem que a maioria pode ficar contente com essa solução, e o mesmo aconteceria com muitos especialistas. De fato, se cada mulher recebesse assistência reprodutiva decente, se ela pudesse consultar prontamente um médico em quem confiasse quando precisasse trocar sua marca de anticoncepcional, se todas as mulheres que podem se beneficiar do DIU pudessem obtê-lo sem coparticipação, como a Lei de Proteção e Cuidado ao Paciente promete a muitas pessoas, se as pílulas do dia seguinte custassem um ou dois dólares em vez de 50, se as crianças (e adultos) não fossem tão ignorantes sobre seus corpos – se, se, se! – certamente teríamos menos gestações indesejadas e, consequentemente, menos abortos. Mas a contracepção não é mágica e as pessoas não são tão simples. Mesmo considerando que as provisões de contraceptivos sem coparticipação da Lei de Proteção e Cuidado ao Paciente reduziram a gravidez indesejada pela metade – uma extraordinária conquista da saúde pública – ainda teríamos cerca de 500 a 600 mil mulheres buscando abortos e, a não ser que o acesso ao aborto fosse amplamente expandido, a mesma proporção que temos agora – cerca de 11% – perderia o prazo limite de 12 semanas. Janelle continuaria sem sorte.

Tirei esses números do nada, claro, mas isso não importa, porque esse acordo de meio-termo não vai acontecer, independentemente de quantas pessoas comuns – ou comentaristas de política importantes – pensem que deveria acontecer. Assim como as armas e a Associação Nacional de Rifles, o que acontece com o aborto e o movimento organizado contra ele é similar: o que importa é paixão, estratégia, dinheiro e organização, não os resultados das pesquisas. Como a oposição às provisões de anticoncepcionais pela Lei de Proteção e Cuidado ao Paciente vividamente demonstra, para não falar da persistência da educação sexual focada na abstinência exclusiva, apesar de sua comprovada inutilidade, a luta relativa ao aborto se mete em tudo que esteja ligado ao sexo e à reprodução, e se meteria neste acordo de meio-termo também. Não há qualquer possibilidade de o movimento organizado antiaborto dar meia-volta e incorporar uma educação sexual abrangente, menos ainda aceitar o fornecimento público de métodos contraceptivos, independente do fato de que a maioria das pessoas seja a favor dessas medidas.[317] Como os governos estaduais têm grande poder nessas áreas, os estados em que o movimento antiaborto é forte rejeitariam as medidas.

Bem, por que não aceitar a realidade e limitar o aborto geograficamente? Deixemos Nova York ser Nova York e o Texas ser o Texas. Vamos derrubar a *Roe* e deixar as forças pró e antiescolha fazerem as coisas às suas maneiras em cada estado, e em Washington também. Isso é democracia.

Na prática, já estamos bem encaminhados nessa direção. As decisões da Suprema Corte que autorizaram restrições possibilitaram um acesso ao aborto amplamente desigual de um estado para outro, ou mesmo de uma região inteira para outra. Indo mais longe, a Corte nem precisaria derrubar a *Roe*. Ela poderia simplesmente aprovar cada vez mais restrições, alegando que

---

317 Associated Press, "Birth Control at School? Most Say It's OK", *CBS News*, 1º de novembro de 2007, cbsnews.com/news/birth-control-at-school-most--say-its-ok/.

elas não são graves o bastante para violar a *Planned Parenthood vs. Casey*. (Nessa resolução de 1992, muitos juízes apoiaram a *Roe*, mas facultaram aos estados a aprovação de restrições, contanto que não constituíssem um "peso indevido" à escolha da mulher. O que significa um "peso indevido" nesse caso permanece um mistério.) A Corte poderia alegar que as novas informações sobre desenvolvimento fetal significam que os estados poderiam vetar o aborto depois de determinado número de semanas. Poderia decidir que os estados têm o direito de regular as clínicas, mesmo se os requisitos acabassem forçando-as a fechar. Poderia descobrir que, se as restrições acarretam que nenhum médico realiza abortos em determinado estado, os médicos estão fazendo a livre escolha de não cumprir com os requisitos razoáveis. A *Roe* ainda seria a lei nacional, mas somente em um sentido formal e abstrato. A *Brown vs. Board of Ed* ainda é uma lei, afinal, e é difícil imaginar que a Suprema Corte possa derrubá-la e permitir a segregação explícita na escola pública, mas no decurso de meio século seu alcance foi tão limitado e o desejo de implementá-la ficou tão enfraquecido que as escolas públicas são hoje tão segregadas como eram há 60 anos.[318]

Se os opositores ao aborto algum dia se tornassem a maioria na Suprema Corte, eles poderiam achar politicamente mais perspicaz esvaziar a *Roe* do que derrubá-la explicitamente. Permitir que os estados imponham restrições que aumentem os custos dos procedimentos ao ponto de as pacientes não serem capazes de pagar, ou levar as clínicas a fecharem uma após a outra, não tem o mesmo impacto nacional ou potencial para a organização política como teria a derrubada da *Roe*. Assim como os outros acordos de meio-termo propostos, a solução

---

318 Richard Rothstein, "For Public Schools, Segregation Then, Segregation Since", *Economic Policy Institute*, 27 de agosto de 2013, epi.org/publication/unfinished-march-public-school-segregation/.

geográfica restabeleceria exatamente a situação que a *Roe* pretendia retificar: aborto seguro para mulheres que moram em lugares onde ele é legalizado ou que tenham a possibilidade de viajar até lá, e procedimentos clandestinos e autoaborto para as que não têm essa possibilidade. Em grande parte do país, já estamos nesse ponto. Em 2008, o estado de Arizona tinha 19 instituições que realizavam abortos, depois de uma lei que passou a proibir enfermeiros de realizar abortos médicos, o estado agora tem sete clínicas.[319] Graças às novas restrições em Ohio, três clínicas de aborto fecharam em 2013, ao passo que outras tantas estão em perigo de seguirem o mesmo caminho.[320] Em 2011, o estado do Texas tinha 44 clínicas. No princípio de 2014, depois que as novas restrições foram aprovadas, passou a haver 24. Se a lei for totalmente implementada, quando você ler isto, talvez restem só seis clínicas.

O acordo de meio-termo pelo critério geográfico, em outras palavras, é essencialmente o que está acontecendo agora, e é um desastre para as mulheres. O aborto está se tornando cada vez menos disponível, não só em estados onde os republicanos são mais radicais, em que o sentimento antiaborto é mais forte, mas também nos estados de maioria republicana mais moderada, como Pensilvânia e Wisconsin. Os estados do Mississippi, Dakota do Norte, Dakota do Sul, Arkansas e Missouri têm somente uma única clínica cada.[321] O estado de Wyoming não tem nenhuma, apesar de ter três médicos ou hospitais que reali-

---

319 Esmé E. Deprez, "Abortion Clinics Close at Record Pace After States Tighten Rules", *Bloomberg*, 3 de setembro de 2013, bloomberg.com/news/2013-09-03/abortion-clinics-close-at-record-pace-after-states-tighten-rules.html.
320 Teddy Wilson, "Following Ohio Clinic Closures, Michigan Sees Influx of Ohio Patients Seeking Abortions", *RH Reality Check*, 30 de outubro de 2013, rhrealitycheck.org/article/2013/10/30/following-ohio-clinic-closures-michigan-sees-influx-of-ohio-patients-seeking-abortions/.
321 Austin Ruse, "Missouri Joins Five States with Only One Abortion Clinic", *Breitbart*, 25 de março de 2014, breitbart.com/Big-Government/2014/03/23/Missouri-Joins-Five-States-with-Only-One-Abortion-Clinic.

zam uns poucos abortos. (Em 2009, mais de 90% das mulheres de Wyoming que abortaram tiveram que sair do estado para fazer o procedimento.)[322] O fechamento de duas clínicas de Montana – uma por aposentadoria do profissional e outra por evidente vandalismo antiaborto – deixam o estado com somente duas, e em razão de outros fechamentos na região estas duas atendem uma faixa de cerca de 2 mil quilômetros que se estende desde a divisa oeste com o estado de Idaho até a divisa leste com as Dakotas.[323] A avalanche de restrições propostas produz seus efeitos mesmo quando muitas leis falham. O aborto é mais estigmatizado, os opositores ficam cheios de energia e as mulheres que não estão por dentro das notícias podem ficar com a impressão de que o aborto se tornou ilegal ou indisponível.

Queremos mesmo repetir a história? Também podemos nos perguntar por que o direito ao aborto deveria ser devolvido aos estados quando outros direitos constitucionalmente protegidos também não são, independente de quão pouco populares eles sejam. A Primeira Emenda ainda abrange o país todo, mesmo que um monte de estados preferisse trazer de volta as orações em escolas públicas, ensinar criacionismo em aulas de biologia e até mesmo decorar cada sala de tribunal com os Dez Mandamentos. Em todo caso, o acordo de meio-termo por critério geográfico seria um tiro pela culatra. Ao invés de paz e consenso, as disputas políticas relativas ao aborto tomariam de fúria as legislaturas de 50 estados e no Congresso, e as leis do aborto estariam sujeitas a reviravoltas a cada eleição. Algo parecido com o que acontece agora, apenas com mais intensidade.

---

322 Niraj Chokshi, "State Abortion Rates Were Dropping Even Before the Recent Surge in Restrictions", *The Washington Post*, 3 de fevereiro de 2014.
323 Robin Marty, "America's Abortion-Free Zone Grows", *The Daily Beast*, 14 de abril de 2014, thedailybeast.com/articles/2014/04/14/america-s-abortion--free-zone-grows.html.

Ainda poderíamos tentar um meio-termo mais benevolente, baseado na mais pura boa fé: restringir – não, proibir – o aborto, mas *amenizar a pobreza*. Grupos liberais antiescolha como o *Sojourners*, o grupo evangélico liderado por Jim Wallis, e o *Democrats for Life*, além do Conferência dos Bispos Católicos dos EUA e outras organizações católicas, reconhecem que as mulheres que buscam o aborto são geralmente pobres e passam dificuldades. Por que não ajudá-las? Deixando de lado por ora quantas dessas mulheres pobres que fazem abortos optariam por ter os filhos se fossem um pouco menos pobres, definitivamente estamos falando de um projeto de longo prazo. No atual clima de hostilidade evidente contra as mulheres pobres, especialmente as mães solo, especialmente as mães solo negras e latinas, é difícil enxergar de onde a vontade política vai sair para melhorar verdadeiramente as vidas das mulheres de baixa renda – nem vamos falar que se trataria de melhorar ao ponto de as mulheres que teriam escolhido o aborto sentiriam que conseguem criar um bebê extra que veio fora de hora. Os programas que beneficiam mães e crianças de baixa renda foram cortados: programas de bem-estar social, financiamentos para assistência infantil e programas de contraturno escolar, subsídios de moradia, contrato com agências privadas que ajudam famílias em crise. Até os cupons de alimentação estão na fila do abate.[324]

Os opositores que culpam a pobreza pelo aborto dificilmente promovem propostas ousadas em prol da mudança. Em 2006, por exemplo, o *Democrats for Life* apresentou o projeto de lei chamado Iniciativa 95-10, alegando que ele reduziria o número de abortos em 95% em dez anos. Somente quatro propostas tratavam da questão da pobreza (o resto envolvia as medidas

---

324 National Center for Law and Economic Justice, "Poverty in the United States: A Snapshot", nclej.org, 2013, nclej.org/poverty-in-the-us.php.

antiaborto de sempre, como requerimentos de consentimento informado voltados a dissuadir mulheres da escolha de fazer o aborto, facilitação da adoção e ainda mais educação sexual para a abstinência exclusiva). As medidas eram as seguintes: creches nas universidades para mães estudantes; seguro de saúde para mulheres grávidas de baixa renda; melhoria no programa alimentar *Women Infants and Children*; e aumento de verbas para abrigos de mulheres vítimas de agressão e para programas de aconselhamento.[325] (A lei baseada no 95-10, a *Pregnant Women Support Act* [Lei de Apoio às Mulheres Grávidas]),[326] perdeu força no comitê em 2009, embora os *Democrats for Life* recebam os louros pela inclusão de um Fundo de Assistência à Gravidez na Lei de Proteção e Cuidado ao Paciente.)

No entanto, eu imagino que seria preciso mais do que a promessa de uma creche para persuadir uma relutante estudante universitária a ter um filho. Ela não pode criar um filho em seu dormitório na residência estudantil, afinal. Do mesmo modo, aumentar o número de cupons da WIC seria ótimo, mas uma mulher pobre o bastante para estar qualificada para os cupons continuaria pobre depois de recebê-los. Nos idos dos anos 1990, os proponentes da reforma da estrutura de bem-estar social argumentavam que os benefícios eram tão extravagantes que incentivavam as mulheres a terem filhos só para viver dos subsídios – podemos notar que poucos opositores ao aborto estão sugerindo que a pobreza seria *tão* melhorada assim.

Talvez pudéssemos simplesmente *nos tornar a Europa Ocidental*. Quando a obstrução liderada por Wendy Davis jogou na imprensa a proposta do Texas de estabelecer o limite em 20 se-

---

[325] *Democrats for Life of America*, "The 95-10 Initiative", 2006, www.democratsforlife.org/documents_etc/95-10/95-10%20Document%20_TCB_.pdf.
[326] N.de E.: Legislação aprovada no meio da década de 2000, cujo objetivo era, por meio de uma retórica de assistência, restringir a prática do aborto.

manas, os conservadores rapidamente apontaram que a maioria dos países liberais do Oeste Europeu suspenderam o aborto sob demanda muito antes dos Estados Unidos. (Eles se esqueceram do Reino Unido e da Holanda, que permitem o aborto até 24 semanas. O Canadá, aliás, não estabelece qualquer limite temporal.) Na França, Alemanha e Dinamarca o tempo limite é de 12 semanas após a concepção, na Suécia são 18 semanas. A maioria possui outras restrições também, como consentimento parental e períodos de espera.[327] No papel, a Europa Ocidental de fato parece rígida.

Na realidade, entretanto, não é bem assim. Na França é possível fazer um aborto em qualquer hospital público e ele é pago pelo governo. Na Alemanha, é possível fazer um aborto em um hospital ou consultório médico, e os planos de saúde cobrem a taxa para mulheres de baixa renda. O aconselhamento obrigatório é solidário e imparcial. Na Suécia, o aborto é gratuito. Custo e acesso, as duas coisas que forçam o aborto a acontecer de maneira tardia nas gestações nos Estados Unidos, não são questões nesses países.

Esses limites de tempo também apresentam exceções, para (dependendo do país) saúde mental e física, anomalia fetal ou estupro. E, na prática, essas regras são flexíveis. Se uma adolescente aparecer grávida de 20 semanas e desesperada em um hospital da Suécia, é possível encontrar maneiras ajudá-la discretamente. Além disso, caso uma mulher alemã seja proibida de fazer um aborto de segundo trimestre, ela pode ir para a Holanda, e uma mulher francesa pode ir para o Reino Unido, com muito mais facilidade do que uma mulher norte-americana nos 2 mil quilômetros do "deserto do aborto" dos chamados

---

[327] Pew Research, "Abortion Laws Around the World", Religion and Public Life Project, Pew Research Center, 30 de setembro de 2008, pewforum.org/2008/09/30/abortion-laws-around-the-world/.

Estados Montanhosos[328] onde se pode encontrar uma das duas clínicas restantes na região.

Todo o contexto do aborto é diferente. As escolas ensinam educação sexual realista, contraceptivos são gratuitos e disponíveis, o sistema de saúde cobre todas as pessoas e há muito menos pobreza. Não há nenhum movimento antiaborto escrevendo as leis e vigiando médicos. Ninguém esfregará uma foto de um feto morto na cara de uma mulher ou obrigará seu médico lhe dizer que ela terá câncer.

Se os Estados Unidos fossem adotar as restrições ao aborto da Europa Ocidental, deveriam também adotar seu acesso generoso ao aborto, políticas de saúde sexual progressivas e estrutura laica de bem-estar social. Em conjunto, essas políticas representaram muito menos gestações indesejadas e, consequentemente, menos abortos. O modo europeu pode ser um acordo de meio-termo digno de ser debatido. Mas quantos conservadores que promovem suas rígidas leis para o aborto tardio estão interessados nesse debate?

E a adoção? Todo mundo adora a adoção. É um "ganha-ganha". O bebê recebe uma família, os futuros pais recebem um filho, a mulher consegue seguir adiante com sua vida. Os opositores ao aborto promovem a adoção como alternativa ao aborto há bastante tempo. Em julho de 2013, o senador do Texas Eddie Lucio, um democrata, chegou a propor uma lei exigindo que as mulheres que buscam o aborto fizessem um curso online de três horas sobre adoção antes de recorrerem a essa alternativa. "Tenho esperança de que, com mais informações sobre os recursos da adoção e serviços disponíveis, mais gestações possam ser levadas a termo", disse Lucio.[329] (Observe o uso elegante da

---
328 N. do T.: Colorado, Idaho, Montana, Nevada, Utah e Wyoming.
329 Kolten Parker, "Lucio Files Bill to Require Pre-Abortion Adoption Course", *San Antonio Express*, 30 de julho de 2013.

gramática, em que "gestações" podem receber mais informações e podem então ser "levadas a termo" – quem faria isso?) Mulheres que buscam o aborto no Texas já são obrigadas a se submeterem a aconselhamento, e os materiais que recebem do Estado incluem informações sobre adoção. Os pró-escolha também gostam da adoção. Hillary Clinton disse mais de uma vez que facilitar a adoção ajudaria a tornar o aborto "raro".[330] De maneira similar, em seu discurso de 2009 na Universidade de Notre Dame, no estado de Indiana, o presidente Obama propôs a diminuição do número de abortos por meio de "tornar a adoção mais disponível".[331] Ao contrário das alegações dos opositores de que as clínicas de aborto só querem fazer dinheiro matando bebês, algumas clínicas estabelecem parcerias com serviços de adoção para ajudar pacientes que decidem não abortar ou que chegam depois do prazo limite do aborto.

No entanto, existe uma diferença entre facilitar a adoção para mulheres grávidas que querem fazê-lo e facilitar a adoção como forma de diminuir a taxa de abortos, como se a adoção fosse automaticamente uma melhor opção, e o motivo para uma mulher escolher o aborto é porque os procedimentos para a adoção apresentam muitos obstáculos (ou, como parece pensar o senador Lucio, ela é muito "devagar" para apreciar os méritos da adoção e precisar ser forçada a estudá-los). Raramente esse é o caso. Se uma mulher não quiser trabalhar com uma agência de adoção, ela pode contatar um dos muitos casais desesperados por sua atenção na internet. Os futuros pais adotivos são aqueles que se beneficiariam de um processo simples de adoção: isenções fiscais, procedimentos otimizados, menos tempo para a mãe bioló-

---

330 Patrick D. Healy, "Clinton Seeking Shared Ground over Abortion", *The New York Times*, 25 de janeiro de 2005.
331 Michael D. Shear, "Obama Addresses Abortion Protests in Commencement Speech at Notre Dame", *The Washington Post*, 18 de maio de 2009.

gica mudar de ideia, menos direitos para o pai biológico. Deixando de lado os méritos de tais propostas, de que forma tornar os procedimentos mais fáceis para os *adotantes* poderia aumentar o número de mulheres que querem carregar os filhos para doá-los? A adoção nunca foi popular entre as mulheres grávidas. Mesmo nos anos 1950 e 1960, no pico do que ficou conhecido como *Baby Scoop Era*,[332] quando meninas brancas solteiras enfrentavam intensa censura da família e comunidade, e maternidades trabalhavam em conjunto com assistentes sociais para isolar e pressionar meninas a abdicarem de seus bebês, 4 em cada 5 ficavam com eles. (Somente 1,5% de meninas negras abdicavam de seus bebês – tanto porque suas famílias e comunidades eram mais receptivas a gestações fora do casamento, quanto porque os bebês negros eram menos desejáveis para futuros pais adotivos, muitos dos quais eram brancos, de modo que nenhuma pressão organizada era colocada sobre essas mães). Uma vez que o aborto foi legalizado, ao mesmo tempo que o julgamento às mães solo se tornou menos duro, o número de mulheres solteiras renunciando aos seus bebês para adoção despencou. Em 1989, menos de 2% das mulheres brancas e praticamente 0% das negras abdicaram de seus filhos.[333] É nesse ponto que as coisas permanecem até hoje.

Provavelmente, existem muitos motivos pelos quais as mulheres grávidas resistem à adoção, mas certamente um deles é a absoluta dor emocional de carregar uma gravidez durante nove meses e, em seguida, renunciar ao recém-nascido, possivelmente para nunca mais vê-lo. Nossa sociedade encoraja as mulheres

---

332 N. do E.: Período após a Segunda Guerra Mundial caracterizado por um aumento da taxa de gravidez pré-marital juntamente com uma taxa mais elevada de adoção de recém-nascidos. Estendeu-se até meados dos anos 1970.
333 Anjani Chandra et al., "Adoption, Adoption Seeking, and Relinquishment for Adoption in the United States", *US Department of Health and Human Services 306*, 1999, s/p.

a colocar um valor muito elevado na maternidade como uma parte essencial da identidade feminina, seja como uma elevada convocação moral seja como a fonte mais profunda de satisfação na face da Terra. Não é fácil redefinir a maternidade e doar seu bebê a um estranho. Por que uma mulher não sentiria que *"se vou levar essa gravidez até o fim, e ainda ter o parto, não vou desistir desse bebê"*? No estudo *Turnaway*[334], que analisou as mulheres que queriam abortos porém perderam o prazo local ou estadual – mulheres, em outras palavras, que não entraram em acordo consigo próprias sobre ter o bebê, apesar de estarem, em alguns casos, já com seis meses – a grande maioria acabou ficando com os filhos, independentemente de quão desanimadora fossem as suas circunstâncias. Somente 9% optam pela adoção.[335]

Portanto o primeiro problema com a adoção como alternativa ao aborto é que poucas mulheres grávidas optam por esse caminho. Em um ano típico, somente 14 mil recém-nascidos são colocados para adoção. É difícil imaginar um cenário em que a adoção se torne tão comum a ponto de fazer uma diferença real na taxa de abortos. Mesmo se a porcentagem de nascimentos que levam à adoção volte aos níveis anteriores à *Roe*, algo altamente improvável dadas as profundas mudanças sociais que aconteceram na última metade de século, e mesmo que todas essas adoções tivessem resultado de abortos que não aconteceram, ainda estaríamos falando de uma redução de 200 mil abortos. Ainda aconteceriam cerca de 800 mil abortos por ano.

E quem ficaria com esses bebês? De acordo com os números de 2002, cerca de 18,5 milhões de mulheres norte-americanas entre 18 e 44 anos alguma vez "consideraram" a adoção – a própria Hillary Clinton disse à revista *Time* que pensou nessa

---

334 https://www.ansirh.org/research/turnaway-study
335 Joshua Lang, "What Happens to Women Who Are Denied Abortions?", *The New York Times*, 12 de junho de 2013.

hipótese – e cerca de 2,6 milhões chegaram a dar passos para a adoção.[336] Mas "dar passos" é um termo da militância que pode significar meramente fazer uma chamada telefônica ou enviar um e-mail solicitando informações. Em 2002, somente 614 mil mulheres abaixo dos 45 anos chegaram a concluir uma adoção.[337] Além disso, somente uma minoria dentre essas adoções envolveu recém-nascidos norte-americanos direcionados a famílias sem nenhum parentesco com a criança: os demais eram crianças adotadas a partir de uma situação de cuidado adotivo ou assumidas por parentes, padrastos ou madrastas adotando os filhos de seu cônjuge e adoções internacionais. No momento, há certamente mais pessoas que querem adotar do que recém-nascidos norte-americanos disponíveis. Porém, mesmo presumindo que todos sejam aprovados na visita domiciliar, sejam pais adequados, e aceitem um filho de qualquer raça ou com qualquer nível de deficiência, se as taxas de adoção para todas as raças chegassem ao nível pré-*Roe* para adoção de brancos, não demoraria muito tempo para que o catálogo de futuros adotantes se esgotasse. E o que fazer a seguir?

Tendo em vista que as mulheres grávidas rejeitam a adoção de maneira tão resoluta, e tendo em vista que não parece existir uma horda infinita de casais ou solteiros sedentos por bebês, qual é o sentido de propor a adoção como forma de se lidar com o aborto? É uma questão política. Os pró-escolha podem demonstrar seu amor pelas crianças, pelas famílias e que não são "pró-aborto". Os antiescolha podem parecer amigos das mulheres, oferecendo a elas uma alternativa à criação forçada de filhos,

---

336 Departamento de Saúde e Serviços Humanos dos Estados Unidos, "Adoption Experiences of Women and Men and Demand for Children to Adopt by Women 18-44 Years of Age in the United States, 2002", *Vital and Health Statistics 23*, n. 27, 2002, p. 1-36.
337 Ibid., 7.

ao mesmo tempo que fazem com que se sintam mais culpadas por interromper uma gravidez. São só nove meses, é muito egoísta não fazer um simpático casal feliz. Esse privilégio dado ao feto e aos futuros adotantes sobre a mulher grávida é o que se chama de "encontrar um meio-termo". Minimizamos a experiência da mulher grávida: no filme, Juno chora na sua cama do hospital depois de dar à luz, mas logo depois ela está indo de bicicleta para a casa do namorado com seu violão. Em um debate do blogginheads.tv de 2009, o editor do Belieftnet, Steven Waldman, propôs a um assustado Will Saletan que as mulheres grávidas que considerem a adoção deveriam ser encorajadas com compensações pelos salários e a educação perdidos e os riscos à saúde. Ele pensava que 1.000 dólares dariam conta do recado.[338]

Essa diminuição da mãe biológica aparece em toda a literatura da adoção. Ainda assim, algumas organizações de mães biológicas são explícitas sobre a dor que muitas mulheres enfrentam, e os métodos manipuladores que alguns serviços de adoção usam para levar seus filhos. Um estudo descobriu que de 12 a 20 anos depois da adoção, três quartos das mães biológicas ainda sentiam o luto e a perda.[339] Curiosamente, ninguém está sugerindo que este sofrimento de longa duração significa que a mulher precisa de aconselhamento para superar a questão, muito menos que a adoção deveria ser proibida. A doutora Susan Wicklund, uma profissional de saúde de Montana que realiza abortos, disse-me que tinha pacientes que fizeram abortos depois de abdicarem de um bebê, porque não conseguiam conceber a possibilidade de passar por uma adoção outra vez. "Também existem mulheres que doam um filho quando são adolescentes, e agora estão grávidas tendo já dois ou três filhos. Ela não quer mais uma criança,

---
338 6 de junho de 2009. Disponível em: bloggingheads.tv/videos/2151.
339 Susan M. Henney et al., "Evolution and Resolution: Birthmothers' Experience of Grief and Loss at Different Levels of Adoption Openness", *Journal of Social and Personal Relationships* 24, n. 6, 2007, p. 875-89.

mas seus filhos têm idade o bastante para saber o que se passa. O que ela deve dizer a eles: 'vou ter um bebê e vou doá-lo'?" Possivelmente vemos a adoção como uma situação em que todas as partes ganham porque é conveniente. "Nós" – formuladores de políticas públicas, políticos, pessoas na mídia – estamos muito mais propensos a ser ou conhecer pais adotivos do que sermos ou conhecermos mães biológicas, que tendem a ser mais novas e pobres, e que geralmente, por causa do estigma, mantêm o silêncio sobre sua experiência.

A adoção pretende ser outra forma de ajudar as mulheres, e algumas vezes o é. Nem todas as mulheres com uma gravidez indesejada querem fazer um aborto, e nem todas querem criar um filho. Mas se realmente colocarmos a mulher grávida em primeiro lugar, não deve haver mais bebês disponíveis para a adoção, mas sim mais abortos e mais apoio para as mães solo.

Mas espere. Deixamos alguma coisa passar? Talvez já exista um acordo de meio-termo para o aborto debaixo dos nossos narizes. De fato, existe: a decisão *Roe* original de 1973. A *Roe* permite que cada mulher siga a sua consciência e faça o que ela acredita que seja melhor em uma área controversa a respeito da qual as pessoas discordam fortemente e talvez sempre discordarão. Ela respeita o direito dos médicos de cuidar de suas pacientes sem serem questionados ou microgerenciados por políticos e procuradores que não sabem sequer reconhecer um espéculo. Ela é realista sobre a vida – por exemplo, que o sexo acontece com frequência. Ela não eleva à condição de crianças os óvulos fecundados ou os embriões, mas protege o feto viável. A posição pró-escolha pura e simples, afinal, seria não definir limites para o aborto: o corpo de uma mulher pertence a ela durante os nove meses da gravidez, e o Estado não tem que interferir em nada. A *Roe* manteve a gravidez sob a égide do

Estado e deu ao feto, que ainda não é um cidadão aos olhos da lei, certos direitos à custa da perda dos direitos da mulher.

Os opositores tratam a *Roe* como um pavoroso improviso sem precedentes desde que os antigos gregos e romanos deixavam os bebês indesejados para serem comidos pelos lobos, mas ela, na verdade, está em sintonia com compreensões bem antigas do desenvolvimento fetal como um processo gradual. Aristóteles dividiu esse processo em três estágios: vegetal, animal e racional. Tanto Agostinho como Tomás de Aquino acreditavam que a infusão da alma acontecia bem depois da concepção. Autoridades rabínicas consideravam que o embrião era "água" até o 40º dia. Nos Estados Unidos colonial e na maioria dos estados até depois da Guerra Civil, o aborto era permitido sob a lei comum até a vivificação, num momento já avançado do segundo trimestre. O aborto era legal quando a Declaração da Independência declarou que a vida, a liberdade e a busca da felicidade eram direitos inalienáveis conferidos pelo Criador, e quando a Constituição foi escrita, também.[340] Se os Pais Fundadores quisessem proibir o aborto, eles poderiam tê-lo feito, mas não o fizeram. Até ser proibido pelas leis Comstock em 1873, abortíferos com nomes eufemísticos como Regulador Uterino e o Presente Samaritano para Mulheres eram anunciados em jornais e amplamente disponibilizados no comércio.

A *Roe* situa a linha divisória posterior à vivificação, nas 24 semanas, mas a ideia é a mesma: a reivindicação de um feto pela vida começa quando ele tem algum tipo de existência como um ser independente. Sob a *Roe*, o poder de uma mulher sobre seu feto não é absoluto: ela pode perder o direito de interromper sua

---

340 Ranana Dine, "Scarlet Letters: Getting the History of Abortion and Contraception Right", Center for American Progress, 8 de agosto de 2013, americanprogress.org/issues/religion/news/2013/08/08/71893/scarlet-letters-getting-the-history-of-abortion-and-contraception-right/.

gravidez se esperar muito tempo, mesmo se (e geralmente é o caso) ela não puder fazer de outra forma. E o poder do feto sobre a mulher também não é absoluto. A menos que ela concorde, o feto não pode matá-la ou cegá-la ou paralisá-la, ou então impedi-la de receber tratamento médico crucial, mesmo se protegê-la significar interromper a gravidez no terceiro trimestre.

Se pelo menos a Suprema Corte tivesse deixado a *Roe* em paz... Ao invés disso, ela permitiu que legisladores a picotassem – apoiando a Emenda Hyde e sua proibição à cobertura do aborto pelo *Medicaid* (perdão, mulheres de baixa-renda), apoiando a notificação e o consentimento parental (perdão, adolescentes), apoiando a proibição do "aborto de nascimento parcial" sem mencionar qualquer exceção em função da saúde da mulher (perdão, pacientes, perdão, médicos), e assim por diante. Em 2013, somente um estado, Oregon, não adicionou restrições à resolução original da *Roe*.[341] O vago "peso indevido" padrão na *Planned Parenthood vs. Casey* parece convidar o Estado e legisladores federais a aprovarem leis restritivas, culminando com a onda que se seguiu às eleições de 2010. Talvez a corte venha a derrubar as piores dentre essas leis, talvez não. Quem sabe o que é um peso indevido na mente do juiz Anthony Kennedy?

Enquanto isso, se você vive em Oklahoma ou Luisiana, Mississippi ou Michigan, ou em dezenas de outros estados, comece a economizar seu dinheiro. Você – ou sua filha, sua irmã, sua amiga, sua esposa – podem precisar interromper uma gravidez qualquer dia desses, e a clínica mais próxima estará a centenas de quilômetros de distância.

Nós tínhamos um acordo de meio-termo, mas abdicamos dele.

---

341 Sarah Kliff, "All States Except Oregon Now Limit Abortion Access", *The Washington Post*, 31 de janeiro de 2013.

CAPÍTULO 8
Reconceituando a maternidade

As pessoas veem as mulheres grávidas como seres frágeis e vulneráveis, mas quando estive grávida da minha filha me sentia como se fosse capaz de pôr a mão no fogo sem sentir nada. Nunca me senti sozinha: éramos duas e estávamos bem ali. Eu não pensava na minha filha como um embrião ou um feto – palavras médicas que pertencem às cartilhas ou ao debate sobre o aborto. Eu pensava nela como uma divertida criatura do mar de sexo indeterminado, e depois, sim, um bebê, mesmo que ela fosse um bebê só nos meus pensamentos. Como muitos casais, o pai dela e eu até inventamos um apelido para ela – Winky. Eu ainda não era mãe, mas estava me preparando para ser muito antes de ela nascer. Esperando pela amniocentese, ou teste do líquido amniótico, passei muito tempo imaginando com quais anomalias genéticas (que era como nos ensinaram a chamá-las, porque dizer "defeitos" tem uma conotação de julgamento muito forte) eu conseguiria viver – isto é, com as quais o bebê conseguiria viver. Cego, tudo bem, surdo, tudo bem – mas e cego e surdo? Com síndrome de Down? Síndrome do X frágil? Síndrome de Turner? Por fim os exames não mostraram nada de anormal, e eu não precisei tomar nenhuma decisão. Eu sequer sabia sobre as mais desastrosas possibilidades: anencefalia ou órgãos crescendo fora do corpo como uma trepadeira sufocante. Hoje, se eu tivesse recebido resultados de exames assim e vivesse em um estado que proíbe o aborto depois das 20 semanas, eu teria que viajar para um estado distante. Eu poderia arcar com essa despesa, mas e as mulheres que não podem? O que acontece com elas agora? Elas precisam carregar sua Winky condenada até que ela morra dentro de seu corpo ou até o parto em nome da "vida"?

Nós pensamos que valorizamos as mães nos Estados Unidos, mas não o fazemos. Podemos até reverenciar a maternidade, uma nebulosa abstração, o manto de linho e o halo, mas uma mãe é apenas um tipo de mulher, e no fim das contas, as mulheres são um problema e não têm tanto valor assim. Mães de baixa renda assolam o país – por que tiveram filhos se não podiam sustentá-los? Mães de classe média são umas barangas chatas. As da elite são hipócritas obcecadas: elas não conseguem perceber como são irritantes com sua ioga, briguinhas por fraldas de pano e amamentação, seus carrinhos assinados por designers que ocupam metade de uma calçada obrigando os transeuntes com pressa a dar voltas enormes para ultrapassá-las?

A maternidade é interessante em um sentido geral da cultura na medida em que possa se tornar uma fantasia sexual (como a MILF, *mom I'd like to fuck*, ou "a mãe que eu gostaria de foder") ou como uma maneira de colocar as mulheres umas contra as outras para exporem julgamentos, ou como justificativa para limitar a capacidade de uma mulher de fazer qualquer outra coisa, ou ainda como forma de fabricar aquela névoa de culpa e ansiedade que suga a vitalidade e a confiança de tantas mulheres. Mas, por si só, cuidar de crianças não é de grande interesse do mundo em geral. O trabalho das mães é tão desvalorizado que um juiz no estado de Nebraska, que anteriormente foi um advogado da organização pró-vida *Operation Rescue*, pode negar a uma menina de 16 anos em assistência familiar o aborto que ela quer sob a alegação de que ela não tem maturidade o bastante para tomar esse tipo de decisão – mas aparentemente ela tem maturidade o bastante para passar pela gravidez, pelo parto e para criar um filho.[342] Qualquer pessoa consegue fazer isso. Aristóteles acreditava que a mulher era um homem deformado. Algo deu errado na sua concepção: talvez o vento sul estivesse soprando ao invés do vigoroso vento do norte. E, apesar de conscientemente não acreditarmos mais na inferioridade da mulher, o peso recai sobre a mulher caso ela queira participar plenamente da vida, que tem sido organizada ao redor do ideal do trabalhador masculino sem responsabilidades significativas em casa. O peso também é dela se ela tiver filhos, voluntariamente ou não – e se ela não tiver filhos também, pois, afinal, que tipo de mulher não tem filhos? E também se ela fizer sexo, voluntariamente ou não. Ela é a pessoa que precisa usar contraceptivos, e, além disso, deve usá-los corretamente ou pagar o preço se eles falharem.

Os homens são expostos ao escárnio público por serem desastrados com os preservativos, ou por não interromperem o coito a tempo ou, em relação a este assunto, presumirem que as parceiras já se ocuparam da contracepção? Ela é a estúpida, a descuidada, a que se esqueceu por dois minutos que seu corpo pode facilmente traí-la. É como se a mulher carregasse seu sistema reprodutivo com ela tal qual um casaco de peles no inverno. Não se pode esperar que ela consiga andar livremente como uma pessoa normal com aquela vestimenta quente e pesada. Mas ela poderia tirá-lo se ela realmente quisesse?

Sob essas condições, a capacidade de interromper uma gravidez é mais profunda que um direito: é autopreservação bási-

---

342 Jessica Mason Pieklo, "In Denying a 16-Year-old Judicial Bypass, Nebraska Supreme Court Creates Ban on Abortions for Minors in State Custody", *RH Reality Check*, 6 de outubro de 2013, rhrealitycheck.org/article/2013/10/06/in-denying-a-16-year-old-judicial-bypass-nebraska-supreme-court-creates-ban-on-abortions-for-minors-in-state-custody/.

ca. Talvez pudesse existir uma sociedade em que as mulheres fossem legalmente obrigadas a se responsabilizar por todos os filhos que conceberam e ainda assim não se sentirem sobrecarregadas, empobrecidas, presas, acorrentadas a um parceiro que odeiam, destinadas a uma vida inferior. Mas essa sociedade não se pareceria em nada com essa que os opositores ao aborto querem defender, que é basicamente uma versão mais retrógrada da que já temos agora, com mulheres presas por décadas ao destino de criar filhos como esposas dependentes ou mães solo em grande dificuldade. Poderia existir uma sociedade em que ter um bebê no colegial não fizesse diferença para o futuro de uma menina? Em que a maternidade fosse um papel tão leve a cumprir que não houvesse motivo para não se prosseguir com uma gravidez acidental porque, digamos, os filhos seriam criados comunalmente, como em um *kibutz* israelita original, ou que o medo de estar legalmente ligada ao homem errado não fosse uma questão porque as mulheres teriam pleno controle sobre a presença dele em sua vida e na vida da criança? Em que a gravidez fora do casamento fosse considerada de maneira tão benigna e a maternidade tão generosamente recompensada – com bolsas de estudo, moradia, empregos, oportunidades, subsídios do governo, prestígio social e mais – que uma mulher não tivesse nada a perder e muito a ganhar por se responsabilizar por um bebê acidental? Isso tudo começa a soar como um matriarcado socialista, que não é nem de longe o que os opositores ao aborto têm em mente.

Para eles, a maternidade tem mais a ver com incubar um bebê e menos com o que vem depois. *Quando os pequeninos chegarem, vocês irão amá-los e tudo correrá bem. Enquanto isso, tomem aqui algumas roupinhas de bebê usadas.* O problema com essa visão não é só que uma mulher não consegue voltar aos centros de crise gestacional e obter ajuda com suas compras do mês para seu filho de cinco anos, ou voltar para a faculdade de medicina quando seu bebê entrar na educação infantil. É que se apresenta o fato de ter um bebê como algo sem grande importância. Qualquer mulher pode fazê-lo, mesmo que ela tenha 12 anos, e simplesmente seguir com a sua vida ou então entregar o bebê para a adoção. Uma vez que ela dê à luz, seu trabalho está praticamente concluído.

Essa atitude cavalheiresca sobre a gravidez e a criação de filhos é uma versão exagerada de como a maternidade é valorizada (ou desvalorizada) pela sociedade em geral. Todo o mundo gira em função do trabalho não pago ou mal pago das mulheres, e sempre foi assim. Quando esse trabalho é uma extensão de funções domésticas vistas como femininas – cuidado com os filhos ou idosos, preparação da comida, limpeza das casas – ele é mal pago, inseguro, pouco qualificado e de estatuto inferior. Mas quando é feito dentro da família, ele é profundamente mistificado e romantizado, envolto em religião, moralidade, tradição e ideias – o dom do amor gratuito, uma preferência pessoal, um entendimento privado que se vê fora do mercado de trabalho e não pode ser julgado por gente de fora. E, ainda assim, se as mulheres rejeitassem o trabalho dentro da família, a sociedade teria que pagar altas quantias para substituí-lo. Pelo menos o cuidado com idosos é geralmente reconhecido como um sacrifício pessoal; alguns estados inclusive pagam aos parentes uma pequena quantia através do *Medicaid* para manter uma pessoa idosa fora de uma casa de repouso.[343] O valor social da maternidade é muito mais escondido. Na verdade, é tão obs-

---

[343] Departamento de Saúde e Serviços Humanos dos Estados Unidos, "Using Medicaid to Cover Services for Elderly Persons in Residential Care Settings: State Policy Maker and Stakeholder Views in Six States", HHS, 2002, hhs.gov/daltcp/reports/med4rcsb.htm.

curecido que em 2009 o senador Jon Kyl (republicano do estado de Arizona) tentou eliminar a gravidez e o parto da lista de condições que os empregadores deveriam incluir em seus planos de saúde sob a Lei de Proteção e Cuidado ao Paciente: "eu não preciso de assistência de maternidade", argumentou Kyl. "Acho que sua mãe provavelmente precisou", rebateu acidamente a senadora democrata do estado de Michigan, Debbie Stabenow. Mas Kyl continuou: "isso significa exigir que em minha apólice de seguros conste algo que não preciso e que tornará a apólice mais cara".[344]

O economista de Harvard Greg Mankiw também se opõe à taxação comunitária da assistência maternidade. "O objetivo é difundir o risco do parto entre a comunidade", ele escreveu em seu blog. "Mas ter filhos é mais uma escolha do que um ato aleatório da natureza. As pessoas que dirigem um Porsche pagam mais pelo seguro do carro do que aquelas que dirigem um Chevy velho. Consideramos isso justo porque o carro que você dirige é uma escolha. Por que ter filhos não é visto da mesma maneira?"[345]

Deixando de lado o fato de que nem toda gravidez é tão voluntária, um bebê é o mesmo que um carro de luxo? O valor social dos Porsches é bem baixo. Se ninguém os comprasse (ou iates, ou Rolex com diamantes incrustados, ou quadros de Jackson Pollock), o mundo continuaria praticamente igual. Mas as crianças são imensamente importantes para todos, incluindo pessoas que não os têm ou não os querem. Eles têm valor tanto

---

344 Rachel Slajda, "Kyl: I Don't Need Maternity Care". Stabenow: 'Your Mom Probably Did'", *Talking Points Memo*, 25 de setembro de 2009, talkingpointsmemo.com/dc/kyl-i-don-t-need-maternity-care-stabenow-your-mom-probably- did.
345 Greg Mankiw, "Is Community Rating Fair?", *Blog de GregMankiw*, 11 de novembro de 2013, gregmankiw.blogspot.com/2013/11/is-community-rating-fair.html.

como crianças que são, dando significado, propósito e alegria não só para seus pais e avós, tias, tios, amigos da família (isso para não falar de empregos para milhares de professores, cuidadores, pediatras, fabricantes de brinquedos e assim por diante), como os adultos que se tornarão. Eles são o futuro, afinal: se as mulheres pararem de ter filhos, a raça humana acabaria e Mankiw não teria estudantes em suas aulas de Economia Básica. E se as mulheres parassem de criar seus filhos até a idade adulta, normalmente de forma bastante competente apesar do custo para elas mesmas e sem qualquer coisa remotamente parecida com o apoio da comunidade que tanto preocupa Mankiw, quem iria fazer esse trabalho?

Mankiw trivializa a maternidade como uma escolha individual socialmente inútil. Os opositores ao aborto, que glorificam a maternidade de forma abstrata, a trivializam mais sutilmente ao transformá-la em uma questão sem escolha, de algo que funciona para todos igualmente como um destino biológico. Eles negam seus riscos físicos, seus custos sociais e econômicos e suas gigantescas consequências pessoais. Eles desconsideram as circunstâncias individuais e a vida interior da mulher grávida. Eles equiparam o valor de uma mulher ao de um zigoto. Eles embaralham a gravidez com questões muito diferentes como a castidade e a continência sexual, e usam a ameaça de gravidez para reforçar seus próprios costumes sexuais repressivos. Mas não importa se o bebê for uma escolha pessoal livre, a consequência de a mulher ser uma vagabunda, ou um belo presente que Deus oferece às vítimas de estupro, o resultado prático é o mesmo: quaisquer dificuldades que a maternidade apresenta são problemas individuais das mães.

E se respeitássemos a gravidez e o parto como importantes eventos físicos, psicológicos e econômicos – como o trabalho?

Há um motivo pelo qual se chama o parto de trabalho. Fazer um bebê saudável demanda esforço: exige planejamento, abnegação e coragem. É caro, exigente e cansativo. Você precisa aprender coisas novas, mudar muitos hábitos, possivelmente lidar com situações médicas complicadas, tomar decisões difíceis e passar por provações estressantes. Tive um dente de siso arrancado sem Novocaína enquanto estava grávida – doeu muito e parecia que ia durar para sempre. A gentileza do jovem assistente do dentista, segurando meu cabelo para trás enquanto eu cuspia sangue em uma cuba, ficará guardada comigo para o resto da minha vida. Mulheres grávidas fazem coisas assim o tempo todo, às vezes coisas até mais difíceis. Por exemplo, elas dão à luz, que é algo que se encontra numa escala entre o doloroso e o lancinante. Ou elas fazem uma cesárea, como eu fiz, que é uma cirurgia de grande porte. Nada disso é sem risco de morte, danos ou trauma, incluindo o trauma psicológico. Forçar meninas ou mulheres a passar por isso contra a sua vontade é como aniquilar sua humanidade. Quando elas passam por isso por escolha própria, devemos todos ser gratos. O fato de que não existe como igualar a contribuição masculina para a reprodução é um motivo ainda maior para honrar as mulheres por se voluntariarem a passar por isso no seu lugar. "O mundo deve ser povoado", disse Benedito em *Muito Barulho por Nada*[346]. Mas o único momento em que reconhecemos o valor social de cuidar das crianças é quando culpamos as mulheres (brancas de classe média) por não fazerem isso o bastante.

Ao contrário de outros países ocidentais, decidimos que as mulheres deveriam arcar individualmente com a maioria das

---

[346] *Much Ado About Nothing* comédia shakespeariana de 1598/1599. A fala em questão também se traduz como "É preciso que o mundo se povoe" [*The world must be peopled* no original], sendo uma passagem na qual Benedito revela porque deixou de ser celibatário.

consequências de se tornar uma progenitora. O puritanismo sexual do cristianismo conservador se encontra com o liberalismo conservador de Greg Mankiw: "por que eu deveria pagar pelo seu anticoncepcional, ou seu aborto – ou seu bebê? Arranje um marido!" Os resultados estão todos ao nosso redor: as taxas mais altas de gravidez na adolescência até o momento no Ocidente, mães solo em dificuldade, famílias nômades em decadência, pobreza infantil. Que isso é degradante para as mulheres é óbvio. Mas também é degradante para a maternidade. Transforma o que deveria ser uma fonte de força, poder e reconhecimento para as mulheres em algo que as torna fracas, dependentes, as impede de participar plenamente na vida, enfraquece sua posição econômica e deixa muitas delas em estado de pobreza na velhice. Talvez este seja o ponto. Quando consideramos a forma como as restrições ao aborto caminham lado a lado com cortes em programas sociais e entraves na igualdade de gênero é difícil não suspeitar que o objetivo é colocar as mulheres e crianças outra vez sob o controle dos homens ao tornar impossível sua sobrevivência de outra maneira.

Qual é o real valor que os norte-americanos dão à maternidade, o verdadeiro trabalho, e às mães, as verdadeiras mulheres humanas? Não muito. Os Estados Unidos são o país mais caro no mundo para se ter um bebê: um casal pode esperar ter que pagar milhares de dólares em contas médicas relacionadas à gravidez e ao parto. O custo do parto triplicou desde 1996; a média de preço total cobrado pela assistência à gravidez e ao parto é cerca de 30 mil dólares para um parto normal e 50 mil dólares para uma cesárea.[347] Apesar das leis contra a discriminação da gravidez, mais de 3.541 denúncias desse tipo foram

---

347 Elisabeth Rosenthal, "American Way of Birth, Costliest in the World", *The New York Times*, 20 de junho de 2013.

feitas em 2013.[348] Não carregar peso, não subir em escadas muito altas, poder sentar ocasionalmente ou fazer mais pausas para ir ao banheiro são modificações temporárias no trabalho frequentemente negadas às mulheres grávidas.[349] Empregadores que estão dispostos a receberem funcionários com deficiência estabelecem o limite para as mulheres grávidas. Guadalupe Hernandez, uma cozinheira em um restaurante de *fast food* de comida mexicana na cidade de Washington, disse ao *National Women's Law Center* (Centro Nacional de Direito da Mulher):

> Meu chefe disse que a partir de agora preciso de sua permissão sempre que eu quiser usar o banheiro e também avisar todos os meus colegas. Então várias vezes ao dia tenho que procurá-lo e depois avisar todos os meus colegas. Eu me sinto tão humilhada. Meu chefe disse algumas vezes que eu não podia ir ao banheiro. Todos os meus colegas podiam ir ao banheiro quantas vezes quisessem sem precisar pedir permissão. Eu também nunca tive que pedir permissão para ir ao banheiro antes de ficar grávida, então achei que estava sendo excluída e punida só por estar grávida.

Muitas humilhações e tiranias mesquinhas depois, Hernandez foi demitida:

> Esse incidente acabou comigo. Agora eu não poderia mais trazer dinheiro para a família. Pela primeira vez na minha vida, tive que pedir assistência ao governo (cupons de alimentação e subsídios de desemprego). Tentei encontrar outro emprego, mas todas as vezes que eu ia a uma entrevista de emprego, a pessoa olhava para

---

348 US Equal Employment Opportunity Commission, "Pregnancy Discrimination Charges FY 2010 – FY 2013," EEOC, 5 de fevereiro de 2014, eeoc.gov/eeoc/statistics/enforcement /pregnancy_new.cfm.
349 Crystal Thomas, "Treating Pregnant Workers Right", *Chicago Sun-Times*, 16 de abril de 2014.

a minha barriga e dizia "não". Meu marido, que não estava trabalhando naquele momento, meu filho mais velho e meu bebê pagaram o preço.[350]

Hernandez apresentou queixas à Comissão de Igualdade de Oportunidades de Emprego, alegando ter sido demitida por estar grávida, o que é ilegal. Ela está longe de estar sozinha: milhares de mulheres grávidas são desligadas de trabalhos que são perfeitamente capazes de executar.[351] Mesmo que uma mulher consiga manter seu emprego até o parto, a lei certamente não a ajudará a mantê-lo depois. Ao contrário de todos os outros países de alta renda da Organização para a Cooperação e Desenvolvimento Econômico (OCDE), os Estados Unidos não oferecem às mães, muito menos aos pais, alguns meses de licença remunerada.[352] O governo não fornece creche para que ela possa voltar ao trabalho – ela e seu parceiro devem encontrar uma solução e pagar por conta própria. Em média, as creches consomem cerca de 49,5% dos gastos de um lar de baixa renda.[353]

Até mesmo o código tributário está contra essa mulher: como as rendas de duas pessoas casadas são tratadas como uma só, e uma mãe geralmente ganha menos que seu cônjuge, sua renda, agregada à dele, pode elevar a faixa de renda desse casal, mesmo que não seja muito dinheiro. Se adicionarmos todos os

---
350 National Women's Law Center, "Fair Treatment for Pregnant Workers: Guadalupe Hernandez's Story," NWLC, 18 de junho de 2013, nwlc.org/resource/fair-treatment-pregnant-workers-guadalupe-hernandezs-story.
351 Dina Baskt, "Pregnant, and Pushed Out of a Job", *The New York Times*, 30 de janeiro de 2012.
352 Sarah Jane Glynn e Jane Farrell, "The United States Needs to Guarantee Paid Maternity Leave", Center for American Progress, 8 de março de 2013, americanprogress.org/issues/labor/news/2013/03/08/55683/the-united-states-needs-to-guarantee-paid-maternity-leave/.
353 Sarah Jane Glynn, "Fact Sheet: Child Care", Center for American Progress, 16 de agosto de 2012, americanprogress.org/issues/labor/news/2012/08/16/11978/fact-sheet-child-care/.

custos de se trabalhar depois de se ter um filho (creche, transporte, roupas, impostos), certamente pode "não fazer sentido" que ela continue trabalhando no curto prazo, apesar de que, a longo prazo, ela pode acabar sendo prejudicada por ficar em casa. (Na verdade, os custos de creche deveriam ser pensados como algo que sai do salário de ambos os pais: criar filhos é responsabilidade tanto dele quanto dela. Mas em praticamente toda a cobertura da questão, é do contracheque da mulher que saem as despesas com educação infantil, e é assim que muitos casais tendem a enxergar a situação).

E ainda piora. Como a renomada socióloga Arlie Hochschild mostra em *The Second Shift* (A Segunda Virada), a maioria das mães trabalhadoras casadas faz a maior parte do trabalho de limpeza, cozinha, gerenciamento do lar e cuidado com os filhos, mesmo quando elas têm um salário maior – é exaustivo.[354]

Mas se ela abrir mão de trabalhar e ficar em casa, ela se tornará dependente do marido para sua sobrevivência econômica – e se ele morrer, adoecer, perder o emprego, se divorciar dela, se tornar um adicto, alcoólatra ou agressor? E se ela própria quiser se divorciar? (Curiosamente, essa possibilidade raramente aparece nos debates sobre os prós e os contras do trabalho pago).

Mesmo se ela quiser apenas ficar uns anos fora do mercado de trabalho enquanto seu filho é pequeno, o que pode soar como o ideal em termos abstratos, ela provavelmente descobrirá que não conseguirá voltar a ter nada parecido com o salário e o nível de responsabilidade que tinha anteriormente. Das mulheres que voltam ao mercado de trabalho, mas para um emprego diferente, quase 44% relataram que trabalhavam menos horas do

---

354 Arlie Hochschild, *The Second Shift: Working Parents and the Revolution at Home*, Nova York: Viking, 1989. Ver também Richard H. Thaler, "Breadwinning Wives and Nervous Husbands", *The New York Times*, 2013.

que antes da primeira gravidez.[355] Outros estudos descobriram que, para cada dois anos que uma mulher fica fora do mercado de trabalho, seus rendimentos caem em 10%.[356] E ainda outros estudos descobrem que os empregos que as mulheres conseguem depois que voltam ao mercado pagam em média 16% menos.[357] Quanto mais ela ficar em casa, mais difícil será encontrar um emprego quando ela decidir ir atrás de um. Poucos empregadores escolhem uma mulher de 50 anos que passou os últimos 15 ou 20 anos sem trabalhar fora em vez de uma que não tenha filhos, tenha 30 anos, atualizada em suas competências e com energia ilimitada. Seria "como contratar minha avó", disse um comentarista no Salon.com.[358]

Sempre ouvimos dizer que essa situação está para mudar. Quando minha filha era um bebê, a solução seria a creche no local de trabalho: afinal os empregados não iam querer perder aquelas mulheres esplêndidas em quem haviam investido, treinado e promovido. Depois disseram que seriam horários flexíveis, trabalhar de casa e fazer meio período, que era ou não era o conhecido *mommy track*,[359] em que as mães poderiam abrir mão de uma promoção para terem uma semana de trabalho mais curta. Algumas pessoas inclusive argumentaram que as mães deixarem seus empregos era uma jogada feminista – isso forçaria os empregadores a alterarem o local de trabalho para

---

355 Catalyst, "Women Leaving and Re-Entering the Workforce", *Catalyst*, 18 de março de 2013, catalyst.org/knowledge/women-leaving-and-re-entering--workforce.
356 Steve Greenhouse, "Recession Drives Women Back to the Work Force", *The New York Times*, 18 de setembro de 2009.
357 Judith Warner, "The Opt-Out Generation Wants Back In", *The New York Times*, 7 de agosto de 2013.
358 Tira Harpaz, "Can Women Over 50 'Lean In'?", *Salon*, 23 de março de 2013, salon.com/2013/03/23/is_leaning_in_an_option_for_women_over_50_partner/.
359 N. do T.: Termo usado para designar mulheres que optam por não trabalhar fora e cuidar dos filhos em casa.

atraí-las de volta. A mídia encorajou as mulheres a acreditarem que podiam voltar ao jogo sempre que quisessem. Era como se nunca fossem existir pessoas mais novas, mais baratas e menos sobrecarregadas jorrando no mercado de trabalho, e como se a própria discriminação de gênero estivesse morta.

As mulheres de baixa renda ficam em situação ainda pior. Graças à reforma da previdência social, 15 estados privaram as mulheres mais pobres, as que, no caso, dependiam da previdência social, do mínimo aumento que fosse em seus benefícios caso concebessem um bebê durante o desemprego. Esses "cortes familiares" não alcançaram seu objetivo de desencorajar a gravidez entre as pessoas pobres. Provavelmente devem ter estimulado, porque a extrema pobreza aumenta os índices de gravidez na adolescência.

Por que o governo está buscando políticas que acentuam a pobreza de mulheres carentes e seus filhos? É pelo mesmo motivo que nossa sociedade se recusou a se ajustar às mães que trabalham, mesmo que fosse para oferecer dias escolares mais longos e programas pós-escola, sem falar em creches de qualidade financiadas publicamente. As mães devem ser sustentadas pelos maridos e não incomodar empregadores ou contribuintes com suas lamúrias pedindo igualdade e inclusão. Criamos uma sociedade em que o momento em que uma gravidez acontece pode determinar o resto da vida de uma mulher. Mas quando uma mulher responde logicamente a essas restrições limitando suas gestações e usando o aborto como meio de planejá-las para quando as tiverem causar o mínimo dano, elas são desprezadas – como foi que Teddy Roosevelt disse? – como cruéis, frias, superficiais e autoindulgentes.

Pelo menos as mulheres casadas recebem um tapinha nas costas por sustentarem os valores da família. Como a direita costuma dizer (e não só a direita), as mães solo são os agentes patogênicos humanos dos Estados Unidos da atualidade. Enquanto existe alguma tolerância hoje em dia para "mães solteiras por opção" que sejam cultas, adultas e prósperas, as mães solteiras de baixa renda, principalmente se forem negras, são culpadas por problemas sociais, desde o abuso infantil e a criminalidade até as notas baixas na escola, a dependência de drogas e a própria pobreza. (Aparentemente não havia pobreza quando a maioria das crianças nascia dentro do casamento.) E a partir do momento que a mulher tem filhos fora do casamento por livre e espontânea vontade, e por conta própria, Deus proíbe que elas recebam alguma ajuda do governo: quando isso acontece elas se tornam as "rainhas da previdência social" e fraudadoras dos cupons alimentares que comem os impostos de todos os demais e fazem mais filhos para receber mais benefícios. Estes filhos crescem e se transformam em enormes adolescentes criminosos e vagabundos se forem meninos e a próxima geração de mães da previdência social se forem meninas. Essas mulheres são tão negligentes em sua procriação, tão gananciosas em suas exigências por sustento, que elas sequer parecem humanas: no debate da Câmara dos Representantes sobre a reforma da previdência social em 1995, o republicano do estado da Flórida, John L. Mica, comparou-as com jacarés e Barbara Cubin, republicana de Wyoming, comparou-as com lobos.[360]

O subtexto racial da reforma da previdência social dificilmente precisava ser manifestado abertamente, mas foi, repetidas vezes. Apesar de a maioria das beneficiárias da previdência social ser branca, a maioria das entrevistadas pela mídia às vés-

---

[360] Vanessa Gallman, "Debate in House Is Emotional and Nasty Those on Welfare Were Likened to Animals. Rhetoric Was Abrasive", *Philadelphia Inquirer*, 25 de março de 1995.

peras da reforma eram negras ou latinas; e apesar de a maioria das beneficiárias não ter mais filhos do que a média nacional, a cobertura foi focada no subgrupo de mães que tinham muitos filhos, reforçando o estereótipo da mulher negra como sendo promíscua e irresponsável. O clímax, talvez, foi uma capa da revista *New Republic*, que destacou o "Dia do acerto de contas" e "Assine a Lei da Previdência Social já", ilustrada com uma foto de uma jovem mulher negra fumando um cigarro e desviando o olhar do bebê para quem ela está dando mamadeira. (Dado: as mulheres brancas têm quase o dobro de chances das mulheres negras de fumar durante a gravidez.)[361]

Negras ou brancas, essas mulheres impotentes têm tanto poder que os comentaristas conservadores dizem que elas causaram os intensos tumultos de Londres em 2011, apesar de ninguém saber na verdade quantas pessoas jovens envolvidas foram criadas por mães solteiras.[362] E, em 2012, o candidato presidencial republicano, Mitt Romney, culpou-as pelas alarmantes taxas de violência com armas nos Estados Unidos, apesar de a maioria das armas pertencer e ser usada por homens adultos. Essa foi sua resposta no segundo debate presidencial a uma pergunta sobre a restrição de armas de assalto (não se deixem enganar por sua linguagem de gênero neutro; são somente as mulheres que "têm filhos"):

> Permitam-me mencionar mais uma coisa. Os pais. Precisamos de mães e pais ajudando a criar essas crianças. Sempre que seja possível – ter os benefícios de ambos os pais em casa. Temos muitas excelentes mães solteiras, pais solteiros. Mas, nossa, dizer às nos-

---

361 American Lung Association, "Women and Tobacco Use", American Lung Association, 2009, lung.org/stop-smoking/about-smoking/facts-figures/women-and-tobacco-use.html.
362 Tanya Gold, "The Right Has Chosen Its Scapegoat – The Single Mum. And She Will Bleed", *The Guardian*, 19 de agosto de 2011.

sas crianças que antes de terem filhos eles precisam pensar em se casar com alguém, essa é uma ótima ideia.[363]

Além de todas as suas outras culpas, aparentemente as mães solteiras são tão estúpidas que nunca lhes ocorreu que deveriam se casar com um dos muitos pretendentes, que, nessa fantasia conservadora, disputam para pedir suas mãos. Engravidar, depois parir e criar filhos por conta própria, é sua própria escolha consciente. Será que a humilhação da sexualidade feminina e a demonização do aborto propaladas por muitas igrejas cristãs em comunidades de baixa-renda (e não somente nelas) tem algo a ver com o fato de as mulheres terem filhos cedo demais e sozinhas demais?

Que uma mulher solteira seja inadequada pelo fato de não ser casada é uma ideia que está sempre à espreita. Ela é inadequada não somente porque não tem um marido neste momento para trazer estabilidade e ordem para o lar, mas porque ela não garantiu um logo no começo, quando ela fez o sexo que produziu os futuros criminosos. Uma mãe divorciada recebe o crédito por tentar; uma mãe viúva é corajosa e heroica. Essas mulheres também estão criando filhos sozinhas, com toda a pressão, os problemas financeiros e namorados potencialmente problemáticos. A diferença é que elas tiveram filhos dentro do casamento. A intenção original é que importa, e não as circunstâncias atuais da criação da criança. Obviamente, muitas mães solteiras tiveram seus filhos esperando que o casamento viesse a seguir, mas isso só mostra o quão tolas elas foram. Por que um homem compraria uma vaca – e um bezerro – quando ele já bebeu todo o leite que queria?

---

363 Mother Jones, "Mitt Romney Points Finger at Single Moms on Gun Violence", YouTube, 17 de outubro de 2012,.youtube.com/watch?v=jIUyGrvMpVg.

Há uma modalidade de discurso, entretanto, em que mulheres solteiras são vistas de forma diferente, é o discurso antiaborto. Se essa mesma mulher ou menina grávida decide que os rigores da maternidade solo são realmente grandes demais e procuram o aborto, tudo muda de figura. Agora os antiescolha – incluindo muitos políticos que atacam mulheres que têm filhos sem serem casadas, dizendo que elas são folgadas ambiciosas e que fugiram das aulas de abstinência em que as meninas são alertadas de que perder a virgindade irá manchá-las para o casamento e arruinar suas vidas – ferrenhamente apresentam a maternidade solo como apenas um pequeno obstáculo na estrada que conduz à felicidade plena. Vista da forma certa, é um desafio, uma alegria. A gravidez da mulher solteira que escolhe ter um filho não é uma caridade, ou um crime que a mulher cometeu sozinha, ou uma ameaça à grandeza dos Estados Unidos, ela está fazendo a coisa certa, expiando seu "erro". Naturalmente, a melhor forma de expiação seria deixar esse bebê ser adotado por um marido e uma mulher cristãos. Muitos centros de crise gestacional pressionam jovens meninas a abrirem mão de seus bebês, e muitos estados forçam as clínicas a levantar a possibilidade da adoção para as mulheres que procuram o aborto. "Uma mãe solteira que mantém seu bebê está quase sempre negando ao bebê o pai que Deus deseja para aquele bebê – e para qualquer bebê", escreve o líder evangélico Reverendo Richard D. Land, que sem muita sutileza faz referência à história bíblica do Rei Salomão e o bebê disputado por "duas meretrizes".[364]

Depois do parto, o foco volta para os malefícios da maternidade solo e, para os republicanos, o objetivo se torna acabar com cada um dos programas que ajudariam bebês de baixa-

---

364 Dr. Richard D. Land, "Adoption: The Best Option", *Christian Post*, 23 de novembro 2013.

-renda a crescerem saudáveis. Mas até lá, a mãe é uma heroína. Não importa quão pobre, problemática ou mal preparada para a maternidade ela é, aquele bebê é um presente de Deus – a própria redenção.

Enquanto isso, você deve estar se perguntando, onde está o Pai? No primeiro cenário, aquele em que a mulher "escolhe" ter filhos sem ser casada, o Pai é crucial: a ausência de um pai – não apenas a renda, o amor e um par de mãos a mais, mas as muitas qualidades masculinas que ele pode trazer à parentalidade – condena a criança e o país. Durante a campanha presidencial de 1992, Dan Quayle atacou especificamente a querida personagem de série Murphy Brown por "ignorar a importância dos pais por dar à luz a um filho sozinha".[365] Mas imagine se Murphy tivesse decidido interromper a gravidez. Ela teria sido enquadrada no contexto antiaborto, em que o homem é mais ou menos irrelevante, exceto o Reverendo Land. O que quer que digam sobre os malefícios das mães solteiras e da previdência social e do sexo licencioso, quando eles estão usando o chapéu conservador e anti-impostos, cristão de direita e com os valores da família, quando falam sobre aborto, os opositores ao aborto são pró-Mãe. Eles podem pressionar adolescentes a darem seus bebês para a adoção, mas eles geralmente não dizem que uma mulher adulta não pode criar bem um bebê totalmente sozinha. Eles dirão que tudo que ela precisa é de alguma ajuda e ela ficará ótima.

A organização *Feminists for Life* criou um manual otimista chamado *Raising Kids on a Shoestring* (Criando filhos com um orçamento reduzido). É cheio de sugestões para fazer o dinheiro render: usar cupons com prudência, plantar uma hortinha em

---

[365] Leslie Bennetts, "Summer of the Single Mom", *DailyBeast*, 1º de setembro de 2010, thedailybeast.com/articles/2010/09/01/jennifer-aniston-doesnt--deserve-bill-oreillys-scorn.html.

casa, frequentar bibliotecas para se manter informada, investir em fraldas de pano, comprar roupas em lojas de segunda mão e se inscrever no programa de cupons de alimentação. Na capa, uma bela jovem branca fantasiada de super-heroína, a mensagem é a de que você pode fazer isso tudo e ainda por cima se divertir. É um pouco difícil imaginar para quem exatamente essas sugestões do manual podem ser novidades (encontrar brinquedos baratos em vendas de garagem? Quem diria que isso é possível!), mas elas reforçam a ideia de que as dificuldades da maternidade solo foram exageradas. Conselhos sobre assistência às crianças com necessidades especiais e o número da linha direta para suicidas se encaixa perfeitamente em conselhos sobre como calafetar as janelas e comprar comidas não processadas. Com exceção do silêncio sobre o sexo e a contracepção, o espírito mão-na-massa não é tão diferente do que a gente encontra na revista *Hip Mama*. O aborto simplesmente não aparece. Em vez disso, as dificuldades são suavizadas: "Inúmeros pais como eu estão criando filhos com orçamentos reduzidos", diz a mãe super-heroína, "mas não fazemos isso sozinhas. Nossa verdadeira força vem de sabermos como conseguir apoio".[366]

Às vezes, quando ela é um deles, os conservadores esquecem um pouco o ataque às mães solo. Afinal, para eles, a maternidade solo é uma escolha relativamente moral contanto que a mãe tenha um pé no campo social-conservador cristão e não se apresente abertamente como uma vadia e sinta orgulho disso. Curiosamente, em seu livro *Not Afraid of Life: My Journey So Far* (Sem medo da vida: minha jornada até aqui), Bristol Palin, filha de Sarah Palin, descreve seu primeiro encontro sexual com Levi Johnston como algo que algumas comentaristas feministas

---

366 Feminists for Life of America, "Raising Kids on a Shoestring", *The American Feminist*, 2009, http://feministsforlife.org/-taf/2009/Fall09.pdf.

descreveriam como estupro.[367] (Ela escreveu que Levi "roubou" sua virgindade em um acampamento enquanto ela estava bêbada.) Em algumas entrevistas, ela rejeitou essa interpretação, se posicionando como alguém que fez "uma escolha irresponsável".[368] Cinquenta anos atrás, uma mulher como Bristol poderia ter feito um aborto clandestino, ser discretamente enviada para uma maternidade para ter seu filho e entregá-lo para a adoção, ou ser empurrada para um casamento forçado. Hoje em dia, por causa da legalidade do aborto, ela recebe o crédito por assumir a responsabilidade. Quando sua gravidez se tornou pública durante sua campanha, não houve nenhuma pressão da direita cristã – ou, pelo que parece, dos seus pais – para que ela se casasse com Johnston, e nenhum ataque foi feito à Sarah Palin por ser uma péssima mãe e ter produzido essa filha desobediente. Pelo menos Bristol não foi uma daquelas meninas que matou seu bebê! (Já a paternidade, seria difícil defender que Levi era um modelo de responsabilidade, autoridade e de oferta devota do sustento de seu filho). Bristol teve seu bebê, fez muito dinheiro com palestras para adolescentes sobre abstinência e disse ao programa *Good Morning America* (Bom dia Estados Unidos), "espero que outras mulheres com namorados canalhas possam ler o livro e pensarem, 'Quer saber? Não preciso continuar com esse cara'".

---

367 Stephen Lowman, "Review of Bristol Palin's Memoir, 'Not Afraid of Life'", *The Washington Post*, 22 de junho de 2011, articles.washingtonpost.com/2011-06-22/entertainment/35234814_1_bristol-palin-levi-johnston--memoir.
368 Katie Kindelan, "Bristol Palin Cites 'Foolish Decision' on Virginity and 'Not Accusing Levi of Date Rape'", *ABC News*, 27 de junho de 2011, abcnews.go.com/Politics/bristol-palin-absolutely-mom-sarah-palin-runpresident/story?id=13937099.

Às mães o que é delas

Como seriam os Estados Unidos se realmente valorizássemos a maternidade? Não de maneira sentimental e lisonjeira, como quando dizemos que a maternidade é o trabalho mais importante e mais difícil do mundo. Isso é obviamente falso. Muitos trabalhos são mais difíceis – experimente trabalhar na mineração de carvão ou em uma confecção clandestina. E alguns são mais importantes. A soma de toda a felicidade humana seria maior se Emily Dickinson tivesse produzido bebês ao invés de poemas? Essas crianças teriam que ser fenomenais. Afinal, ninguém diz que ser pai ou babá é o trabalho mais difícil e importante do mundo. Somente as mães recebem esse tapinha nas costas, que simultaneamente reconhece que as mulheres fazem a maior parte do trabalho parental e as diminui justamente por fazê-lo.

Se realmente valorizássemos a maternidade, nos certificaríamos de que cada jovem tivesse uma excelente educação sexual, e cada menina e mulher tivessem acesso à contracepção e ao aborto. No momento, cerca de metade de todas as gestações é acidental. Dizer "não planejadas" não necessariamente significa que sejam indesejadas, mas tendo em conta o peso que recai sobre a gravidez, deveríamos ajudar as mulheres a terem filhos quando elas já tiverem pensado sobre isso e estiverem prontas, e não só porque elas acabaram engravidando em um momento aleatório. Poucos norte-americanos contemporâneos diriam que uma mulher deve se casar com um homem só porque foi para a cama com ele. Sendo assim, por que ela deveria ter um bebê só porque foi para a cama com um homem? É muito mais uma forma um tanto extravagante de tomar uma decisão capaz de mudar sua vida que causa um efeito tão grande em tantas pessoas.

Nós nos certificaríamos de que nenhuma mulher seja marginalizada do trabalho ou vida pública porque ela teve um bebê, ou ainda, vários bebês. Somos um país rico e a maternidade é um trabalho socialmente valioso. Não é o único que as mulheres conseguem executar, como é óbvio; não estou dizendo que as mulheres devem se sentir obrigadas a terem filhos para se sentirem felizes, úteis ou verdadeiramente femininas. Mas, de alguma maneira, ter filhos é um serviço ao futuro da comunidade, e isso não deveria significar pobreza, uma vida de luta para escapar da pobreza, o fim da formação ou treinamento profissional da mulher, ter que continuar em um relacionamento ruim ou em um trabalho menos desafiador e menos recompensador do que ela seria capaz de fazer.

Tornaríamos a criação dos filhos uma responsabilidade cotidiana de ambos os pais, a começar pela licença maternidade e paternidade, avançando para horários de trabalho flexíveis, com creches fornecidas pelos empregadores e pelo governo. Ter filhos não deveria significar que as mulheres, enquanto classe, tenham menos poder social, econômico e político que os homens. Mas enquanto as mulheres fizerem o grosso do trabalho doméstico, e o grosso dos sacrifícios em nome da família, elas serão o segundo sexo no mundo todo – e enquanto a expectativa for de que a mulher abrirá mão do trabalho e da vida pública quando tiver filhos, parece mais racional não oferecer muitos avanços de antemão ou deixá-las entrar de volta quando elas baterem na porta.

Veríamos todas as mulheres e crianças como valiosas, não só aquelas que são brancas e afortunadas. As famílias não deveriam ter que viver em favelas ou em abrigos para sem-teto. Elas deveriam ter assistência de saúde de qualidade, comida de qualidade, escolas de qualidade, bairros seguros – todas as coisas que permitem aos seres humanos prosperar.

Em algumas medidas, os Estados Unidos são um dos países mais desiguais do mundo. No quesito pobreza infantil, o país fica entre a Bulgária e a Romênia – um lugar não muito bom para se estar.[369] Muitas das questões sociais que costumamos associar com a moralidade sexual – gravidez na adolescência, gravidez indesejada, maternidade solo acidental, taxas altas de aborto – são fortemente relacionadas com a pobreza e o que vem com ela: péssima assistência de saúde, baixa escolaridade, desemprego crônico, violência doméstica, comunidades abandonadas pela sociedade e um sentimento generalizado de desânimo. Ao invés de ver uma mãe de baixa-renda como um peso para a nossa sociedade, para quem o governo fornece esmolas a contragosto por "serviços" que nunca serão suficientes para tirá-la da pobreza ou mudar a perspectiva de futuro de seus filhos, precisamos inverter a equação: o que essa mulher e as milhões de outras mulheres como ela precisam para criar seus filhos para serem adultos decentes, saudáveis, bem-educados e produtivos – e o mesmo para ela própria?

Por fim, como apoiadores dos direitos reprodutivos, reconheceríamos que a educação sexual, a contracepção e o aborto não são o bastante. Não é o bastante dizer que você tem o direito de evitar uma vida difícil não tendo um filho. Isso é só uma mensagem inspiradora para uma mulher que pensa que se ela esperar um pouco, sua vida irá melhorar: ela terá um diploma, um emprego, um parceiro, um futuro. Mas e se ela tiver bons motivos para acreditar que as condições não vão melhorar para ela? E se ela der uma olhada ao redor e ver que a escolha que se coloca é entre ser uma mulher com filhos e um trabalho que

---

369 Fisher, "Map: How 35 Countries Compare".

paga um salário mínimo e ser uma mulher sem filhos e um trabalho que paga o mesmo salário mínimo? E se ter um bebê parecer um passo positivo e realmente *for* um passo positivo? Nem todas as adolescentes grávidas e mulheres em situações desanimadoras estão fazendo algo que elas se arrependerão depois. Para algumas isso significa tomar nas mãos a responsabilidade por suas próprias vidas, e de uma maneira positiva.

Se o único foco do movimento pró-escolha é ajudar as mulheres a não terem filhos indesejados, em vez de também querer uma sociedade mais justa, então os direitos reprodutivos podem soar como privação reprodutiva, como se a maternidade estivesse reservada somente aos prósperos. No debate sobre a reforma da previdência social, um paradoxo fulcral era de que se esperava que as mães carentes trabalhassem, independente de quão mal pagos, cansativos e limitantes fossem seus trabalhos, enquanto mães de classe média eram incentivadas a abandonar carreiras promissoras para ficar em casa. Mesmo a melhor creche do mundo poderia prejudicar o desenvolvimento social e cognitivo de Zach e da Emily; mas Keisha e Luís podiam tranquilamente ficar assistindo televisão o dia inteiro com a vizinha do que serem cuidados pela própria mãe. A peça que está faltando – o direito de ser mãe, bem como o direito de não ser mãe – é um dos motivos pelos quais o movimento pró-escolha soa tão branco e de classe-média, mesmo que as mulheres negras e de baixa-renda façam muito mais abortos per capita e tenham menos recursos para viajar até clínicas distantes porque clínicas mais próximas estão fechando.[370]

---

370 Susan A. Cohen, "Abortion and Women of Color: The Bigger Picture", *Guttmacher Policy Review 11*, n. 3, Spring, 2008, p. 2-12.

Rumo a um movimento pró-escolha fortalecido

Durante muito tempo, o movimento pró-escolha foi complacente ou defensivo. O movimento confiou em advogados brilhantes e juízes simpatizantes, enquanto os opositores ao aborto ergueram um movimento de base e tomaram os escritórios políticos dos conselhos de zoneamento e escolas até chegar às próprias bancadas parlamentares. O movimento pró-escolha se vendeu a preço de banana ao Partido Democrata, mesmo sabendo que os democratas estavam em busca de candidatos antiaborto e antifeministas para concorrer em distritos conservadores. Permite que sua liderança majoritariamente branca envelheça confortavelmente, correndo atrás de suas estratégias de alto escalão, e de repente começou a se perguntar por que as mulheres jovens, trabalhadoras e negras não se envolvem com essas organizações. Há bons motivos para cada uma dessas abordagens – os direitos ao aborto são uma questão de legalidade, por exemplo, então claramente é importante ganhar nos parlamentos e nos tribunais – mas o resultado foi um movimento não muito criativo, e que não deu às pessoas comuns muita coisa além de assinar petições online e fazer doações.

Se eu quisesse me envolver com os direitos reprodutivos na pequena cidade de Connecticut onde vivo durante uma parte do ano, eu não saberia nem por onde começar: quem contatar, quais são as necessidades e preocupações locais. As pacientes precisam de carona para as clínicas, ajuda para pagar pela assistência ou um lugar para passar a noite? As clínicas exigem acompanhantes? E onde mesmo ficam essas clínicas? Quando fiz uma pesquisa na primavera de 2014, o site da afiliada estadual da NARAL não tinha sido atualizado desde as eleições de 2012. Meus e-mails aos dois principais representantes listados ficaram sem resposta, apesar de eu ter recebido um convite para um *brunch* de arrecadação de fundos. Por outro lado, se eu quisesse trabalhar *contra* os direitos ao aborto, eu poderia ir diretamente para a Igreja Católica de Santa Maria (*St. Mary's Catholic Church*), em que do lado de fora fica uma placa estilo lápide com os dizeres **A vida começa na concepção, reze pelos nascituros**, ou passar na vitrine do Birthright próximo ao salão de beleza. Há alguns anos um centro de crise gestacional inclusive colocou um outdoor chamativo na entrada da cidade. Nunca tinha visto um outdoor na região com informações de contato para controle de natalidade ou aborto.

Agora, talvez Connecticut esteja com tudo resolvido: é um estado democrata sem leis importantes limitando o acesso, e somente 5% das mulheres vivem em um município sem serviços de aborto.[371] Mas isso não é motivo para relaxar. Os pró-escolha não poderiam unir forças para se mobilizar contra a derrocada da legislação antiaborto que vem acontecendo no Congresso, sem contar nos estados menos afortunados? Na verdade, se os direitos ao aborto estão seguros em Hartford, esse é ainda mais um motivo para os pró-escolha voltarem suas atenções ao racismo, a pobreza, a violência e a sexualidade que dão forma às vidas e escolhas reprodutivas das mulheres, tanto em Connecticut quanto em qualquer outro lugar.

Por muito tempo, o movimento pró-escolha moldou seus argumentos, objetivos e visão para reverter as perdas imediatas para seus agressivos opositores. Em seu livro iluminador e provocativo *Bearing Right: How Conservatives Won the Abortion Wars* (Rumando à direita: como os conservadores venceram as guerras do aborto), Will Saletan descreve como o movimento pró-escolha cedeu na questão do financiamento público na dé-

---

371 Guttmacher Institute, "State Facts About Abortion: Connecticut", Guttmacher Institute, 2014, guttmacher.org/pubs/sfaa/connecticut.html.

cada de 1970 – com muito arrependimento, mas foi o que aconteceu – e ganhou os votos liberais às custas de mulheres pobres e a marginalização do aborto do resto do sistema de saúde.[372] As organizações pró-escolha evitam falar diretamente sobre o sexo e a liberdade sexual e usam argumentos redutores e convenientes contra cada nova restrição proposta: leis de consentimento e notificação parental são erradas porque algumas famílias são violentas e disfuncionais, as proibições de 20 semanas são erradas por causa de fetos com graves deformidades; as mulheres precisam de cobertura de contraceptivos na Lei de Proteção e Cuidado ao Paciente porque a pílula tem outros usos médicos.

No início de 1990, houve convocações pela liberação da importação do Mifespristona, naquela época conhecido como RU-486 e estritamente proibido por aqui, para o uso em pesquisa do câncer de mama. A recusa dos opositores ao aborto em permitir a entrada no país até mesmo de quantidades ínfimas dessa substância como um possível tratamento para uma enfermidade mortal mostrou mais uma vez sua preferência pelos embriões no lugar de mulheres, mas havia algo um tanto conveniente no entusiasmo com que os pró-escolha se aproveitaram do potencial curativo do RU-486: *ufa, vamos ignorar o aborto e falar sobre câncer de mama.*

Finalmente, isso está começando a mudar, antes tarde do que nunca. Novas lideranças estão surgindo. Jovens pró-escolha estão começando ocupar espaços que pertenceram aos opositores por décadas. Em 2013, a ativista Ilyse Hogue, de 43 anos, com ampla experiência em trabalhos de mudança social e organização online, se tornou a nova líder do NARAL. A explosão da jovem mídia online feminista trouxe à tona a ameaça aos

---

372 William Saletan, *Bearing Right: How Conservatives Won the Abortion War*, Berkeley: University of California Press, 2003.

direitos reprodutivos e facilitou para jovens mulheres descobrirem como se conectar com o movimento pró-escolha e, também, elas mesmas entre si. Jovens mulheres estão se voltando para as organizações consagradas, iniciando e fazendo parte de equipes de fundos para o aborto, se voluntariando como acompanhantes em clínicas, fazendo treinamentos como "doulas do aborto" para oferecer conforto e apoio às pacientes. Há uma nova franqueza e entusiasmo para desafiar o estigma do aborto: mulheres estão publicando suas histórias de aborto no site *1 in 3 Campaign* (Campanha 1 em cada 3) e por todo lado nas redes sociais. O documentário estereotipado de Jennifer Baumgardner, *I Had an Abortion* (Eu fiz aborto) foi exibido por todo o país. Angie Jackson, uma jovem ativista da Flórida que escreve como Angi the Anti-Theist, chegou a tuitar ao vivo seu aborto medicamentoso precoce "para desmistificar o aborto para outras mulheres". Enquanto termino de escrever este capítulo, Emily Letts, uma conselheira de 25 anos no Centro da Mulher de Cherry Hill em Nova Jersey ganhou as manchetes com um vídeo de seu próprio procedimento de aborto que viralizou na internet. Ela parece calma e sem dores. O lugar é limpo e iluminado. O procedimento leva cerca de três minutos. Quantas mulheres não sabiam como era fazer um aborto?

Esse novo ativismo traz consigo uma visão mais ampla dos direitos reprodutivos: a justiça reprodutiva.

Lançado de maneira pioneira no início da década de 1990 pela organização feminista negra *SisterSon*, o conceito de justiça reprodutiva enquadra o direito à contracepção e ao aborto no âmbito dos direitos humanos da mulher e da justiça social. O que as mulheres precisam para ser mães bem como para decidir quando e se querem ter um filho? Como o Estado interfere nesses direitos, e com qual finalidade? Responder a essas perguntas traz para o debate uma série de questões – de racismo, pobreza e identidade sexual aos direitos de imigrantes, presidiárias e mulheres trabalhadoras – e a necessidade de compreender como elas afetam diferentes mulheres de diferentes formas. A justiça reprodutiva une o direito à não coparticipação pela contracepção em seu plano de saúde, o direito das presidiárias a darem à luz sem algemas e a necessidade de priorizar as mulheres latinas e negras no sistema de assistência social. Reúne o direito de escolher o aborto com o direito de escolher como dar à luz. A organização da justiça reprodutiva pode reivindicar vitórias importantes. Ela está por trás da derrota da proibição do aborto com 20 semanas em Albuquerque, em que mulheres negras lideraram a coligação de grupos comunitários. Ela molda o trabalho da *National Advocates for Pregnant Women*, que luta contra a criminalização de mulheres grávidas por condutas que supostamente prejudicam o feto, seja o uso de drogas, a tentativa de suicídio ou a recusa de se submeter a uma cesárea.

Existem também resistência no fronte legislativo. Em 2013, o estado da Califórnia aprovou a única lei do país naquele ano que ampliou o acesso ao aborto: enfermeiras e outros profissionais de saúde (parteiras, assistentes de enfermagem e assistentes médicas) têm agora a permissão para realizar abortos não cirúrgicos no primeiro trimestre.[373] (Isso é o que pode acontecer quando um estado é controlado por democratas.) No início de 2014, 51 projetos de lei pró-escolha foram introduzidas em 14 estados, o maior número desde o início de 1990.[374] A maior parte dessas medidas não vai vingar, mas a assertividade

---

[373] Ian Lovett, "California Expands Availability of Abortions", *The New York Times*, 9 de outubro de 2013.
[374] Esmé E. Deprez, "Abortion-Rights Backers on Offense After 3-Year Drubbing", *Bloomberg News*, 24 de fevereiro de 2014, bloomberg.com/news/2014-02-24/abortion-rights-backers-on-offense-after-3-year-drubbing.html.

que elas sinalizam é importante por si só. Elas oferecem uma maneira de educar, mobilizar e chamar atenção para colocar legisladores em destaque e construir apoios para o futuro. Já era hora: se os pró-escolha não virarem a maré logo, será tarde demais.

Para os que se incomodam com a alta taxa de abortos nos Estados Unidos, a boa notícia é que já sabemos o que irá fazê-la diminuir: mais feminismo. Mais justiça. Mais igualdade. Mais liberdade. Mais respeito. As mulheres devem ter aquilo que precisam, tanto para evitar uma gravidez e partos indesejados, quanto para ter uma criança desejada. Para que a maternidade verdadeiramente faça parte da prosperidade humana, ela precisa ser voluntária, e a criação dos filhos – por ambos os pais – precisa ser apoiada pela sociedade como um trabalho humano necessário. A maternidade deveria ser algo que se agrega à capacidade da mulher de levar uma vida plena, e não para jogá-la para escanteio, se perguntando como foi que chegou até ali.

Para isso acontecer, os velhos paradigmas precisam desaparecer: a gravidez como punição pelo sexo, e as mulheres como aquelas que devem suportar o destino ou a vontade de Deus, biologicamente destinadas a viver uma vida inferior e dependente de um homem para sobreviver. Mas mesmo no paraíso feminista haverá abortos, assim como acontece nos países mais prósperos e esclarecidos do mundo. Porque a vida é e sempre será complicada, não existem métodos contraceptivos perfeitos, assim como também não existem pessoas perfeitas. Precisamos ser capazes de dizer que está tudo bem.

AGRADECIMENTOS

Meu profundo agradecimento às muitas pessoas que me ajudaram a compor esse livro. Anna deVries foi uma editora fantástica, do tipo mão-na-massa que a gente imagina que não existe mais. Melanie Jackson, como sempre, uma agente maravilhosa. Betsy Reed foi a leitora mais próxima e encontrou muitos fios dos quais eu tinha perdido a meada. Hannah Gold foi uma incansável verificadora de informações. Rich Yeselson, Carole Joffe, Rebecca Traister, Richard Kim e Ann Snitow generosamente dedicaram tempo para ler e comentar os capítulos. Pelas informações e trocas de ideias, sou grata a Dan Maguire, Frances Kissling, Dr. Warren Hern, David Karol, Ira Katznelson, Jonathan Zasloff, Christine Gudoff, Dra. Susan Wicklund, Meg Wolitzer, Reva Siegel, Robin Marty, Jodi Jacobson, Steph Herold, Irin Carmon, os membros da listserv Women, Action and Media, da listserv ACN Talk, e à Pat Thorpe, que pensou no título mesmo antes de eu ter a ideia para o livro.

Como sempre, minha profunda gratidão é para Steven Lukes, pelo seu amor, incentivo e paciência, que ouviu as infinitas versões de praticamente cada uma das páginas, e que sempre fez as perguntas certas, mesmo quando eu não queria admitir.

POSFÁCIO À EDIÇÃO DE 2015

Pró foi publicado pouco antes das eleições de 2014, e eu gostaria de poder ter relatado, para a grande surpresa de especialistas e pesquisadores, que os candidatos dedicados aos direitos reprodutivos ganharam espaço. Isso não aconteceu: os republicanos tomaram o Senado, levaram sua maioria para a Câmara dos Representantes[375] e aumentaram seu poder nos governos estaduais. Os pró-escolha avançaram o quanto foi possível: os eleitores do Colorado rejeitaram a Emenda da Personalidade Civil, mesmo tendo eleito para o Senado um congressista que tinha apoiado a versão federal dessa emenda; agora alegaram que ele não tinha entendido o que aquele projeto significava; eleitores da Dakota do Norte rejeitaram a emenda da personalidade civil, mesmo que tivessem mantido os políticos que praticamente forçaram-na para a lei. Pareceria que o gigante adormecido das pessoas que eu chamo de zona cinzenta, que desaprovam o aborto, mas não querem vê-lo criminalizado.

Por outro lado, a deliberação *Roe vs. Wade* que legalizou o aborto tem mais apoio do que nunca: 7 em cada 10 norte-americanos a apoiam, de acordo com uma pesquisa do *Wall Street Journal/NBC News* de 2013. Por outro lado, legisladores eleitos pelos mesmos norte-americanos (ou pela mesma quantidade de norte-americanos, já que há pessoas que sequer votam), estão comprometidos em aprovar leis que violam flagrantemente

---

375 Stephen Collinson, "Republicans Seize Senate, Gaining Full Control of Congress", CNN.com, 5 de novembro de 2014, cnn.com/2014/11/04/politics/election-day-story.

a *Roe* e pretendem pressionar a Suprema Corte a revisitar a *Roe* e revogá-la. Resultado? Mais restrições, mais clínicas fechadas, mais leis e regulações que são simplesmente bizarras: no estado do Alabama, um feto pode agora ter seu próprio advogado. E isso não está acontecendo somente em estados conservadores. De acordo com o Instituto Guttmacher, 57% das mulheres agora vivem em estados hostis aos direitos ao aborto. Essa porcentagem certamente irá crescer.

As eleições podem dar a impressão de que os opositores ao aborto conquistaram a maioria, mas eles realmente estão nadando com a corrente? Na minha coluna no *The Nation*, convidei vitoriosos opositores ao aborto para responder a algumas perguntas sobre suas posições. As poucas respostas que recebi foram uma pequena amostra, mas ainda assim eram fascinantes e eu sou grata aos que me responderam por terem compartilhado seus pensamentos comigo. Francamente, meus entrevistados tinham ideias bastante incomuns. Por exemplo, eles não viam o sexo como algo recorrente e parte do cotidiano, mesmo dentro do casamento. Eles veem cada ato sexual como uma decisão separada que acarreta em uma espécie de contrato para garantir uma gravidez até o parto. Até um dos poucos entrevistados que eram a favor da contracepção pensa que o celibato é a melhor opção para não se ter um bebê: "Esta política é EXCELENTE para as mulheres, e as poupa de todo aquele momento de sentar no chão do banheiro se perguntando o que fazer". Eles não veem perigos para a mulher na criminalização do aborto: se não conseguirem abortos legais, elas podem simplesmente continuar a gravidez – veja quantos abortos *per capita* acontecem no Mississippi, onde há somente uma clínica, ou na Irlanda, onde o aborto é ilegal. (As mulheres irlandesas precisam ir para o exterior para abortar, claro – e queremos mesmo que os Estados Unidos emulem o que acontece no Mississippi, que está no fim da lista em praticamente todos os indicadores das condições da mulher?) Eles se recusaram a aceitar que ter um filho poderia tornar a vida de uma mulher incrivelmente difícil, prejudicar sua saúde, ou acabar com suas esperanças e sonhos. A pobreza é um problema, claro, mas a solução é o casamento ou a caridade ou, para os mais liberais, um aumento modesto dos serviços governamentais. Ninguém respondeu à minha pergunta sobre por que o Partido Republicano, lar do movimento antiaborto, estava tão ocupado em cortar cada linha da rede de segurança para mulheres e crianças. Quanto à grande concessão política que os especialistas aguardam fervorosamente, boa sorte: uma pessoa mencionou a preocupação com a pobreza quando perguntei se eles acreditavam que existem bons argumentos do lado pró-escolha, mas ela foi a única pessoa que achava que os pró-escolha têm algo a oferecer.

Não acredito que meus entrevistados representem o que a maior parte dos norte-americanos pensa, nem de longe. Mas por causa do poder político e determinação do movimento pró-vida, e sua forte conexão com o Partido Republicano, a poderosa Igreja Católica, e algumas denominações evangélicas/fundamentalistas, suas visões ultrapassaram o peso do discurso político em tudo que era relativo ao sexo. Quando debati os direitos ao aborto no rádio com Teresa Collett, uma professora de direito da *University of St. Thomas*, ela anunciou que o motivo para as mulheres fazerem aborto é que algumas pessoas "não têm autocontrole". Ou seja, elas fazem muito sexo. Quando apontei que pessoas casadas *devem* fazer sexo umas com as outras, ela alegou que mulheres casadas não faziam abortos (três mulheres ligaram para a rádio na mesma hora para dizer que eram casadas e tinham feito abortos). Esta visão do sexo soa limitada, deslocada da realidade e até mesmo esquisita quando colocada assim de forma tão categórica, mas ela ajuda a explicar não só o motivo do aborto ser tão vulnerável, mas também o motivo da educação sexual de abstinência exclusiva ainda prosperar, apesar de sua comprovada ineficácia, e o motivo do financiamento público para a contracepção – contracepção! – ser um peso tão grande.

Podemos chegar a pensar que, afinal, os opositores ao aborto seriam defensores da contracepção. É só o senso comum, apoiado por muitos estudos, de que a contracepção previne a gravidez acidental e, consequentemente, previne abortos. Em seu livro *Generation Unbound: Drifting into Sex and Parenthood Without Marriage* (Geração sem vínculo: por dentro do sexo e da paternidade sem casamento), Isabel Sawhill vividamente documenta a relação entre gravidez acidental, paternidade precoce e pobreza. Ela reivindica a ampla disseminação de contraceptivos reversíveis de longa duração como o DIU e implantes que são muito mais eficazes que a pílula ou as camisinhas. De fato, no estado do Colorado, um programa com financiamento privado iniciado em 2009 forneceu DIUs e implantes para 30 mil meninas e mulheres de baixa-renda e a taxa de gravidez na adolescência caiu em impressionantes 40%. A taxa de aborto caiu em 34%.[376] É de se esperar que os antiescolha ficassem felizes, mas não. Enquanto escrevo, a assembleia estadual debate o financiamento para manter o programa funcionando. Os DIUs previnem a implantação de óvulos fecundados? Essa é a questão do momento.

---

376 Gail Sullivan, "How Colorado's Teen Brithrate Dropped 40% in Four Years", *The Washington Post*, 12 de agosto de 2015, http://www.wahsingtonpost.com/news/morning-mix/wp/2014/08/12/how-colorados-teen-birthrate-dropped-40-in-four-years/.

Em *Pró*, eu argumento que poucos norte-americanos realmente acreditam que o óvulo fecundado, o embrião, ou mesmo o feto seja uma pessoa com direito à vida; no fim das contas, a hostilidade com o aborto realmente diz respeito às mulheres e o sexo. A misoginia e o estigma sexual são os elementos que não permitem pensar com clareza sobre o aborto. Falamos sobre isso como se fosse um ato extremo cometido por mulheres irresponsáveis, egoístas e promíscuas – ou, com mais gentileza, por mulheres "desesperadas" e "confusas" –, quando, na verdade, é uma parte normal da vida reprodutiva das mulheres: 1 em cada 3 mulheres fará um aborto até a menopausa, e 6 em cada 10 mulheres que interrompem suas gravidezes já são mães.

O inimigo real dos direitos reprodutivos não é só o poderoso movimento antiaborto e os políticos que o apoiam. (Sério, quantos desses políticos são verdadeiramente crentes?) É o estigma e a vergonha que o problema evoca no restante de nós. É isso que impede 1 em cada 3 mulheres – fora seus namorados, maridos, parentes e amigos que as ajudaram – de se levantar e dizer "Chega!". É isso que faz com que tantas pessoas fiquem caladas à respeito de suas convicções pró-escolha. O estigma produz silêncio, e o silêncio produz inércia política. É tão mais fácil evitar as más notícias, acreditar que você ou as pessoas que você ama nunca precisarão de um aborto ou, quando a poeira abaixar, ele ainda estará disponível. Você sempre pode fazer uma viagem rápida à Nova York caso isso aconteça, não pode?

Depois de fazer uma leitura do *Pró* em uma feira de livros, uma adorável senhora que estava trabalhando como voluntária veio falar comigo. "Eu fiz um aborto", ela disse, "e nunca contei a ninguém. Nem à minha melhor amiga. Você é a primeira". Perguntei o que aconteceria se ela tivesse contado à amiga. Ela disse: "Ela provavelmente teria me contado que também fez um". A grande poeta Muriel Rukeyser celebremente escreveu que, se uma mulher disser a verdade sobre sua vida, o mundo se partirá ao meio. Vamos precisar de muito mais do que uma mulher, mas, mais do que nunca, precisamos dessa verdade.

Março de 2015

A publicação deste livro contou com o apoio da Fundação Perseu Abramo, instituída pelo Diretório Nacional do Partido dos Trabalhadores em maio de 1996.

Fundação Perseu Abramo

Diretoria
Presidente: Marcio Pochmann
Diretoras: Isabel dos Anjos e Rosana Ramos
Diretores: Artur Henrique e Joaquim Soriano
Editora da Fundação Perseu Abramo
Coordenação editorial: Rogério Chaves
Assistente editorial: Raquel Maria da Costa

Fundação Perseu Abramo
Rua Francisco Cruz, 234 Vila Mariana
04117-091 São Paulo – SP
www.fpabramo.org.br
f: 11 5571 4299